Das große Transitbuch

Alexander von Prónay

Das große Transitbuch

zur astrologischen Prognose

4. Auflage

REALIS

ISBN 3-930048-13-2

Realis Verlags-GmbH
Ostmarkstr. 18, 81377 München
Tel.: 089-74 15 300
Fax: 089-74 15 30 19

Inhalt

1. Teil

2. Teil

1. Teil

Das große Transitbuch zur astrologischen Prognose

Ermunterung und Warnung

Liebe Leserin, lieber Leser!
Vor Ihnen liegt kein »Rezeptbuch«, sondern ein Nachschlagewerk, das zur eigenen geistigen Arbeit ermuntert. Soll die Deutung eines Horoskops, also die *Sinnerfassung des Symbolischen*, gelingen, bedarf es dazu mehr als nur der Intuition oder einer gehörigen Portion Kombinationsgabe. Erst eine schriftliche Ausarbeitung der Prognose kann belegen, wie sorgfältig die Worte abgewogen werden müssen, um dem Inhalt dessen, was man als Deutungselemente aufgefunden hat, zu entsprechen. Dazu will Ihnen dieses *Arbeitsbuch* durch *eine Fülle von Beispielen* zu den jeweiligen Trends Anregungen geben. Die zutreffende *Auswahl* kann es Ihnen nicht abnehmen, die müssen Sie selbst treffen, denn sie hängt ja von der individuellen Lebenssituation ab. Allerdings wird schon ein Anfänger im Horoskopieren rasch Erfolge sehen.
Stets ist das Geburtshoroskop die Grundlage einer jeden Prognose. Dies ist der wichtigste Kernsatz, dessen sich jeder Deuter stets bewußt sein muß: **Keine Prognose kann mehr oder anderes in Aussicht stellen, als im Geburtshoroskop angezeigt ist.** Dieses richtig zu interpretieren und die Stärken der einzelnen Deutungselemente, etwa der einzelnen Planetenpositionen, richtig einzuschätzen, ist eine andere Sache und überschreitet das Thema dieses Buches.
Der Deuter sollte auch immer vor Augen haben, daß Astrologie eine *Methode der Psychodiagnostik* ist, wenn er den Realitätsbezug der Konstellationen herausfinden will. Sodann sollte sich jeder der *Aussagegrenzen* bewußt sein. Das Herzstück jeder Prognose sind die *Transite*, die Übergänge der Sonne, des Mondes und der Planeten über markante Punkte des Horoskops, nämlich über Gestirnorte und deren Aspektpunkte, auch über Horizont (Aszendent) und Meridian (Medium Coeli). Transite lassen Trends und keine »Ereignisse« vermuten.
Man versteht eine Transitprognose am besten als »**Fahrplan**«, der Ihnen die Möglichkeiten angibt, wann – und damit auch wie – Sie vorankommen können, wann es sich lohnt umzusteigen – oder wenn es an der Zeit ist, auszusteigen. **Astrologie ist die Lehre von der Qualität der Zeit**. Immer geht es bei der Prognose um das *Wann, um*

Termine. Die Schwierigkeit ist, herauszufinden, *was* der Termin bringen könnte.
Bei der Formulierung einer Prognose hüte man sich unbedingt vor definitiven Festlegungen. Die medizinischen Fortschritte der letzten Jahre haben die Lebenserwartung beträchtlich verlängert, und manche Konstellation, die früher signifikant für Todesgefahr gewesen ist, hat heutzutage längst nicht mehr dieses Gewicht. **Alle Prognosen sind im Konjunktiv zu geben, in der Möglichkeitsform**. Der Deuter, der für andere als für sich selbst eine Prognose zusammenstellt, muß sich immer seiner besonderen Verantwortung bewußt sein.
Sie, liebe Leserin, lieber Leser, werden sehr bald zutreffende Voraussagen machen und Erfolge beim Horoskopieren haben. Doch Spekulationen sind völlig unangebracht. Füllen sie nie irgendwelche Lücken durch Mutmaßungen, die nicht belegt sind. Solange Sie mit der Handhabung der anderen astrologischen Methoden der Prognose nicht vertraut sind – etwa mit *Direktionen, Progressionen oder Solaren* – werden Ihnen immer wieder Fehler bei der Bewertung der Intensität und der Bedeutung eines Transits unterlaufen.
Lassen Sie sich nicht entmutigen, wenn Sie erleben werden, daß die besten Transite für sich allein nichts bringen oder daß andererseits für schwerwiegende Ereignisse keine entsprechenden Konstellationen aufzufinden sind. Das werden Ausnahmen sein, aber es gibt sie. Transite sind nicht der Weisheit letzter Schluß, übrigens auch nicht die ganze Astrologie.
Ein guter Weg, um aus Erfahrung zu lernen, ist es, mit dem *eigenen* Horoskop zu beginnen und danach *schriftlich Prognosen* für jene auszuarbeiten, deren Lebenssituation man gut kennt. Am besten man durchforstet zunächst einmal die eigene Vergangenheit und sucht für schwerwiegende Geschehnisse gleichseitige Entsprechungen. Das Ergebnis wird überzeugen. Wenn Sie im übrigen solide Arbeit geleistet und es sich nicht zu leicht gemacht haben, müssen Sie nicht fürchten, sich zu blamieren. Was sich in Jahrhunderten und überall bewährt hat, wird auch bei Ihnen nicht versagen.
Möge Ihnen dieses Buch recht nützlich sein!

Ihr
Alexander von Prónay

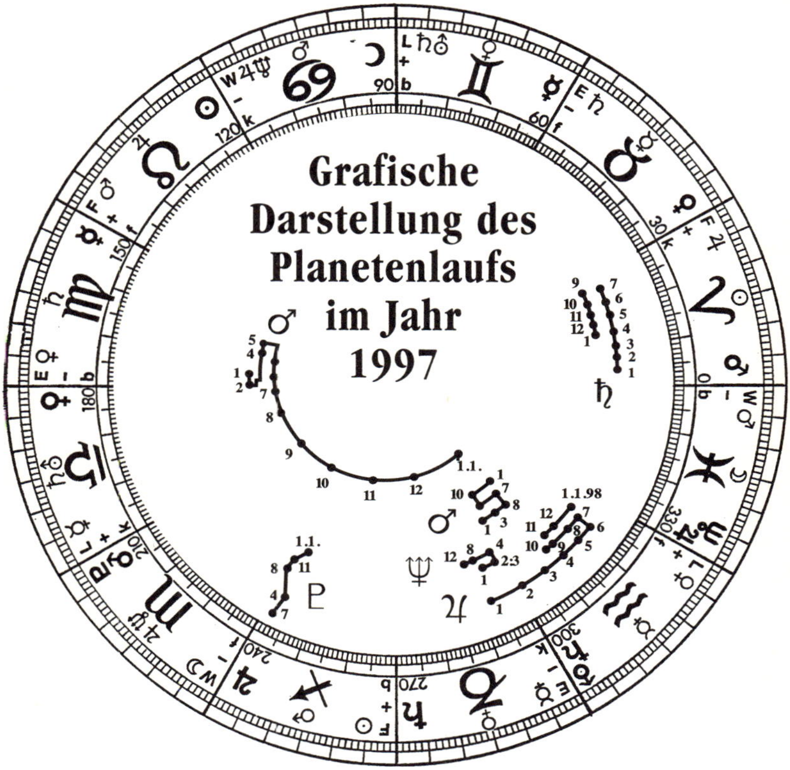

So bewegen sich die Planeten von Mars bis Pluto im Jahr 1997
durch den Tierkreis (aus: Prónay-Lorcher, mein astrologisches Jahrbuch 1997)

Zum Verständnis eines Geburtshoroskops

Das Geburtshoroskop in seiner graphischen Darstellung im Meßbild, der Horoskopzeichnung, ist die Grundlage für jede astrologische Prognose. Je gründlicher man es studiert und die Zusammenhänge, die es symbolisch ausdrückt, erkennt, um so treffender wird die Prognose ausfallen. Es ist nicht der Sinn dieses Buches, die Deutung der Geburtskonstellation zu lehren, doch sei gerade dem Anfänger das Wichtigste ins Gedächtnis gerufen.
Das Geburtshoroskop wird auch *die* Radix (lat. Wurzel) genannt. Da aber auch die Form »Radixhoroskop« üblich ist, wird gewissermaßen als Abkürzung auch *das* Radix gesagt, eine Form, die in diesem Buch verwendet wird.
Die **zwölf Tierkreiszeichen** symbolisieren die Prinzipien der Auseinandersetzung mit der Welt. Sie sind anschauliche *Modelle für das menschliche Verhalten,* für Gemütsart und leibliche Vorgänge, die in ihrer Gesamtheit als »Temperamente« bestimmte Verhaltensmuster darstellen. Die zwölf Zeichen des Tierkreises stehen in Analogie zu den zehn Planeten, wozu nach astrologischer Terminologie auch Sonne (☉) und Mond (☽) gerechnet werden.
Die **Planeten** symbolisieren auf andere Art *Grundprinzipien,* die im Menschen verankert sind. Dafür ein Beispiel: Mars (♂) ist das Energiesymbol. Energie ist in jedem Menschen vorhanden. Aus dem Horoskop als dem astrologischen Meßbild ist durch die Position von Mars in den Tierkreiszeichen, bzw. in den Sektoren (»Häuser«) und in den Winkelverbindungen zu anderen Gestirnen, bzw. zu den Hauptachsen Horizont und Meridian zu ersehen, in welchem Maße Energie vorhanden ist, wie sie sich äußert, wohin sie zielt.
Die **zwölf Sektoren** (früher »Häuser« genannt) des Horoskops beginnen — entgegen dem Uhrzeigersinn — mit dem Aszendenten, dem zur Zeit der Geburt im Osten aufsteigenden Grad des Tierkreises. Das *MC* (Medium Coeli = Himmelsmitte), der obere Meridian, ist der Kulminationspunkt, zugleich Spitze des zehnten Sektors. Die 12 Sektoren sind die „Ereignisebenen". Sie bezeichnen die Lebensbereiche, in denen sich die Konstellationen realisieren, z. B. im 6. Sektor = Gesundheit.
Nach Ausrechnung und Zeichnung der Geburtskonstellation muß

der Astrologe herausfinden, wie die einzelnen Tierkreisregionen bzw. -grade zu *bewerten* sind, ob man sie in harmonisch-synthetischem Sinn oder als spannungsträchtig, disharmonisch, analytisch einzustufen hat. Dies geschieht nach der in Lehrbüchern angegebenen Methode (z. B. in „Helfen Horoskope hoffen?"), nach der die „Stärken und Schwächen der Gestirne" beurteilt werden. Z. B. ist das Zeichen Widder nichts anderes als ein Energiefeld, die eigentliche Zone des Mars. Ist der Planet hier anwesend, wird er als besonders „stark" einzuschätzen sein. Befindet er sich im gegenüberliegenden Zeichen Waage, dem Feld der Venus, steht er im „Exil", also nicht „in Würden", um die alte Terminologie zu gebrauchen.

Ein Anfänger, der sofort mit der Deutung der Transite zu seinem Radixhoroskop beginnt, *ohne die unerläßlichen Vorkenntnisse zu besitzen,* kann sich zwar durchaus eine Trendprognose erarbeiten, doch wird er ins Schwimmen kommen, wenn mehrere Aspekte gleichzeitig auftreten und herauszufinden ist, welches der stärkere sein wird, denn dies richtet sich wesentlich nach den Verhältnissen in der Geburtskonstellation.

Jedes Gestirn, ganz für sich gesehen, hat eine bestimmte Position im Tierkreis und bildet verschiedene Aspekte, etwa vergleichbar mit Strahlen, die es aussendet. Diese **Aspekte** *oder Winkelverbindungen* sind teils harmonisch oder fördernd einzuschätzen (in der Regel Sextil und Trigon), oder disharmonisch wie der Quadrataspekt. Ebenfalls Spannungen zeigt die Gegenüberstellung, die Opposition an. Die Konjunktion, also das Verweilen von zwei Gestirnen in ein und demselben Grad des Tierkreises, gilt bei „glückbringenden" Gestirnen als günstig, bei „bösen" Planeten aber als kritisch. Der Einfachheit halber benützen wir diese alten Ausdrücke, jedoch mit dem Vorbehalt, daß sie nicht wörtlich aufzufassen sind.

Bei der Beurteilung einer Geburtskonstellation ist es nicht gleichgültig, ob die Gestirne sich auf engem Raum versammeln und somit *Schwerpunkte* im Tierkreis bilden, oder ob sie über Zeichen und Felder verteilt sind. Im ersteren Fall wird z. B. der Durchzug eines langsam laufenden Planeten wie Saturn über nahe beieinander liegende Planetenpositionen einen länger anhaltenden „saturnischen" Trend ergeben. Der Bearbeiter eines Horoskops sollte *bild-*

haft zu denken versuchen. Beispielsweise bedeutet der Grad des Tierkreises, in dem Merkur (☿) seine Position hat, jenen kleinen Abschnitt des Zodiak, der im Geburtshoroskop ganz speziell *über das Denkverhalten Aussagen* möglich macht, in der *Prognose* aber so etwas wie einen *„Reizpunkt der intellektuellen Anteilnahme"* darstellt. Die harmonischen Aspekte, also die Abstände von 60° und 120° nach beiden Seiten bezeichnen dann ebenfalls für das intellektuelle (auch für das vermittelnde, eben „merkurische") Verhalten wichtige, harmonisch zu deutende Reizzonen von einem Bogengrad Ausdehnung. Andererseits werden die Quadrataspekte (90° nach jeder Seite) und die Opposition (180° Abstand, also im Tierkreis genau gegenüberliegend) ebenfalls „merkurische" Reizpunkte sein, jedoch mit negativem Vorzeichen. Wenn nun ein Planet über den Ort von Merkur oder über seine Aspektpunkte wandert, wird gewissermaßen ein Reiz im angezeigten Sinne ausgelöst, *welcher der Natur des Transitors, d. h. des wandernden Planeten* entspricht. Geht Jupiter (♃), Symbol der Expansion, über die Merkurpunkte des Horoskops, wird das Denkverhalten expansiv gestimmt sein. Sind es harmonische Aspekte, wird das durch Merkur bezeichnete Grundprinzip sich fördernd und aufbauend in den Schicksalsverlauf einpassen, bzw. ihn mit formen. Geht Jupiter aber über einen Spannungsaspekt Merkurs, dann wird Unangepaßtheit im intellektuellen Verhalten, aber auch in allen anderen Bedeutungen, die Merkur zugeschrieben werden, die Folge sein. Stehen Jupiter und Merkur in der Radixkonstellation in harmonischem Aspekt, dann werden auch kritische Transite sich nicht so „übel" anlassen, wie im umgekehrten Fall. Über diese ganz *grundsätzlichen* Feststellungen sollte sich der Leser einige Gedanken machen und sich diese Fakten einprägen.

Befinden sich mehrere Planeten, vor allem wenn Sonne oder Mond dabei sind, in *einem ganz bestimmten Sektor („Haus") des Horoskops,* so wird dieser Lebensbereich also besonders wichtig für den Horoskopeigner sein. Wenn die Gestirne auf ihrem Lauf durch den Tierkreis sich in den verschiedenen der zwölf Felder aufhalten, wenn z. B. also Saturn durch den sechsten Sektor („Gesundheitsfeld") wandert, dann wird dasjenige, was durch den sechsten Sektor erfaßt wird, saturnisch „beeinflußt" sein, d. h. also ungünstig für die Gesundheit, für abhängige Arbeitsverhältnisse, Herabsetzung der Widerstandskräfte.

Am besten veranschaulicht man sich die „*Wirkung*" *der Transite* mit dem Beispiel von der Stimmgabel. Wie das Anschlagen einer Stimmgabel eine gleichgestimmte Saite zum Mitschwingen veranlaßt, vermag eine Transitkonstellation, z. B. der Übergang von Jupiter über den Ort von Merkur auszulösen, was anlagemäßig durch Merkur und Jupiter im Radix angezeigt ist. Liegt zwischen beiden Gestirnen kein Aspekt vor, dann wird der Transit auch nur von schwacher Intensität sein. Ist aber eine Radixbeziehung gegeben, wird diese gewissermaßen „aus der Latenz" gehoben.

Daher besteht der eigentliche Gewinn für den Leser darin, daß er *aus den Beispielen, die die einzelnen Transite erläutern, das für ihn Maßgebliche herausfindet.*

Weiter: für eine *Trendprognose* kommen *nur die langsam laufenden Gestirne* in Betracht, also die äußeren Planeten, von kurzer, aber einschneidender Dauer Mars, länger wirksam Jupiter, noch anhaltender Saturn und Uranus. Es liegt an der Eigenart Neptuns, daß seine Transite sich nicht immer als direkte Ereignisse niederschlagen oder zu solchen führen. Bei Pluto sind die Forschungen noch längst nicht abgeschlossen.

Wer sich ernsthaft mit astrologischer Transitdeutung befaßt, wird, wie vorgeschlagen, zunächst einmal sein eigenes Geburtshoroskop hinsichtlich der Wirksamkeit *in früheren, zurückliegenden Jahren* untersuchen. Brachte ein Jupiter-Trigon-Merkur in zurückliegenden Jahren kaum berufliche Expansion, nur unwesentliche Geschäfte oder „merkurische" Glücksmöglichkeiten, wird auch ein künftiger derartiger Aspekt kaum einen beruflichen Durchbruch bringen oder keinen größeren kaufmännischen Erfolg verheißen (sofern nicht kräftige Direktionsaspekte vorliegen).

Es wäre falsch, die Beispiele dieses Buches als *Rezepte* zu verstehen, vergleichbar denen, die der Hausfrau helfen, bestimmte Gerichte *in einer immer wiederkehrenden gleichen Qualität* herzustellen. Vielmehr werden die Transite sich bei allen Menschen *unterschiedlich auswirken,* da die persönlichen Voraussetzungen jeweils andere sind, sowohl was die Anlagen, also die Wesensstruktur angeht wie auch die Einflüsse oder die Situation aus dem Milieu. Demgemäß

unterschiedlich ist auch die Reaktionsmöglichkeit auf die Transite. Wer noch keine Erfahrung im Umgang mit Horoskopen hat, muß sich solche erst aneignen.
Milieuverhältnisse sind aus dem Radix nicht zu ersehen. Deswegen können Transite auch nur im Höchstmaß zutreffend sein, wenn bekannt ist, wie die ganz persönlichen Verhältnisse des Horoskopeigners sind.

Die zwölf Tierkreiszeichen als vorgeformte planetare Zonen

♈	Widder:	**Zone des Mars,** eifriges Wollen, Initiative, Verlangen nach Selbständigkeit, Gefahr durch Gewalt. Aktivität, Impulsivität. Kopf, Gehirn, Auge.
♉	Stier:	**Zone der Venus,** auf materielle Sicherheit bedacht, Beharrlichkeit, Wirklichkeitssinn, eigenwillig, langsame Reaktionen. Hals, Nacken, Kehle, Mandeln, obere Atmungsorgane bzw. Luftwege, Stimme, Ohren.
♊	Zwillinge:	**Zone des Merkur,** vielseitige und vielfältige Ausdrucksmöglichkeit, geistige Gewandtheit, unruhig, schwankend, beweglich, sprunghaft. Schultern, Arme, Hände, Lunge.
♋	Krebs:	**Zone des Mondes,** gefühlvolle Empfänglichkeit, Phantasie, Hingabe, dabei aber auf Distanz bleiben. Langmut, labiles Verhalten. Brust, Magen, z. T. Leber.
♌	Löwe:	**Zone der Sonne,** Schöpferkraft, Machtwille, Gestaltungsfähigkeit, Organisationsgabe, Selbstsicherheit. Herz, Rücken, Zwerchfell, Schlagader, Blutkreislauf.
♍	Jungfrau:	**Zone des Merkur,** Sorgfalt, Ordnungsliebe, Gründlichkeit, ruhig, nicht sehr aufgeschlossen, Streben nach Bewußtheit, Stabilität. Verdauungsorgane, Milz, Nerven, Bauchspeicheldrüse.

♎	**Waage:**	**Zone der Venus,** Harmoniebedürfnis, Sympathiefähigkeit, Schönheitssinn, Entgegenkommen. Beweglich, anregbar, gute Äußerung. Lenden, Nieren, ableitende Harnwege, Blase, Gefäßnerven des Kopfes und der Haut.
♏	**Skorpion:**	**Zone von Pluto und Mars,** Selbsterhaltungstrieb, physische Aktivität, praktischer Sinn, Geschicklichkeit, Gefahr durch Jähzorn, Hemmungslosigkeit, widersprüchlich, grüblerische Natur. Geschlechts- und Ausscheidungsorgane, Mastdarm.
♐	**Schütze:**	**Zone des Jupiter,** Begeisterung, Verinnerlichung, Tatkraft, impulsive Erregbarkeit. Oberschenkel, Becken, Hüfte, Adern, Venen, Ischiasnerv.
♑	**Steinbock:**	**Zone des Saturn,** Konzentration, Gründlichkeit, Ausdauer, Verengung, gehemmt und einseitig reagieren. Knie, Knochen, Gelenke, Haut.
♒	**Wassermann:**	**Zone des Uranus und Saturn,** geistige Aktivität, Wandlungsfähigkeit, Neuerungsbestreben, vielseitig und widersprüchlich reagieren. Unterschenkel, Venen, Kreislauf.
♓	**Fische:**	**Zone von Neptun und Jupiter,** Empfänglichkeit, Phantasie, Unaufmerksamkeit, zwiespältig, labil, gehemmt sein. Füße, Zehen, Därme, empfindlich für Gifte.

Die Planeten

Grundprinzipien der in uns wohnenden Kräfte des Lebens, Kennmarken für Periodizität, ihr Symbolgehalt.

☉	Prinzip der Lebenskraft; Ich. Individualität, Machtstreben; vital, feurig, furchtlos, Vater, Gatte; Herz, Kreislauf.
☽	Seele, Gefühl, Phantasie, Erlebnistiefe; Sammlung, Gestaltung, Wechsel; Mutter, Heimat, Volk; Stoffwechsel, Sekretion, Fortpflanzung, Fruchtbarkeit. Magen.
☿	Intelligenz und Zwecksinn; Vermittlung, Klugheit, Berechnung, Mittler sein, Sachdenken; Rede und Schrift, Erziehung, Verkehr, jüngere Geschwister, Nerventätigkeit. Lunge und Arme.
♀	Prinzip der Harmonie, Empfindung und Hingabe. Ausgleichen, Kontakte herstellen, Reize empfinden, Sinnenfreude, Zärtlichkeitsverlangen, Erotik; Geselligkeit, Kunst, die Geliebte, Spiel und Spekulation; innere Sekretion, Sexualfunktion. Niere.
♂	Prinzip der aufbauenden oder zerstörenden Energie, Trieb und Drang, Heftigkeit, Wille, Mut, Impuls, Initiative. Machtwille, Soldaten, Sportler, Techniker, der Geliebte; Geschlechtstrieb, Muskelkraft, Unfall, Fieber, Entzündung, Verletzung.

♃	Prinzip der Expansion. Kraft zur Entfaltung, das Lebensoptimum, Hoffnung, Entfaltung, Ausgleich, „das Glück“; das Erhabene, Religion, Philosophie, Recht und Gerechtigkeit. Fülle, Reife. Leber.
♄	Prinzip der Konzentration, Grenzen setzen, Einengen, das Notwendige anerkennen, Verdichtung; Hemmung, Bindung, Angst, Vorsicht; Vater, Vorfahren, Landwirte; Knochenbildung, Milz, Haut, Erkältungen, chron. Zustände, als „großes Unglück“ Trennung, Mißtrauen, Isolation.
⛢	Prinzip des Umschwungs, der Erneuerung, des „Zufalls“, Intuition, Überraschung, Blitz, Krampf, Katastrophe. Erfinder, Techniker, Revolutionäre; Nervensystem, Krämpfe, Unfall, Operation.
♆	Prinzip des Grenzüberschreitens, Phantasiekraft, allumfassende Menschenliebe, Romantik, Mystik, Hingabe, Inspiration; Schwindel, Schwäche, Rausch, Gift, Haltlosigkeit, Illusion, Täuschung, Intrige; Medien, Musiker, Schwärmer; Gärungsprozesse, Süchte, Rausch, Lähmung.
♇	Stichwort: „Macht und Masse“, höhere Gewalt, Zerstörung, Vernichtung, das Gewaltige hervorbrechen und die radikale Umgestaltung, Kollektivismus, Massenpsychose.
☊	Im Horoskop wichtiger Faktor für Gemeinschaftsleben, Gemeinsamkeiten, für mitmenschliche Beziehungen.

Die zwölf Sektoren („Häuser") des Tierkreises

Personal. 1 Das Ich, Charakter, der Körper als Werkzeug der Seele, äußere Erscheinung, Ausdrucksformen des Willens, der Manieren, Konstitution, Habitus, Gesundheit.

2 Materielle Mittel und Reserven, Ökonomie des Verhaltens im Materiellen, Geld, Kapital.

3 Geistige Fähigkeiten, Denken, nähere Umwelt, Erziehung, Blutsverwandte, kurze Reise.

4 Herkunft, Eltern, Heimat und eigenes Heim, Alter.

5 Triebkräfte, was aus den Sinnen kommt, Lebensfreude, Liebe, Kinder, Spekulation.

6 Das Notwendige, Arbeit, Abhängigkeit, Widerstandskraft, Gesundheit.

7 Das Du, Partner, Ehe, Öffentlichkeit, Bündnisse.

8 Bewußtseinsübergänge, Tod, Erbschaft, Forderungen, Gewinn und Verlust als Bilanz.

9 Höhere geistige Interessen, Weltanschauung, Ausland, große Reisen.

10 Gesellschaftliche Position, Beruf, Erfolg, Ansehen, Ehre.

11 Freunde, Gönner, Wünsche und Hoffnungen, Protektion.

12 Prüfungen, Feinde, Besinnung, Läuterung, Einschränkung, Verlust, Auflösung.

Angaben zum Planetenlauf

Durchschnittliche Geschwindigkeit

Planet	pro Tag	pro Stunde	Rückläufig	Stationär
♇	48″		für 160 Tage	7 Tage davor und danach
♆	2′		für 157 Tage	6 Tage davor und danach
♅	3′		für 155 Tage	5 Tage davor und danach
♄	5′		für 140 Tage	5 Tage davor und danach
♃	12′		für 120 Tage	3 Tage davor und danach
♂	45′	2′	für 80 Tage	
☉	59′ 08″	2,5′		
♀	1° 12′	3′	für 42 Tage	2 Tage davor und danach
☿	1° 24′	3,5′	für 24 Tage	1 Tag davor und danach
☽	13°10′36″	33′		

Die Aspekte

Spannungsverhältnisse zwischen den Planeten

Dynamik, Impulse, harmonische oder disharmonische Richtkräfte. Aspekte sind Winkelabstände und werden als Distanz in Bogengraden gemessen.

Konjunktion	=	0°	☌
Halbsextil	=	30°	⚺
Halbquadrat	=	45°	∠
Sextil	=	60°	✶
Quadrat	=	90°	□
Trigon	=	120°	△
1 1/2-Quadrat	=	135°	⚼
Quincunx	=	150°	⚻
Opposition	=	180°	☍

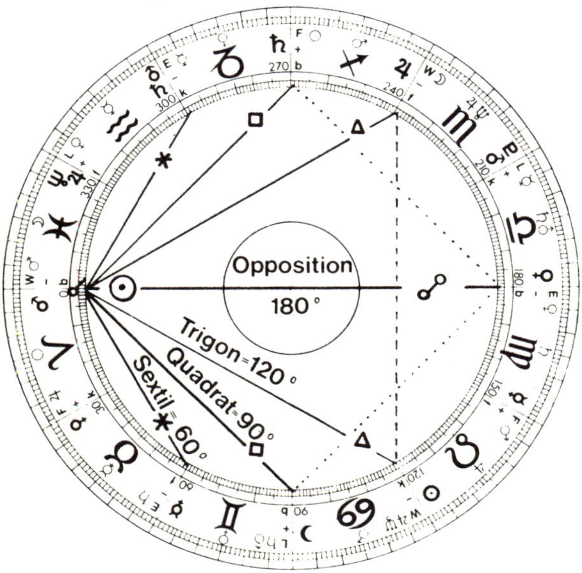

Der „Orbis", d. h. Wirkungsumkreis, soll im *Radix* nicht mehr als 7° nach jeder Seite betragen. (Steht Jupiter in 15° eines bestimmten Zeichens, wäre ein Aspekt in 13° desselben Zeichens noch in Konjunktion, stünde ein Planet aber im selben Zeichen in 25°, ist die Konjunktion nicht mehr gegeben.)
Merke: *Bei den Transiten muß der Orbis auf 1° beschränkt bleiben,* es sei, ein langsam laufender Planet *bewegt* sich über eine der Ecken des Horoskops, also über Asz., Desz., MC, IC.
Bei den schwachen Aspekten Halbsextil, Halbquadrat, 1½-Quadrat und Quincunx ist der Orbis ganz eng zu fassen. Ein Planet *in direktem Lauf* gilt als wirksamer und günstig, ist er *rückläufig* (R), wird seine Auswirkung schwach bzw. ungünstig beurteilt.
Nähert sich ein schneller Planet einem langsamen, spricht man von „Applikation", hat dagegen die exakte Konjunktion zwischen zwei Planeten bereits vor der Geburt stattgefunden und entfernt sich der schnelle Planet vom langsameren, spricht man von „Separation". Die Applikation ist deswegen wirksamer, weil sie sich als Direktion zu einem bestimmten künftigen Zeitpunkt realisieren wird.
Als günstig wirksam gelten Jupiter (♃), Venus (♀), Sonne (☉), Mond (☽); ungünstig: Pluto (♇), Uranus (♅), Saturn (♄), Mars (♂). Von gemischter Wirkung sind Merkur (☿), Neptun (♆).
Aspekte zwischen günstigen Gestirnen („Wohltätern") sind als Konjunktion, Trigon und Sextil günstig. Konjunktion, Quadrat und Opposition zwischen ungünstigen Gestirnen („Übeltäter") sind ungünstig bzw. bringen Spannungen. Als harmonisch gelten das Trigon und das Sextil, disharmonisch sind Quadrat und Opposition.

Methoden der Prognose

Die astrologische Prognose muß sowohl das Anlagegefüge wie die äußeren Möglichkeiten berücksichtigen. Das Geburtshoroskop läßt als astrologisches Meßbild die Struktur der Persönlichkeit erkennen. Dabei begreifen wir die *Planetensymbole als Prinzipien für bestimmte Grundkräfte*, die in uns angelegt sind, z. B. ☉ Sonne = das Selbst, auch Selbstbewußtsein, Machtansprüche; ♄ Saturn = Fähigkeit und Bedürfnis nach Konzentration, Stetigkeit, damit auch das Maß für Ausdauer und Härte. Je nachdem, in welchem Tierkreiszeichen die Planeten stehen, werden die durch sie dargestellten Grundprinzipien modifiziert. Ein Mensch mit Sonne im Widder wird auf eine ganz andere Art seine Vitalität und sein Machtbedürfnis entfalten als ein anderer mit Sonne im Stier.
Wenn auch das *Radix* (Geburtskonstellation) eine gewisse Geprägtheit des Naturells erkennen läßt, so sind dessen Anlagen doch im Wandel. Wesenseigentümlichkeiten, die in der Jugend nur schwach erkennbar sind, zeigen sich in einer bestimmten Lebensperiode stärker, bzw. verblassen. Das astrologische Spiegelbild der Entfaltung des in uns seit der Geburt Angelegten stellen die *Direktionen* dar. Steht in einem Geburtshoroskop Sonne in 29° 27′ Stier und Merkur in 17° 00′ Zwillinge, kann man die Sonne zu dieser Merkur-Position „hindirigieren". Die Entfernung von 17° 33′ *als Bogenmaß ausgedrückt*, kann nach einem bestimmten *Zeitschlüssel* in ein Zeitmaß umgesetzt werden. Mit anderen Worten, es wird einmal im Laufe des Lebens des Geborenen die „weitergeschobene" Sonne die Position von Merkur erreichen. Auf das Verfahren der Direktionen kann hier nicht eingegangen werden. Sie sind Stoff für ein eigenes Lehrbuch. Direktionen, vor allem mit Sonne, Mond, MC und Asz. sind sehr wichtig, während die Direktionen zwischen anderen Planeten zweitrangig sind. Direktionen wirken ein bis drei Jahre und bedürfen zu ihrer Auslösung, worunter man die äußeren Lebensumstände verstehen mag, der Transite gleichen Sinnes.

Ein *Transit* ist der Übergang eines laufenden Gestirns über einen Planetenort oder dessen Aspektpunkt im Radix. Transite färben die Erlebnistendenz der Zeit, in der sie wirksam sind, auf ganz bestimmte Art und Weise. Wie das geschieht, dafür gibt dieses Buch *Beispiele*. Eine besondere Frage ist die *Intensität* einer Transitwirkung.

Bringt z. B. das Direktionsbild eine Konjunktion der Sonne mit Merkur, so wird der Inhaber dieses Horoskops in der fraglichen Lebensperiode besonders aufgeschlossen für jene Angelegenheiten sein, die durch Merkur ausgedrückt werden, vor allem auch im Hinblick auf den *Sektor (Haus) des Horoskops* und *des Tierkreiszeichens*, in dem Merkur ist. Die Deutung des Aspekts wäre: geistige Aufgeschlossenheit, Lust zu Studien, Reisen, Geschäften, Vermittlung, im siebten Sektor neue Erfahrungen mit dem Du, in der Partnerschaft, auch in der Öffentlichkeit. Wenn nun die äußeren Lebensumstände danach sind, daß der Geborene sich geistig entfalten *kann*, vermag der Erfolg durchschlagend zu sein. So ist es wichtig, daß in dem fraglichen Lebensabschnitt die Merkurposition des Radix etwa ein Trigon des laufenden Neptun empfängt, was der geistigen Aufgeschlossenheit, der Sehnsucht in die Ferne Auftrieb gäbe. Oder es erhält Merkur ein Trigon des Saturn, was die Konzentrationsfähigkeit und Intensität des Gedankenlebens begünstigen würde, also vorwiegend für Studien zu nützen wäre; andererseits könnte ein Trigon Jupiters oder gar eine Konjunktion Jupiters mit Merkur Radix im geistig-intellektuellen Bereich Fortschritte bringen, etwa durch ein gutes Examen sozialen Aufstieg möglich machen oder Pläne fördern.

Direktionen und Transite gehören demnach zusammen, doch wird man feststellen, daß Transite *auch für sich Trendanalysen künftigen Geschehens* möglich machen. Wichtig ist aber in jedem Fall, daß man die *Qualität der Planetenpositionen* im Geburtshoroskop richtig einzuschätzen vermag. Dieses Buch setzt Vorkenntnisse voraus, wie sie *„Helfen Horoskope hoffen"* als ein Grundlagenbuch liefert. Die nachstehend abgedruckten Tabellen können nur eine Gedächtnishilfe sein.

Wer sich mit dem Studium astrologischer Prognostik befaßt, wird feststellen, daß *die Umläufe der Planeten Bezug zu den großen und kleinen Rhythmen* im Ablauf unseres menschlichen Daseins

haben. Direktionen wie Transite stellen jeweils Teilausschnitte recht komplexer Rhythmogramme dar.
Nun kennt die Astrologie für die Prognostik Hilfshoroskope. Ein solches ist das *Solarhoroskop*, das für jedes Jahr auf den Tag und Zeitpunkt errichtet wird, zu dem die Sonne die Geburtsposition einnimmt, allerdings bezogen auf den jeweiligen Aufenthaltsort. Die solaren Planetenpositionen sowie die Häuserverteilung wird bei der Deutung in Beziehung zum Radix gesetzt und stellt gewissermaßen eine besondere Form eines Transithoroskopes dar, aus dem überschlägig für das neue Lebensjahr geurteilt werden kann. In ähnlicher Form gibt es auch *Lunarhoroskope*, die als Hilfshoroskope die Prognostik des monatlichen Geschehens durchleuchten helfen, oder Horoskope, die z. B. auf *die Wiederkehr des Mars oder der Venus* an ihrem Platz im Radixhoroskop gebunden sind. Da sie allerdings im Vergleich zu Sonne und Mond sich langsam durch den Tierkreis bewegen, muß dabei auf ein entsprechendes Häusersystem verzichtet werden. Die Behandlung solcher Hilfshoroskope ist im Rahmen dieses Buches nicht zu bewältigen.

Transite

Obwohl im Sinne des Wortes ein „Transit" eigentlich ein Übergang über den Ort eines Gestirns der Geburtskonstellation ist, bezeichnet man einen solchen auch über die bekannten Aspektpunkte. Während man im Radixhoroskop bei den Aspekten zwischen zwei Gestirnen einen gewissen Umkreis *(„Orbis")* von etwa 7° durchschnittlich zuläßt, ist ein Transit im allgemeinen nur wirksam, wenn er *„exakt"* fällig wird, d. h. nach Bogengraden und Bogenminuten genau. Allerdings kann man immer wieder beobachten, daß z. B. Marsaspekte bereits ein bis zwei Tage *vor* dem exakten Fälligkeitstermin zur Auslösung gelangen oder daß Aspekte langsam laufender und daher lange Zeit wirkender Gestirne, etwa ♄, nicht unbedingt am Fälligkeitstag zur Realisierung gelangen, sondern an jenem Datum, wenn ein *wichtiger Sonnentransit* vorliegt. Den Sonnentransiten kommt daher außer den für sie typischen „Wirkungen" eben auch vielfach ein *auslösender Effekt* zu.

Die Qualität der Transite

Es dürfte einleuchten, daß ein Transit des langsam laufenden Saturn (♄) im Vergleich zu einem der schnell laufenden Venus (♀) eine erheblich stärkere Auswirkung hat, die evtl. „schicksalhaft“ genannt werden kann, während die Transite von Merkur, Venus, oft auch Mars, kaum jene Intensität erreichen. So hängt die Qualität eines Transits erstens von der Art des laufenden Gestirnes ab (Transitor), also jenes Planeten, der sich durch den Tierkreis bewegt, in zweiter Linie aber auch von dem zu überschreitenden Punkt im Tierkreis des Geburtshoroskops (Radix). Ist dies der Planetenort selbst, wird das Gestirn zum „Promissor“, d. h. Versprecher. Es ergibt sich also eine Konjunktion. Damit wird die Intensität der Wirkung den stärkstmöglichen Effekt haben. Jedoch bleibt grundsätzlich zu überlegen, ob zwischen den beiden in Frage stehenden Transitpartnern, die den Aspekt bilden, bereits eine *Verbindung im Radixhoroskop* gegeben und welcher Art sie ist.

Allgemeine Wirkungsintensität der Aspekte im Radix

Konjunktion (☌) —	Opposition (☍) —	Quadrat (□) —
100 %	75 %	66 %
$^{1}/_{1}$	$^{3}/_{4}$	$^{2}/_{3}$
Trigon (△) —	Sextil (✱) —	
50 %	25 %	
$^{1}/_{2}$	$^{1}/_{4}$	

d. h.: liegt in einem bestimmten Horoskop z. B. eine Konjunktion zwischen Saturn und der Sonne vor, würde diese den Wert 100 bekommen. *Im selben Horoskop* könnte man einer Opposition aber nur 75 % der gleichen Wirkungskraft zubilligen, und ein Sextil käme nur auf $^{1}/_{4}$ = 25 %. Diesen Gesichtspunkt muß man bei der Bewertung der Deutungsbeispiele *stets* im Auge haben.

Die *Qualität der Transite* ist ähnlich zu beurteilen, hier kann das Quadrat als Transit *stärker* wirksam sein als die Opposition, denn diese ist als Spannungsaspekt anregend, anstachelnd, aufputschend etc. Das muß nicht immer „schlecht“ sein, wenn auch zur Bewältigung der Folgen Kraft, Disziplin u. ä. m. gehören, was von dem Betroffenen kaum als „Glück“ empfunden wird.

Anders ist es beim Quadrat. Dieser Transit kommt ja nicht aus einem entgegengesetzten, evtl. ergänzenden Zeichen, sondern aus einem Zeichen, dessen Qualität mit dem des Radixpartners unvereinbar ist. Gewissermaßen liegt hier eine „Durchkreuzung“ vor, weshalb dann ein Quadrattransit seiner Natur nach oft „böser“ ist als eine Opposition.

Auswertung eines Geburtshoroskops. Beispiel: Helmut Kohl – 3. April 1930, 6.30 Uhr, Ludwigshafen

Ins Auge fallen drei »Stellien« (Gestirnhäufungen). Erstes ist es die Widdersonne (☉♈) bei Uranus (⛢) und Merkur (☿), in ihrem weiteren Umfeld auch Venus (♀) am Widder-ASZ. Zweitens ist es Saturn (♄) am oberen Meridian, also in der Himmelsmitte (MC). Einzubeziehen ist der ihm direkt gegenüber am unteren Meridian (IC) befindliche Pluto (♇). Ein dritter Schwerpunkt wird durch die Nähe des Mondes (☾) bei Jupiter (♃) gebildet.

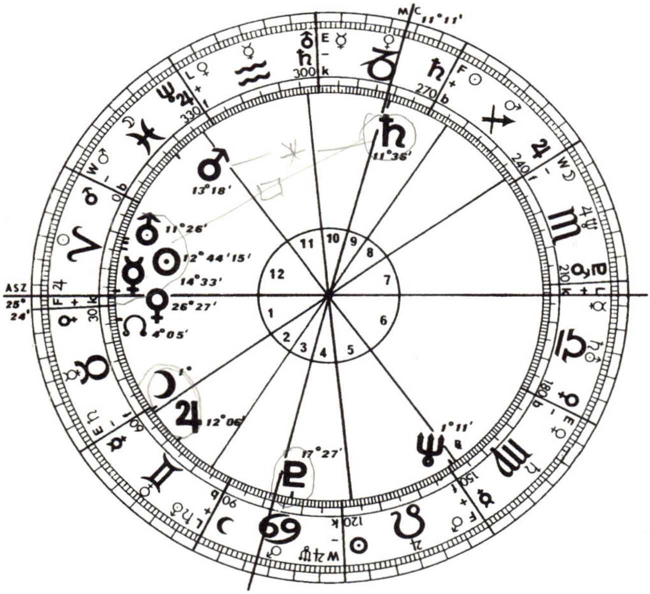

Radixhoroskop vom 3.4.1930 um 6.30 Uhr, Ludwigshafen – das Geburtshoroskop von Helmut Kohl

Immer wenn Planeten auf ihrer Wanderung durch den Tierkreis diese markanten Radixorte überschreiten oder dazu markante Winkel (Quadrat, Opposition) bilden, werden jene Neigungen oder Trends *mehr oder weniger* deutlich werden, wie sie im Text weiter hinten [Ziffer in eckiger Klammer] beschrieben sind.

Das »Mehr oder Weniger« ermißt sich aus der *Qualität der Radix-*

position. Saturn ist maximal bedeutsam, denn er besetzt den Meridian und wird damit zum Symbol unbändigen Ehrgeizes. Sodann ist Saturn im Steinbock (♑) und damit in seinem eigenen Zeichen. Dadurch gilt er als »in Würde stehend«, was ihm die höchste Bewertungsstufe sichert.
Im Geburtshoroskop ist Saturn durch Sextil (⚹) mit Mars (♂) verbunden, was beide Gestirnpositionen aufwertet, und dann ist da noch die Opposition (♄☍) Saturns zu Pluto (♇).
Das Zeichen Steinbock steht zum Zeichen Widder im Spannungswinkel, in einem Quadrataspekt (□). Damit greift Saturn aus seiner maximal bedeutsamen Position auch Uranus (♅), die Sonne (☉) und Merkur (☿) direkt an. Wenn also etwa Neptun, ein negativ zu bewertender »Transitor« (das ist ein Gestirn, das sich voranbewegt im Gegensatz zu den feststehenden Radixpositonen) den Ort Saturns am MC überschreitet (Konjunktion) [270] und [284], dann werden damit direkt oder um diese Zeit herum die Aspekte aus dem Radix ebenfalls wirksam. Zunächst ist Uranus [272] betroffen, dann die Sonne [258], dann Mars [266], dann Merkur [262]. Da nun Neptun sich sehr langsam voranbewegt, kann daraus eine wochenlang negativ bestimmte Periode zu vermuten sein. Die in eckige Klammern gesetzten Zahlen wie [270] geben Deutungs*beispiele.*
Ein anderer Transit: Mitte März 1997 ist Jupiter in 11° Wassermann. Dadurch bildet er hilfreiche, fördernde, harmonisch wirksame Sextilwinkel zu Uranus [167], Sonne [146] und Merkur [152]. Allerdings sind Sextile nur schwach wirksam.
Es ist wichtig, daß Sie sich als Deuter nicht nur auf einen bestimmten Termin konzentrieren, sondern Sie sollten immer einen größeren Zeitabschnitt überblicken.
Doch weiter mit Helmut Kohl. Er wird im April und Mai 1997 ungünstige Erfahrungen sammeln müssen, denn in dieser Zeit wandert Saturn über sein Widderstellium, also über Uranus [204], wodurch die Quadrate zu Saturn [203], auch zum MC [217] fällig werden, gefolgt vom direkten Übergang Saturns über den Sonnenort [183], anschließend über die Merkurposition [188].
Da Konjunktionen kräftige Transite sind, die Trends zu 100 Prozent repräsentieren, kann man bereits aus so wenigen markanten Transiten eine überschlägige Jahresprognose gewinnen.

Die Zusammenstellung einer Transitübersicht

An Hand einer Ephemeride (Gestirnstandstabelle) wird der Lauf eines bestimmten Planeten verfolgt. Entscheidend ist, wann nun dieses Gestirn die Radixpositionen der Planeten, des ASZ und des MC berührt, d. h. überschreitet bzw. zu diesen ganz bestimmte Winkel (bezogen auf den Mittelpunkt der Horoskopzeichnung) bildet. Man kann der Einfachheit halber diese Winkel als Entfernung in Bogengraden angeben oder messen. 60° ist ein Sextil, 90° ein Quadrat, 120° ein Trigon, 180° die Opposition.
Es ist praktisch, sich eine Aufstellung der Radixpositionen anzufertigen, die diese *nacheinander* aufführt. Bei Helmut Kohl sähe das so aus:

1° 00'	Mond Zwillinge	☾♊
1° 11'	Neptun Jungfrau Rückl.	♆♍
4° 05'	Mondknoten Stier	☊♉
11° 11'	MC Steinbock	MC♑
11° 26'	Uranus Widder	♅♈
11° 36'	Saturn Steinbock	♄♑
12° 06'	Jupiter Zwillinge	♃♊
12° 44'	Sonne Widder	☉♈
13° 18'	Mars Fische	♂♓
14° 33'	Merkur Widder	☿♈
17° 27'	Pluto Krebs	♇♋
25° 24'	ASZ Widder	ASZ♈
26° 27'	Venus Widder	♀♈

Die Tabelle macht sogleich aufmerksam, welche Tierkreisgegenden (Grade) »empfindlich« sind, wo also »etwas los ist«, wenn Planeten dahin kommen.
Im Zeitalter des Computers, wo bereits viele Menschen privat über einen Computer und astrologische Berechnungsprogramme verfügen, ist es nicht mehr üblich, sich auf zeitraubende Art die fälligen Transite aus einer Ephemeride herauszusuchen und zu notieren. Doch gerade für Anfänger, die noch nicht den Blick des Fachmanns haben, ist es günstig, sich eine *Jahresprognose* einmal auf die alte Art zusammenzustellen. Eine solche berücksichtigt nur die langsam

laufenden Planeten Jupiter, Saturn, Uranus, Neptun und Pluto, oft wird auch der laufende Mondknoten hinzugenommen, der gewisse Aufschlüsse über Gemeinschaftsbestrebungen zuläßt.
Bei der *Monatsprognose* werden dagegen auch Sonne, Merkur, Venus und Mars berücksichtigt. Der Mond ist als Transitor zu schwach, da kommen lediglich die Konjunktionen, also die direkten Übergänge in Frage. Es ist allerdings interessant zu verfolgen, in welchem Haus sich der Mond jeweils aufhält. Das dadurch bezeichnete Lebensgebiet könnte Aufmerksamkeit verdienen.
Die Sonne ist ja alljährlich ziemlich in der gleichen Position. Daher wiederholen sich die *Sonnentransite* als einzige auch alljährlich ungefähr zum gleichen Datum. Man darf sie keinesfalls vernachlässigen. Sehr häufig wird man feststellen, daß Transite nicht dann am stärksten sind, wenn sie exakt sind, sondern daß sie sich zur Zeit eines gleichsinnigen Sonnentransits auslösen. Ganz wichtig sind die direkten Übergänge der Sonne besonders über ASZ und MC bzw. DESZ und IC.

Rechte Seite: Die Planetenpositionen in der ersten Hälfte des Jahres 1997 (aus: Prónay-Lorcher, mein astrologisches Jahrbuch 1997)

Monat '97	Datum	☉ im 360°-Kreis	☉ Sonne	☾ Mond	☊ Mondkn.	☿ Merkur	♀ Venus	♂ Mars	♃ Jupiter	♄ Saturn	⛢ Uranus	♆ Neptun	♇ Pluto
Januar	1.1.	281	10°37' ♑	29°♍	3°03'♎	13° ♑	18° ♐	29° ♍	25°10' ♑	1°20'♈	3°16' ♒	26°50' ♑	4°25' ♐
	5.1.	285	14°41'	19°♏	2°51'	8° R	23°	1° ♎	26°06'	1°33'	3°29'	26°59'	4°33'
	10.1.	290	19°47'	1°♒	2°35'	4°	0° ♑	2°	27°16'	1°51'	3°46'	27°11'	4°42'
	15.1.	295	24°53'	14°♈	2°19'	3° D	6°	3°	28°27'	2°11'	4°04'	27°22'	4°51'
	20.1.	300	29°58'	19°♊	2°03'	6°	12°	4°	29°37'	2°34'	4°21'	27°33'	4°59'
	25.1.	305	5°03' ♒	20°♌	1°47'	11°	19°	5°	0°48' ♒	2°58'	4°39'	27°45'	5°07'
Februar	1.2.	312	12°10'	14°♏	1°25'	19°	27°	6°	2°26'	3°36'	5°04'	28°00'	5°16'
	5.2.	316	16°13'	9°♑	1°12'	24°	2° ♒	6° R	3°22'	3°59'	5°18'	28°09'	5°20'
	10.2.	321	21°17'	25°♓	0°56'	1° ♒	9°	6°	4°32'	4°29'	5°35'	28°20'	5°25'
	15.2.	326	26°21'	4°♊	0°40'	9°	15°	5°	5°41'	5°00'	5°52'	28°31'	5°29'
	20.2.	331	1°23' ♓	5°♌	0°25'	16°	21°	5°	6°49'	5°33'	6°08'	28°41'	5°33'
	25.2.	336	6°25'	4°♎	0°09'	25°	27°	4°	7°56'	6°07'	6°24'	28°50'	5°35'
März	1.3.	340	10°26'	24°♏	29°56'♍	1° ♓	2° ♓	3°	8°49'	6°35'	6°37'	28°58'	5°36'
	5.3.	344	14°27'	18°♑	29°43'	9°	7°	1°	9°40'	7°03'	6°49'	29°05'	5°37'
	10.3.	349	19°27'	3°♈	29°27'	18°	14°	0°	10°44'	7°39'	7°03'	29°13'	5°37 R
	15.3.	354	24°27'	13°♊	29°11'	28°	20°	28° ♍	11°46'	8°16'	7°17'	29°21'	5°37'
	20.3.	359	29°25'	14°♌	28°56'	8° ♈	26°	26°	12°46'	8°53'	7°30'	29°28'	5°36'
	25.3.	4	4°23' ♈	13°♎	28°40'	17°	2° ♈	24°	13°44'	9°30'	7°42'	29°35'	5°33'
April	1.4.	11	11°18'	14°♑	28°17'	29°	11°	21°	15°01'	10°23'	7°57'	29°43'	5°28'
	5.4.	15	15°15'	11°♓	28°11'	4° ♉	16°	20°	15°43'	10°53'	8°04'	29°46'	5°25'
	10.4.	20	20°10'	24°♉	27°49'	8°	22°	19°	16°33'	11°30'	8°13'	29°50'	5°20'
	15.4.	25	25°04'	28°♋	27°33'	10° R	28°	18°	17°20'	12°08'	8°21'	29°54'	5°15'
	20.4.	30	29°57'	28°♍	27°17'	8°	4° ♉	17°	18°05'	12°44'	8°27'	29°56'	5°09'
	25.4.	35	4°50' ♉	0°♐	27°01'	6°	11°	17° D	18°46'	13°21'	8°32'	29°57'	5°02'
Mai	1.5.	40	10°40'	22°♒	26°42'	2°	18°	17°	19°30'	14°03'	8°37'	29°58' R	4°54'
	5.5.	45	14°33'	20°♈	26°29'	0°	23°	17°	19°57'	14°31'	8°39'	29°58'	4°48'
	10.5.	49	19°23'	29°♊	26°13'	0° D	29°	18°	20°27'	15°05'	8°40' R	29°57'	4°40'
	15.5.	54	24°13'	0°♍	25°57'	1°	5° ♊	18°	20°53'	15°38'	8°40'	29°56'	4°32'
	20.5.	59	29°02'	0°♏	25°42'	4°	11°	20°	21°15'	16°09'	8°39'	29°53'	4°24'
	25.5.	64	3°50' ♊	7°♑	25°26'	9°	18°	21°	21°32'	16°40'	8°37'	29°50'	4°15'
Juni	1.6.	71	10°33'	16°♈	25°03'	17°	26°	23°	21°49'	17°19'	8°32'	29°44'	4°04'
	5.6.	74	14°23'	11°♊	24°51'	23°	1° ♋	24°	21°54'	17°41'	8°28'	29°40'	3°57'
	10.6.	79	19°10'	14°♌	24°35'	2° ♊	7°	26°	21°56' R	18°06'	8°22'	29°35'	3°49'
	15.6.	84	23°56'	14°♎	24°19'	11°	13°	28°	21°54'	18°29'	8°15'	29°29'	3°41'
	20.6.	89	28°43'	18°♐	24°03'	22°	19°	0° ♎	21°47'	18°51'	8°07'	29°23'	3°33'
	25.6.	93	3°29' ♋	0°♓	23°47'	3° ♋	25°	3°	21°35'	19°10'	7°58'	29°16'	3°26'

Zum Gebrauch der Ephemeriden

Ephemeriden sind Tabellen, die den Lauf der Planeten anzeigen. Wie sich die Wandelsterne von Mars bis Pluto 1997 fortbewegen, nämlich durch den Tierkreis, ist aus der grafischen Darstellung auf Seite 11 ersichtlich, entnommen *Prónay-Lorcher, mein astrologisches Jahrbuch 1997.* Der erläuternde Text nennt die Positionen der Planeten in gerundeten Werten jeweils zum 1. jeden Monats. Um einen Überblick zu bekommen, ist eine solche vereinfachende Darstellung vorzüglich. Danach wünscht man sich freilich differenziertere Angaben. *Prónay-Lorcher, mein astrologisches Jahrbuch 1997* bietet die Übersicht »Die Planetenpositionen im Jahr 1997« für jeweils den 5. Tag. Das ist ausreichend, um sich eine Jahresprognose zusammenzustellen, denn bei dieser kommt es ohnehin darauf an, größere zeitliche Abschnitte zu überschauen. Außerdem ist es selten genug der Fall, daß sich Transite am Tag der größten Genauigkeit des Winkels realisieren. Lediglich den Lauf der Sonne sollte man im Auge haben, doch diese bewegt sich durchschnittlich 1° pro Tag voran, ein Wert, der auch bei einer 5-Tages-Ephemeride gut zu ermitteln ist. Auch Merkur, Venus und Mars lassen sich leicht ermitteln.
Wer es komfortabler will, wird zu einer Ephemeride greifen, die die täglichen Gestirnstände angibt wie *Die Deutsche Ephemeride*. Der Jahrgang 1997 ist im VII. Band 1981-2000 enthalten. Sie ist erschienen im Scherzverlag Bern und München für den Otto Wilhelm Barth Verlag, den Lizenzgeber. Erhältlich ist bereits der VIII. Band 2001-2020. Die *Deutsche Ephemeride* bietet die Angabe der täglichen Gestirnstände in Länge und Breite, auch die Deklination. Sie ist damit ein Standardwerk für den Fachmann, denn der durchschnittliche Astrologe benötigt nur die Längenposition der Gestirne, nämlich den Weg durch den Tierkreis.
Oder man besorgt sich durch den Buchhandel die bewährte Rosenkreuzer-Ephemeride, die sehr preiswert ist und die Jahre von 1900 bis 2000 enthält. (Verlag La Maison Rosicrucienne Editeur, St-Michel-de-Boulohne, F-7200 Aubenas, Frankreich). Außerdem bietet sie einige Besonderheiten, etwa die täglichen Konstellationen, wie sie sich am Himmel unter den Gestirnen vollziehen. Aus diesen »mundanen« Aspekten schließt der Astrologe auf die *Tages-*

qualität eines bestimmten Datums. *Prónay,Lorcher, mein astrologisches Jahrbuch 1997* beschreibt diese Qualitäten und gibt dafür Deutungsbeispiele. Die Beachtung der Tagesqualität ist eine wichtige Entscheidungshilfe. Man richtet sich damit nicht nur nach den persönlichen Transiten, wenn man etwas vor hat, sondern stellt Überlegungen an, ob ein ins Auge gefaßter Tag für sich genommen ein »Glücks- oder Unglückstag« sein wird. Erfahrungsgemäß passieren unter mundanen Gewaltaspekten auch überdurchschnittlich schlimme Unglücke, seien es Erdbeben, die Reaktorkatastrophe von Tschernobyl oder andere gravierende Ereignisse.
Dieses Transitbuch hat im Anhang eine Kurzephemeride der Jahre 1979 – 2000. Sie reicht aus, die jüngere eigene Vergangenheit zu durchforsten. Man schreibe sich einmal die Daten zurückliegender markanter Ereignisse auf, seien es Krankheiten, persönliche Verluste oder auch Gewinne, aus dem Rahmen fallende Geschäfte, vor allem Unfälle oder schicksalhafte Ereignisse. Dann suche man sich in der Ephemeride das entsprechende Datum und notiere sich den Gestirnstand. Nun braucht man nur noch die Zeichnung des Geburtshoroskops (also die Radixkonstellation) und kann untersuchen, ob da bestimmte Transite vorgelegen haben, seien es direkte Übergänge (Konjunktionen) oder Winkelbildungen.
Diese Übung sollte man unbedingt machen, um zu lernen, mit dem eigenen Horoskop (und damit auch mit anderen) zu arbeiten. Sodann wird das Ergebnis nach aller Erfahrung überzeugen, denn es erlaubt, Zusammenhänge zu erkennen. Man wird aber auch feststellen, daß nicht jedes Ereignis, auch nicht das schwerwiegende, durch Konstellationen zu belegen ist, wie andererseits selbst markante Transite manchmal »nichts bringen«. Wäre es anders, gäbe es keinen Streit um den Wahrheitsgehalt der Sterndeutung. Man halte sich an ein Wort des großen Astronomen und Astrologen Johannes Kepler, der feststellte:

»Der Glaube an die Auswirkung der Konstellationen kommt vor allem aus der Erfahrung, die so überzeugend ist, daß sie nur von Leuten geleugnet werden kann, die sich mit ihr nie eingehend beschäftigt haben.«

1997 JANUAR

Day	Sideral Time			☉ Long.				☉ Decl.			☽ Long.			☽ Lat.			☽ Decl.		
	H	M	S	°		'	"	°		'	°		'	°		'	°		'
1	6	42	44	10	♑	36	26	23	S	1	28	♍	44	0	S	20	0	N	12
2	6	46	41	11		37	35	22		56	10	♎	48	0	N	44	3	S	36
3	6	50	37	12		38	45	22		50	23		9	1		48	7		20
4	6	54	34	13		39	55	22		44	5	♏	51	2		47	10		50
5	6	58	30	14		41	5	22		38	18		59	3		40	13		56
6	7	2	27	15		42	15	22		31	2	♐	36	4		23	16		23
7	7	6	23	16		43	26	22		23	16		43	4		51	17		57
8	7	10	20	17		44	36	22		16	1	♑	16	5		1	18		25
9	7	14	17	18		45	46	22		7	16		10	4		52	17		38
10	7	18	13	19		46	56	21		59	1	♒	15	4		22	15		37
11	7	22	10	20		48		21		50	16		21	3		34	12		32
12	7	26	6	21		49	15	21		40	1	♓	19	2		32	8		32
13	7	30	3	22		50	24	21		30	16		1	1		20	4		17
14	7	33	59	23		51	32	21		20	0	♈	22	0		4	0	N	13
15	7	37	56	24		52	40	21		9	14		20	1	S	10	4		13
16	7	41	52	25		53	47	20		58	27		57	2		18	8		36
17	7	45	49	26		54	53	20		46	11	♉	13	3		16	12		5
18	7	49	46	27		55	58	20		34	24		11	4		4	14		53
19	7	53	42	28		57	2	20		22	6	♊	55	4		38	16		54
20	7	57	39	29		58	6	20		9	19		26	4		58	18		4
21	8	1	35	0	♒	59	9	19		56	1	♋	47	5		4	18		22
22	8	5	32	2		0	11	19		43	14		0	4		56	17		48
23	8	9	28	3		1	12	19		29	26		4	4		34	16		26
24	8	13	25	4		2	12	19		15	8	♌	2	4		1	14		22
25	8	17	21	5		3	12	19		0	19		55	3		17	11		43
26	8	21	18	6		4	11	18		45	1	♍	44	2		25	8		36
27	8	25	15	7		5	9	18		30	13		32	1		26	5		8
28	8	29	11	8		6	6	18		14	25		22	0		24	1		29
29	8	33	8	9		7	3	17		58	7	♎	16	0	N	40	2		16
30	8	37	4	10		7	59	17		42	19		20	1		44	5		58
31	8	41	1	11		8	55	17		26	1	♏	39	2		44	9		29

Day	♆ Lat.	♆ Decl.	♅ Lat.	♅ Decl.	♄ Lat.	♄ Decl.	♃ Lat.	♃ Decl.	♂ Lat.
	° '	° '	° '	° '	° '	° '	° '	° '	° '
1	0 N 26	20 S 22	0 S 34	19 S 59	2 S 21	1 S 38	0 S 20	21 S 25	2 N 39
4	0 26	20 21	0 34	19 57	2 21	1 33	0 20	21 18	2 42
7	0 26	20 20	0 34	19 54	2 20	1 29	0 20	21 10	2 46
10	0 26	20 19	0 34	19 52	2 19	1 24	0 21	21 3	2 50
13	0 26	20 17	0 34	19 49	2 19	1 18	0 21	21 54	2 54
16	0 26	20 16	0 34	19 47	2 18	1 13	0 21	21 46	2 58
19	0 26	20 15	0 34	19 44	2 18	1 7	0 21	21 38	2 2
22	0 26	20 13	0 34	19 42	2 17	1 1	0 22	21 29	2 - 6
25	0 26	20 12	0 34	19 39	2 16	1 54	0 22	21 20	2 11
28	0 26	20 11	0 34	19 37	2 16	1 48	0 22	21 11	2 15
31	0 26	20 S 9	0 34	19 S 34	2 15	1 41	0 23	21 2	2 19

JANUAR 1997

Day	♆ Long.		⛢ Long.		♄ Long.		♃ Long.		♂ Long.		♀ Long.		☿ Long.		♇ Long.	
	°	'	°	'	°	'	°	'	°	'	°	'	°	'	°	'
1	26 ♑	50	3 ♒	16	1 ♈	20	25 ♑	10	29 ♍	14	18 ♐	27	13 ♑	7	4 ♐	25
2	26	53	3	19	1	23	25	24	29	34	19	42	11 R	46	4	27
3	26	55	3	23	1	26	25	38	29	54	20	57	10	25	4	29
4	26	57	3	26	1	30	25	52	0 ♎	13	22	12	9	5	4	31
5	26	59	3	29	1	33	26	6	0	31	23	27	7	50	4	33
6	27	2	3	33	1	36	26	20	0	49	24	42	6	41	4	35
7	27	4	3	36	1	40	26	34	1	7	25	58	5	41	4	37
8	27	6	3	40	1	43	26	48	1	25	27	13	4	49	4	39
9	27	8	3	43	1	47	27	2	1	41	28	28	4	7	4	41
10	27	11	3	46	1	51	27	16	1	58	29	43	3	35	4	42
11	27	13	3	50	1	55	27	30	2	14	0	58	3	14	4	44
12	27	15	3	53	1	59	27	44	2	29	2	13	3	1	4	46
13	27	17	3	57	2	3	27	58	2	45	3	28	2 D	58	4	48
14	27	20	4	0	2	7	28	13	2	59	4	43	3	4	4	49
15	27	22	4	4	2	11	28	27	3	13	5	59	3	17	4	51
16	27	24	4	7	2	16	28	41	3	27	7	14	3	37	4	53
17	27	26	4	11	2	20	28	55	3	40	8	29	4	4	4	54
18	27	29	4	14	2	25	29	9	3	52	9	44	4	37	4	56
19	27	31	4	18	2	29	29	23	4	4	10	59	5	16	4	58
20	27	33	4	21	2	34	29	37	4	16	12	14	5	59	4	59
21	27	36	4	25	2	39	29	51	4	27	13	29	6	47	5	1
22	27	38	4	28	2	43	0 ♒	6	4	37	14	45	7	38	5	2
23	27	40	4	32	2	48	0	20	4	47	16	0	8	33	5	4
24	27	42	4	35	2	53	0	34	4	56	17	15	9	32	5	5
25	27	45	4	39	2	58	0	48	5	4	18	30	10	33	5	7
26	27	47	4	42	3	4	1	2	5	12	19	45	11	37	5	8
27	27	49	4	46	3	9	1	16	5	20	21	0	12	44	5	9
28	27	51	4	50	3	14	1	30	5	26	22	15	13	52	5	11
29	27	54	4	53	3	19	1	44	5	32	23	30	15	3	5	12
30	27	56	4	57	3	25	1	58	5	37	24	46	16	16	5	13
31	27	58	5	0	3	30	2	12	5	42	26	1	17	30	5	14

Day	♆ Long.		⛢ Long.		♄ Long.		♃ Long.		♂ Long.		♀ Long.		☿ Long.		♇ Long.	
	°	'	°	'	°	'	°	'	°	'	°	'	°	'	°	'
1	2 N	44	0 N	47	22 S	10	2 N	21	20 S	28	12 N	23	8 S	50	3 ♎	3
4	2	24	0	39	22	33	3	0	20	8	12	24	8	50	2	54
7	2	6	0	32	22	51	3	17	20	2	12	24	8	51	2	44
10	1	49	0	24	23	2	3	14	20	10	12	25	8	51	2	35
13	1	34	0	16	23	7	2	57	20	27	12	26	8	51	2	25
16	1	21	0	8	23	6	2	32	20	51	12	26	8	51	2	16
19	1	10	0	1	23	58	2	3	21	17	12	27	8	51	2	6
22	1	1	0	7	22	44	1	33	21	40	12	28	8	51	1	57
25	0	54	0	14	22	24	1	3	21	58	12	29	8	51	1	47
28	0	49	0	22	21	58	0	34	22	9	12	30	8	51	1	37
31	0	47	0	29	21	25	0	7	22	11	12	31	8	51	1	28

Zur Jahres- und Monatsprognose

Für die Jahresprognose werden im allgemeinen nur die Planeten von Jupiter bis Pluto berücksichtigt. Darauf sind auch die astrologischen Computerprogramme zugeschnitten, die als Software im Handel erhältlich sind. Als Beispiel rechts eine gekürzte Darstellung aus dem Sesam-Programm von Gerhard Vehns, Karlsruhe. Es hat oben die Leiste der Monate, links die Spalte mit den Transitoren, also jenen Planeten, die Transite bilden.

Bei dem vorliegenden Muster gibt es allerdings eine wichtige Spalte, die andere Programme nur selten haben. Es ist die erste unmittelbar rechts neben den großen Planetensymbolen. Dort sind Angaben zum Radixhoroskop. So steht in der Reihe der Sonne vor dem Sonnensymbol »0 ⚹«.

Das heißt, daß zwischen Jupiter und der Sonne im Radix ein gradgenauer Sextilaspekt vorliegt. Vor dem Merkursymbol steht »2⚹«, ein Hinweis, daß im Radix Jupiter und Merkur durch ein Sextil von 2° verbunden sind.

Diese Angaben haben einen ganz praktischen, eigentlich unverzichtbaren Wert. Bevor man einen Transit deutet, muß man wissen, ob er im Radix vorgegeben ist. Wenn also bei Helmut Kohl in der zweiten Märzhälfte der laufende Jupiter ein Sextil zur Radixsonne bildet, wird dadurch das Sextil aus dem Radix angesprochen. Mit anderen Worten, es findet eine Wiederholung statt. Solche Wiederholungsaspekte sind aber wirksamer als eine normale Transitverbindung. Die Grundregel wurde ja schon erwähnt: Nur jene Transite, die im Radix vorgegeben sind, haben Chancen, sich *deutlich* zu manifestieren. Das erwähnte Jupitersextil dürfte also von Helmut Kohl genützt werden können, obwohl es an sich ein schwacher Transit ist.

Die Radixspalte zeigt vor dem Venussymbol 0° und ein Halbquadrat (∟). In der ersten Hälfte Januar 1997 wird Jupiter ein Quadrat (□) zur Radixvenus bilden. Durch das Halbquadrat im Radix wird dieser gleichsinnige Transit als verstärkt erkennbar.

Bei Mars steht vor dem Marssymbol »1 □«. Obwohl Mitte Januar nur ein Halbquadrat vorliegen wird, kann es sich viel kräftiger zeigen, weil ja im Radix ein Spannungswinkel vorgegeben ist.

Helmut Kohl 1997

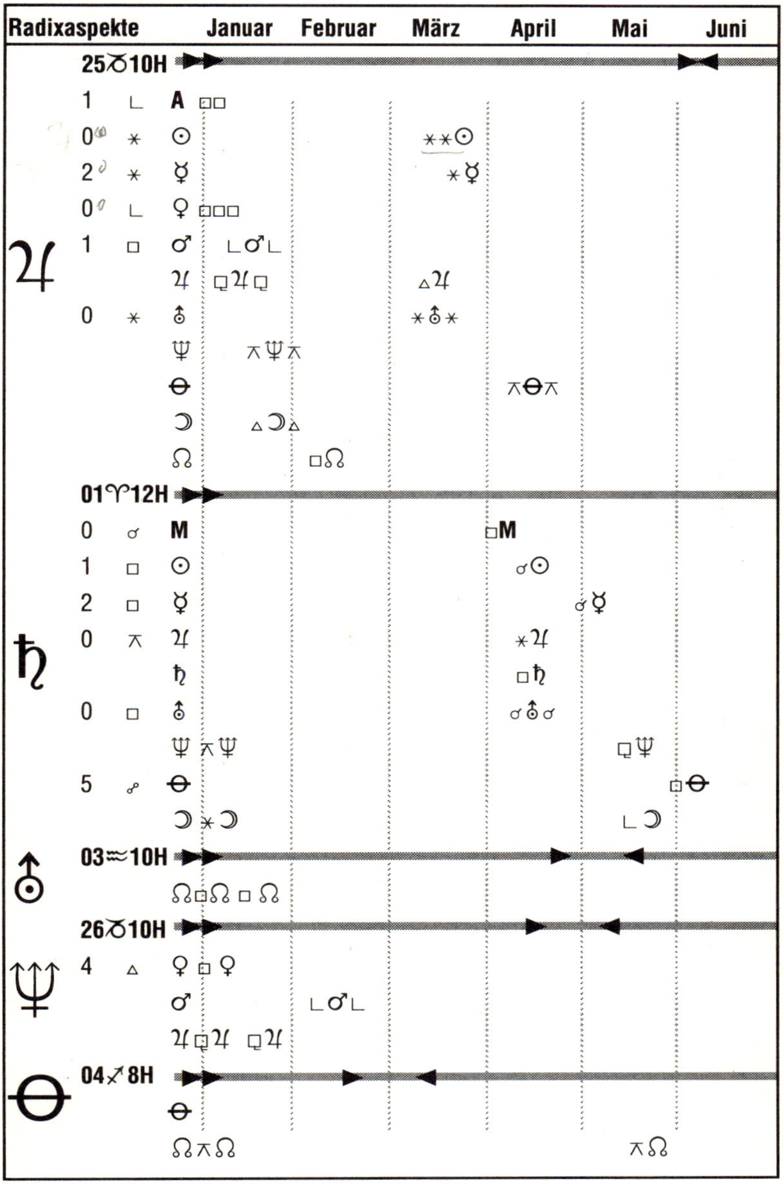

Man sollte sich merken: Wird ein gleichsinniger Aspekt wiederholt, ist dieser spürbar. Das gilt sowohl bei negativen, wie bei positiven Transiten. Anfang Januar wird Neptun ein Quadrat, also einen Spannungswinkel, zum Venusort bilden (♆□♀). Im Radix sind beide Gestirne jedoch durch ein harmonisches Trigon verbunden. Infolgedessen wird der Spannungscharakter des Transits sehr gemildert empfunden werden.

Harmonische Radixverbindung – harmonischer Transit =
harmonische Wirkung deutlich
Gespannte Radixverbindung – gespannter Transit =
gespannte Wirkung deutlich
Harmonische Radixverbindung – gespannter Transit =
milde negative Wirkung
Gespannte Radixverbindung – harmonischer Transit =
schwache harmonische Wirkung
Keine Radixverbindung =
nicht sehr starke Auswirkung (harmonisch wie gespannt)

Die Monatsprognose

Das Muster auf der rechten Seite zeigt eine andere Form. Die obere Leiste sind die Transitoren, also die Planeten, die durch den Tierkreis wandern und somit Transite bilden.
Die linke Längsspalte enthält die Tagesdaten vom 1. bis 31. Es ist auch noch Raum, die letzten Tage des Vormonats und die ersten des folgenden Monats zu berücksichtigen.
Wenn man keinen Computerausdruck besitzt, sucht man aus der Ephemeride, unter Berücksichtigung der Aufstellung, wie sie auf Seite 35 angefertigt ist, wann die Planeten Transite bilden. Das Datum, wann der Transit exakt wird, schreibt man auf. Dann markiert man die Dauer durch einen Strich. Ein Aspekt beginnt etwa 30‘ vor dem Exaktwerden zu wirken und wird noch 30‘ danach spürbar sein. Es ist eine alte Erfahrung, daß Marstransite bereits ein bis zwei Tage vorher maximal bedeutsam sind, Saturntransite sich dagegen verspäten, also »nachhängen«.

Monats-Transitübersicht

für **Helmut Kohl, geb. 03.04.1930** Monat **Januar 1997**

Wo. Tag	☽	☊	♇	♆	♅	♄	♃	♂	♀	☿	☉
			⚻☊	□♀		⚻♆					
1.							□ AS			□☉	☌MC□♅
2.										☌♄☌MC	☌♄
3.											□☉⚹♂
4.											□☿
5.											
6.							□♀		△AS		
7.									△♀		☍♇
8.	☌M☌♄						□♃				
9.											
10.											
11.									△♆		
12.	☌♂										
13.				□♃							
14.	☌♅☌☉ ☌☿				□☊		∟♂				
15.	☌AS☌♀										□AS
16.	☌☽										□♀
17.	☌♃										
18.									☌MC		
19.									□♅☌♄		
20.									□☉⚹♂		
21.	☌IC								□☿		△☽
22.	☌R										
23.											
24.									☍♇		
25.							△☽			☌MC□♅	
26.	☌♆						⚻♆			☌♄	
27.										□☉⚹♂	
28.										□☿	
29.											
30.	☌DESZ								□AS	☍♇	
31.									□♀		△♃⚹♅
		△☽									

Bei Transiten über ASZ und MC muß man aufpassen. Als die Eckpunkte von Horizont bzw. Meridian sind sie von der *Geburtsminute* abhängig. Als solche gilt ja bekanntlich der »erste Schrei«.
Bei der Zusammenstellung der Transitübersicht für einen Monat beginne man zweckmäßiger Weise mit dem langsamsten Transitor, mit Pluto, dann Neptun, dann Uranus, damit filtert man jene Trends heraus, die sich weniger durch »Ereignisse« zeigen. Vielmehr charakterisieren sie länger wirksame Trends. Sie bilden sozusagen den Hintergrund des Erlebens.
Den Mondknoten kann man berücksichtigen, weil er mitunter Hinweise auf gemeinschaftliche Unternehmungen, auf das Zusammenwirken mit anderen, gibt. Bei der Jahresübersicht ist er aus Platzgründen weggelassen. In der Monatsprognose bildet der Mondknoten (es wird immer nur der aufsteigende berücksichtigt) im letzten Januardrittel ein Trigon zum Mond, doch liegt der Termin des Exaktwerdens erst im Februar.
Das Quadrat Neptuns zu Venus ist bereits im Dezember 1996 fällig, so daß es im Januar nur Nachwirkungen geben kann.
Berücksichtigt sind auch die nur halbkräftigen kleinen Transite, das anderthalbfache Quadrat Neptuns zu Jupiter, einen solchen Transit des Planeten zu seinem Radixort um den 8. 1., dann das Halbquadrat Jupiters zu Mars um den 14. 1.
Deutlich spürbar werden könnte das Quadrat Jupiters zu Venus um den 6.1, weil beide im Radix im genauen Halbquadrat stehen. Die Deutung wäre nach [156] vorzunehmen.
Wahrscheinlich wird sich das Trigon Jupiters zum Mond um den 25. 1. abzeichnen, da ja im Radix eine – wenn auch weite – Konjunktion vorliegt.
Die Transite von Mars (der im Januar nicht mit von der Partie ist), Venus und Merkur sind nur untergeordnet bedeutsam. Wichtig dagegen sind die Sonnentransite, die sich alljährlich um die gleichen Termine ergeben. Sie werden bei Helmut Kohl meistens für einen eher unerquicklichen Jahresbeginn sorgen und können um diese Zeit fällige andere negative Trends »aus der Latenz heben«.
Vom Mond sind nur die Konjunktionen vermerkt, und auch sie zeigen sich allenfalls nur als »Launen« (lat. Luna = der Mond).

2. Teil

Die Deutung der Transite

Zur Beispielsammlung der Transitdeutungen

Im Text werden nur die wichtigen Aspekte Konjunktion, Sextil, Quadrat, Trigon und Opposition angegeben. Dennoch können die Deutungsbeispiele auch für die halbkräftigen Aspekte berücksichtigt werden, jedoch eben in einer sehr abgeschwächten Form, also günstig für Halbsextil und z. T. Quincunx (in letzter Konsequenz ist dieser Aspekt eher enttäuschend), ungünstig Halbquadrat und Anderthalbquadrat.

Nicht berücksichtigt wurden *Parallel-Aspekte.* In der alten Astrologie wurden „Parallelscheine" wie Konjunktionen gedeutet.

Ein Parallelaspekt (Zeichen dafür //) liegt vor, wenn zwei Gestirne die gleiche Deklination haben, d. h. vom Äquator gleich weit entfernt sind.

Die Ephemeriden bringen die Angaben zur Deklination und über die Breite (= nördliche und südliche Abweichung von der Ekliptik) meistens nur für jeden dritten Tag, da sich die Planeten sehr langsam bewegen.

In unserem Beispielhoroskop wurde die Deklination der Planeten nicht angegeben, da in der modernen Astrologie die Parallelaspekte kaum mehr berücksichtigt werden. So kann an dieser Stelle der Hinweis auf eine ähnliche, wenn auch schwächere Bewertung des Paralleltransits wie die Konjunktion genügen.

Die Anordnung der Transit-Deutungsbeispiele in der üblichen Reihenfolge, beginnend mit der Sonne als Transitor. Bei jedem Gestirn wird dann die gleiche Folge ebenfalls eingehalten, so daß alle Aspekte der Sonne mit 1), die des Mondes mit 2), des Merkur mit 3) usw. angegeben sind.

Jede Gestirnbeziehung wird nach a = günstig und b = ungünstig untersucht. Eine solche Unterscheidung bleibt problematisch, kann daher auch nur einen Gesamtrahmen bezeichnen. Die Beispiele sprechen für sich. Läßt sich die Konjunktion nicht unter a) oder b) einordnen wird sie mit K) besonders besprochen.

Außerdem sind die Konstellationen fortlaufend numeriert, um sie leichter aufzufinden, etwa, wenn man bei der Durcharbeitung einer Prognose sich zunächst diese Leitzahl notiert, um sie anschließend auszuwerten.

Die Deutung der Aspekte jedes Transitors beginnt mit einer stichwortartigen Notiz, die sich der Leser einprägen sollte. Daran schließen sich die Angaben zur Grundbedeutung an, und zwar wieder A) als positiv, günstig und B) für ungünstig, negativ.
Bei den langsam laufenden Gestirnen werden die Deutungen für jeden Aspekt untergliedert. Zunächst gibt die *Bewertung* des Transits Aufschluß, welcher Stellenwert ihm in der Prognose überhaupt zukommt. Unter *Ziel* wird der innere Gehalt des Transits beleuchtet. Zu den allgemeinen Hinweisen gehört schließlich die Information über die *Dauer* der Wirksamkeit.
Die Überschrift in den Symbolen faßt die positiven bzw. die negativen Konstellationen zusammen, wobei der am wirksamsten zu bewertende Aspekt am Anfang steht.
Berücksichtigt werden als Hauptbereiche der Deutung *Charakter und Gesundheit, Partnerschaften, Materielles, Beruf* und schließlich noch Angabe zu *Besonderheiten.* Welche Beispiele für die Auslegung heranzuziehen sind, entscheidet der Bearbeiter der Prognose, da sich dies nach dem fraglichen Geburtshoroskop (sog. Radix) bzw. nach den jeweiligen Lebensumständen richtet, wie sie durch die 12 Sektoren („Häuser“) bezeichnet werden.
Z. B. kann ein bestimmter Aspekt sich bei dem einen Menschen mehr in materieller Hinsicht auswirken als bei einem anderen, bei dem zur gegebenen Zeit vor allem Partnerprobleme zur Klärung anstehen.

☉

Die Transite der Sonne

Die Sonne als Transitor verkörpert vor allem Initiative und Vitalität.

Grundbedeutungen:
A) Eigentümlichkeiten des Charakters und der Veranlagung treten stärker hervor. Antriebe oder Impulse werden im Sinne der angeborenen Dynamik wirksam. Günstige Aspekte fördern Aktivität, Selbstbehauptung und Leistungsstreben, ein positives Denkverhalten und eine gesunde Einstellung zu materiellen Belangen. Der klaren Auffassung entsprechen ein bestimmtes Urteil und Befähigung zum Handeln. Günstig für die Gesundheit.

B) Verstimmung, Unklarheit, sich in eine ungünstige Lage bringen. Negative Konstellationen wirken sich nachteilig auf das gesundheitliche Befinden aus.

Bewertung: Da sich die Sonnentransite alljährlich fast zu annähernd der gleichen Zeit wiederholen, kennzeichnen sie einen bestimmten Rhythmenverlauf, der allerdings durch die jeweils stattfindenden anderen Transite modifiziert oder beeinflußt wird. Wichtig sind die direkten Übergänge über die Positionen von Sonne, Mond sowie Asz. und MC. Da diese astrologischen Faktoren in den Horoskopen *Blutsverwandter* meistens auch eine Rolle spielen, ist zu diesen Zeiten auch ein Zusammenhang mit dem Schicksal Nahestehender wahrscheinlich. Im übrigen sind die Transite der Sonne zu ihrem Radixpunkt wie auch zu anderen Planeten oftmals *Kristallisationsdaten* für gleichzeitige andere Transite von Gestirnen, die über eine längere Zeit hin wirksam sind. Es ist zu beobachten, daß nicht immer das exakte Fälligwerden z. B. eines negativen Saturn-Sonne-Transits die Auslösung bringt, sondern daß diese erfolgt, wenn die Sonne eine wichtige Transitkonstellation bildet.

Ziel: Sonnentransite haben vor allem Bezug auf die Eigentümlichkeiten der Wesensstruktur eines Menschen mit der daraus sich ergebenden Dynamik. Im weiteren bezeichnen die Durchzüge der Sonne durch die zwölf Sektoren des Horoskops die Zeiten der Hinwendung zu jenen Interessen, die durch die einzelnen der zwölf Abschnitte bezeichnet werden. Die Hauptbedeutung der Sonne und ihr eigentlicher Wert für die Transitprognose liegt darin, daß die auf ein bis zwei Tage begrenzte Dauer vor allem bei den direkten Übergängen *entscheidende Situationen* bezeichnen kann.
Wichtig ist in jedem Fall die *Vorüberlegung*, mit welchen Planeten die Sonne im Geburtshoroskop *in möglichst genauer Aspektverbindung* steht, weil diese Konstellationen sich beim entsprechenden Transit wiederholen und somit dasjenige nach Veranlagung und Schicksalstendenz bezeichnen, was die Radixkonstellation ausdrückt.

☉ △, ✶ ☉

1 a) Sonne günstig zu Sonne (Trigon, Sextil) 1
Impulse, Anregungen, Ausgeglichenheit, Gesundheit oder Erfolg. Zuwachs an Vitalität und Leistungsstreben. Besseres Entschlußvermögen, situationsgerechtes Verhalten, Bedürfnis nach Durchsetzung und Selbstbehauptung. Körperliche Verfassung und geistiger Zustand stehen in harmonischem Verhältnis.

☉ □, ☍ ☉

1 b) Sonne ungünstig zu Sonne (Quadrat, Opposition) 2
Ungünstig für Gesundheit wie für die Durchführung wichtiger Entscheidungen. Je nach Art des Sektors Unsicherheit, Nachteile, Schwierigkeiten.

☉ ☌ ☉ ☉

1 K) Die Konjunktion 3

(also die Wiederkehr zur Geburtstagsposition) bringt in der Regel positive Impulse. Der minutengenaue Übergang gibt die Zeit an, zu welcher bezogen auf den Aufenthaltsort das *Solarhoroskop* errichtet wird. Mithin ergeben die am Geburtstag fälligen Planetenkonstellationen einen Hinweis auf eine grundsätzliche Prognose für das nächste Lebensjahr. Steht z. B. in einem Geburtshoroskop Saturn im Quadrat zur Geburtssonne und bringt das Solar eine Opposition des Saturns zur Sonne, wird die negative Beurteilung des Aspektes wichtig sein.

☉ △, ⚹ ☽

2 a) Sonne günstig zum Mond (Trigon, Sextil) 4

Starkes Harmonieverlangen, Geist und Psyche sind in harmonischem Verhältnis erfreuliche Aussichten für Freundschaft, Liebe, Familiäres. Man ist innerlich gelöst, lebt auf, kann sich von Herzen freuen und kommt in gehobene Stimmung. Unter solchem Aspekt sind Kontakte leichter möglich, daher günstige Daten für das Kennenlernen oder für Bekanntschaften.

☉ □ ☍ ☽

2 b) Sonne ungünstig zum Mond (Quadrat, Opposition) 4 a

Unausgeglichenheit, Verdruß, gesundheitliche Störung, seelischer Zwiespalt. Kranke fühlen sich schlapper, Gesunde sind nicht recht in Form. Dieser Aspekt begünstigt Sorgen, eignet sich daher nicht als Starttermin für wichtige Angelegenheiten.

☉ ☌ ☽

2 K) Die Konjunktion 5

der Sonne über den Ort des Mondes ist bei einem Mann günstig für Gesundheit und Erotisch-Triebhaftes, für eine Dame dagegen gesundheitlich nachteilig.

☉ ☌, △, ⚹ ☿

3 a) Sonne günstig zu Merkur (Konjunktion, Trigon, Sextil) 6

Ein günstiges Datum für klare, vernunftgemäße oder sachliche Entscheidungen. Besonders vorteilhaft für Vorbereitung und Durchführung von Geschäften, einer Reise, mündlichem oder schriftlichem Gedankenaustausch, Briefe, Kontakte, für Verhandlungen, für das Aufgeben von Anzeigen oder Werbung. Günstig für Studien, da eine intellektuelle Einstellung und klare Auffassungsgabe das Eindringen in Lehrstoff erleichtert.

☉ □, ☍ ☿

3 b) Sonne ungünstig zu Merkur (Quadrat, Opposition) 7

Mißstimmung infolge eines Fehlurteils, falsche Einstellung zu anderen Menschen, im Beruf, bei Verhandlungen. Schaden durch Zerstreutheit oder Nervosität. Kontaktbemühungen scheitern. Ungünstig für kaufmännische Tätigkeit, Studien, Lehre. Kein erfreuliches Datum für den Beginn von Verhandlungen, Schriftwechsel, Reisen. Diskussionen verlaufen nicht zufriedenstellend.

☉ ☌, △, ⚹ ♀

4 a) Sonne günstig zu Venus (Konjunktion, Trigon, Sextil) 8

Sinn für Kunst und Kulturelles, Stärkung der Harmonie, Möglichkeiten des inneren Ausgleichs oder der Erfolge in Freundschaft, Liebe, Geselligkeit. Kleine Freuden, etwa ein Geschenk oder Hilfe, die man erwiesen bekommt, stimmen froh. Sympathieerwerb, erotische Anregung. Künstler fühlen sich erfolgreich zu neuem Schaffen ermuntert. Solche optimistische Tendenzen lassen sich besonders verwirklichen, wenn man unter Menschen ist, weshalb zu diesem Datum Geselligkeit sinnvoll ist. ☉

☉ □, ☍ ♀

4 b) Sonne ungünstig zu Venus (Quadrat, Opposition) 9
Disharmonie, mehr scheinen als sein, in der Gefühlssphäre Unklarheiten. Neigung zu Genuß, Verschwendung, Störung in persönlichen Beziehungen. Es ist schwer, sich in Partnerschaften zu beherrschen, da die Gefühle nicht unter Kontrolle sind. In der Erotik wird damit leicht das rechte Maß verfehlt, aber auch finanziell kann dieser Transit selbstverschuldete Sorgen erleben lassen, seien es unnötige Ausgaben oder Verdruß wegen eines bestimmten Kaufes. Unfroh durch ein Zuviel an Luxus. Oft äußert sich dieser Transit auch nur als Laune. Ist der Asz. im Stier oder in Waage, ist eine gesundheitliche Verstimmung möglich.

☉ △, ✳ ♂

5 a) Sonne günstig zu Mars (Trigon, Sextil) 10
Steigerung der Lebhaftigkeit und Lebendigkeit, sich dynamisch verhalten, Widerstände überwinden, ehrgeizige Handlungsweise. Die eigene Handlungsfreiheit wird an den Möglichkeiten der Realität gemessen, somit sind Unternehmungslust begünstigt, man neigt zu raschem Zugreifen, setzt sich durch, ist mutig und entwickelt Initiativen. Ein günstiger Aspekt zum Beginn von Unternehmungen, die zu einem raschen Ende kommen sollen oder die nicht unbedingt von Dauer sein müssen. In Bezug auf das andere Geschlecht wächst das Verlangen nach einer Partnerbindung.

☉ □, ☍ ♂

5 b) Sonne ungünstig zu Mars (Quadrat, Opposition) **11**

Fehlleistungen, zu starke Spannung, Konfliktsituation. Es fällt schwer, sich von Aggressionen zurückzuhalten. Energische Aktionen können über das Ziel hinausschießen. Man neigt dazu, sich zu überanstrengen oder zu übernehmen. An einem solchen Tag sollte man sich nicht auf Streit oder Auseinandersetzungen einlassen, da man sich nicht in der Gewalt hat. Bei Veranlagung Neigung zu Fieber oder Unfällen. Kein günstiges Datum für Aktionen, die Geduld, Ausdauer, Zurückhaltung und Unterordnung erforderlich machen.

☉ ☌ ♂

5 K) Sonne Konjunktion Mars 12

Der direkte Übergang gilt als ungünstig. Nur wenn Sonne und Mars im Geburtshoroskop in harmonischem Aspekt sind und es leichter ist, sich zu beherrschen, kann die übermäßige Energie in richtige Bahnen gelenkt werden.

☉ ☌, △, ✱ ♃

6 a) Sonne günstig zu Jupiter (Konjunktion, Trigon, Sextil) **13**

Gute Gesundheit, Leistungs- und Machtstreben, Ausdehnungsdrang, soziales Empfinden. Kleine Vorteile, besonders in Angelegenheiten, die durch den betreffenden Horoskopsektor dargestellt werden. Im allgemeinen Freude, Glück, Zuversicht und Chance eines guten Gelingens. Ein guter Tag, um soziale Beziehungen auszunützen, mit Amtspersonen oder sozial Höherstehenden zu verhandeln, eine Bindung zu legalisieren, einen Rechtsakt vorzunehmen, Geldgeschäfte zu tätigen oder einen Arzt zu konsultieren. Ein Tag, der bei Kranken die Heilung fördert und Fortschritte ermöglicht.

☉ □, ☍ ♃

6 b) Sonne ungünstig zu Jupiter (Quadrat, Opposition) **14**

Lebensgefühle äußern sich zu kräftig, was Anstoß erregen kann. Die schöpferischen Impulse sind herabgesetzt, Arbeitsunlust läßt zu Luxus und Verschwendung neigen, man ist oberflächlich in der Beachtung von Gesetzen, Verordnungen oder Sitten. Im sozialen Bereich ergeben sich Konflikte, Störungen der Expansion, etwa daß eine solche zum falschen Zeitpunkt oder in unrichtiger Weise versucht wird. Wer in der Ernährung Diät halten muß, sollte jetzt besonders vorsichtig sein, denn ungünstige Jupiterkonstellationen beeinträchtigen das Wohlbefinden durch falsche, besonders durch zu fette Kost.

☉ △, ✶ ♄

7 a) Sonne günstig zu Saturn (Trigon, Sextil) **15**

Der Aspekt begünstigt Ruhe, Ausdauer und Konzentration, daher Angelegenheiten von Dauer. Oft kommt es an einem solchen Tag zu einer Entscheidung einer seit längerer Zeit anstehenden Angelegenheit oder kann eine Aktion von Dauer vorbereitet werden. Dieser Transit ist ein Aspekt des Maßes und der Bescheidung. Man ist einsichtiger, beharrlicher und besonnen. Rat und Erfolg durch Hilfe Älterer.

☉ ☌, □, ☍ ♄

7 b) Sonne ungünstig zu Saturn (Konjunktion, Quadrat, Opposition) **16**

Herabsetzung der Vitalität, ungünstig für Gesundheit, materielle Verluste. Apathisches Verhalten und Pessimismus, auch verbitterte Stimmung bewirken Trägheit und Mangel an Initiative. Die Gesundheit ist weniger robust, man neigt zu Erkältungen oder kränkelt, eine bestehende chronische Krankheit erfordert an einem solchen Tag Aufmerksamkeit. Gerade weil man vieles zu schwarz sieht, sollte man sich aufmuntern. Allerdings ist es kein günstiges Datum für wichtige Entscheidungen. In der Vorausschau ist mit Verzögerung einer Angelegenheit, Hemmung, Isolierung zu rechnen. Kein günstiger Tag für wichtige Handlungsweise.

☉ △, ✱ ⛢

8 a) Sonne günstig zu Uranus (Trigon, Sextil) 17
Eine stärkere Erregbarkeit der Nerven, dazu besonders geistige Wachheit. Man hat gute Einfälle oder eine Idee, erfährt eine Neuigkeit oder erlebt, daß der Zufall mitspielt, bzw. eine Wendung signalisiert. Dinge, über die man lange vergebens nachgegrübelt hat, werden plötzlich offenbar. Es kann zu einer Änderung der Ansichten kommen, da Probleme aus anderer Perspektive als bisher für möglich gehalten werden.

☉ □, ☍ ⛢

8 b) Sonne ungünstig zu Uranus (Quadrat, Opposition) **18**
Zu starke Erregbarkeit oder Reizbarkeit, so daß an diesem Tag ein Mißgeschick passieren kann, evtl. im Straßenverkehr oder durch technische Apparaturen. Man erleidet leicht einen Unfall, auch im übertragenen Sinn. So erweisen sich Absichten als undurchführbar. Ein Plan wird durchkreuzt, man ist nervös, unruhig. Für Aktionen, bei denen Selbstdisziplin und Kontinuität erforderlich ist, ungünstig.

☉ ☌ ⛢

8 K) Sonne in Konjunktion mit Uranus **19**
Der direkte Übergang ist in der Regel ungünstig, kann in Ausnahmefällen, bei entsprechender Radixstellung von Sonne und Uranus zueinander aber auch Spannungen bringen, die sich im letzten Moment gut lösen.

☉ △, ✳ ♆

9 a) Sonne günstig zu Neptun (Trigon, Sextil) 20

Nur wenn Neptun im Geburtshoroskop an besonders wichtiger Stelle steht oder durch Aspekte hervorgehoben wird, und somit ausweist, daß der Geborene überhaupt „eine Antenne“ für die Aspekte Neptuns hat, wird eine gewisse Verinnerlichung oder Vergeistigung möglich sein. Dann steigert sich die Phantasie, es wächst die Begeisterungsfähigkeit, aber auch die Sehnsucht in die Ferne, was sowohl örtlich wie geistig zu verstehen ist. Der Transit begünstigt Harmonisierung des ganzen Wesens, vor allem ideelle Interessen, eignet sich somit gut für Freundschaften.

☉ ☌, □, ☍ ♆

9 b) Sonne ungünstig zu Neptun (Konjunktion, Quadrat, Opposition) **21**

Psychisch empfindsame Menschen urteilen weniger objektiv, werden Opfer ihrer Phantasie, sind beeinflußbarer, daher auch Gefahr durch Lüge, Betrug, Intrige. Wer um diesen Aspekt weiß, wird an diesem Tag mit Vertrauensbekundungen sehr vorsichtig sein und selbst nichts tun, was als Lüge ausgelegt werden könnte. Vorsicht vor Genußgiften und Rauschzuständen. Medizinische Gifte sind streng nach ärztlicher Vorschrift einzunehmen. Kein günstiges Datum für wichtige Pläne, da der Realbezug nicht gegeben ist.

☉ △, ✳ ♇

10 a) Sonne günstig zu Pluto (Trigon, Sextil) **22**

Die Konstellation ermöglicht sich als Persönlichkeit zu profilieren, sich durchzusetzen und etwas zu leisten.

☉ ☌, □, ☍ ♇

10 b) Sonne ungünstig zu Pluto (Konjunktion, Quadrat, Opposition) **23**

Man überschätzt die eigenen Kräfte, mutet sich zu viel zu oder will anderen die eigene Meinung aufdrängen. Gefahr eines Zusammenstoßes, eines Verlustes oder der Teilhabe an einem schicksalhaften Geschehnis.

☉ ☌, △, ⚹ ☊

11 a) Sonne günstig zum Mondknoten (Konjunktion, Trigon, Sextil) **24**

Günstiges Datum für Zusammenarbeit mit anderen, Lösung von Gemeinschaftsaufgaben, Zweisamkeit.

☉ □, ☍ ☊

11 b) Sonne ungünstig zum Mondknoten (Quadrat, Opposition) **25**

An diesem Tag sollte man nicht auf die Hilfe anderer zählen. Man fühlt sich zurückgesetzt, ist isoliert oder hat kein Glück in Gemeinschaftsbestrebungen.

☉ △, ⚹ Asz

12 a) Sonne günstig zum Asz. (Trigon, Sextil) **26**

Günstige Impulse für das Verhältnis zur Umwelt und zu Partnern, Anerkanntwerden, gesunden.

☉ □ Asz

12 b) Sonne ungünstig zum Asz. (Quadrat) **27**

Spannungen im Milieu, gesundheitlich selten fördernd.

☉ ☌ Asz

☉

12 K) Der direkte Übergang der Sonne über den Asz. **28**
läßt die persönlichen Kräfte stärker zur Geltung bringen. Dies gilt im vitalen Sinn, aber auch hinsichtlich der sexuellen Potenz. Die Opposition ist ähnlich wie die Konjunktion zu bewerten, begünstigt mehr die direkte Partnerbeziehung, z. B. in der Ehe, oder hat zur Folge, daß um dieses Datum die Beziehungen zur Öffentlichkeit sich harmonischer gestalten.

☉ ☌, △, ⚹ MC

13 a) Sonne günstig zum MC (Konjunktion, Trigon, Sextil) **29**
Steigerung der beruflichen Aktivität, Ansehen erringen, gelobt werden, Anerkennung. Der direkte Übergang wirkt am stärksten, kann aber familiär beunruhigen.

☉ □, ☍ MC

13 b) Sonne ungünstig zum MC (Quadrat, Opposition) **30**
Störungen im Beruf oder im sozialen Umfeld, falsche Ziele verfolgen, Unlust zur Arbeit, kein Bedürfnis nach Anerkennung oder Herausstellung der persönlichen Leistung zeigen. Die Opposition kann zur Folge haben, daß bei einem Zwiespalt zwischen Familie und Heim einerseits, dem Beruf und der äußeren Stellung andererseits, der Familie der Vorzug gegeben wird.

☽

☽

Die Transite des Mondes

Der Mond hat als Transitor wegen seines schnellen Laufes keine Bedeutung. Bei den direkten Planetenübergängen oder den Konjunktionen mit MC und Asz. weckt er Tendenz zu Wechsel, Veränderung, löst selten Ereignisse aus, so daß er mehr Beziehung auf Stimmung oder Launen hat.

Grundbedeutungen:
A) Anregung im Gefühlsmäßigen, Begünstigung der Alltagsabwicklung, Förderung des Einfühlungs- und Anpassungsvermögens, Wohlwollen. Gesundheitlich Bezug zur Drüsentätigkeit, evtl. Hormonausschüttung, Stärkung des Lebensgefühls.
Die kurzfristige Periodik der Mondumläufe ist das astrologische Bindeglied zu den Biorhythmen.

B) Laune, Verstimmung, negative Einstellung zu Handlungsabläufen im Alltag, die in der Verbindung mit der Psyche stehen. Ungünstig für Reise, Wechsel, Popularitätsgewinn. Nur die direkten Übergänge sind wichtig.

Ziel: **Die geringe Auswirkung der Transite verhindert, daß im normalen Fall eine Veränderung in der Persönlichkeitsstruktur bewirkt wird.**

Dauer: 3 bis 4 Stunden; ähnlich wie bei den Sonnentransiten kommt den Übergängen des Mondes ein gewisser Auslösecharakter zu.
Obwohl nur die Konjunktion beachtet zu werden braucht, bringt die nachfolgende Aufstellung auch alle Aspekte, da in Einzelhoroskopen, die eine besondere Mondempfindlichkeit des Horoskopeigners vermuten lassen, diese u. U. beachtet werden sollten.
Man beachte den Sektor, durch den der Mond zieht.

☽ ☌, △, ✱ ☉

1 a) Mond günstig zu Sonne (Konjunktion, Trigon, Sextil) **31**
Förderung persönlicher Angelegenheiten durch Anpassung, durch das sichere Gefühl für die notwendige Entscheidung, Anpassungsfähigkeit. Evtl. Besuch, Vorteil, Bekanntschaft.

☽ □, ☍ ☉

1 b) Mond ungünstig zu Sonne (Quadrat, Opposition) **32**
in einer weiblichen Nativität auch für die Horoskopeignerin ☌.
Laune, gesundheitlich unpäßlich sein, schwankendes Lebensgefühl, ungünstig für Veränderung.

☽ ☌, △, ✱ ☽

2 a) Mond günstig zu Mond (Konjunktion, Trigon, Sextil) **33**
Günstig für Kontakte zu Damen, kleine Annehmlichkeit.

☽ □, ☍ ☽

2 b) Mond ungünstig zu Mond (Quadrat, Opposition) **34**
Laune, Verstimmung.

☽ ☌, △, ✱ ☿

3 a) Mond günstig zu Merkur (Konjunktion, Trigon, Sextil) **35**
Beweglichkeit, gut für Reiseantritt, aufmunternde Stimmung. Günstig für schriftliche Erledigung, Geschäfte, Bekanntschaft.

☽ □, ☍ ☿

3 b) Mond ungünstig zu Merkur (Quadrat, Opposition) **36**
Fehlleistung der Nerven, Unlust, Nervosität, Irrtum, ungünstig für Reiseantritt.

☽

☽ ☌, △, ✳ ♀

4 a) Mond günstig zu Venus (Konjunktion, Trigon, Sextil) **36 a**
Heiterkeit, Zuversicht, Zärtlichkeitsbedürfnis, Besuch, Geselligkeit. Vorteilhaft für Kosmetik, Mode.

☽ □, ☍ ♀

4 b) Mond ungünstig zu Venus (Quadrat, Opposition) **37**
Verstimmung in einer Partnerschaft, unsichere Gefühle, Störungen in der Harmonie, evtl. auch triebhaft-gesundheitlich bedingt.

☽ △, ✳ ♂

5 a) Mond günstig zu Mars (Trigon, Sextil) **38**
Unternehmungslustig sein, impulsiv handeln, als Sportler Erfolge haben, günstig für Willensleistung.

☽ ☌, □, ☍ ♂

5 b) Mond ungünstig zu Mars
(Konjunktion, Quadrat, Opposition) **39**
Gereiztheit, aus dem Affekt handeln, Streit. Ungünstig für Handlungen, die überlegt sein wollen. Möglichst Operation vermeiden.

☽ ☌, △, ✱ ♃

6 a) Mond günstig zu Jupiter (Konjunktion, Trigon, Sextil) 40
Optimistische Einstellung findet positives Echo, Sympathiegewinn, Hilfe, günstig für Verhandlungen mit Behörde, in Rechtssachen, Geldgeschäfte.

☽ □, ☍ ♃

6 b) Mond ungünstig zu Jupiter (Quadrat, Opposition) **41**
Ungünstig für Geld-, Behörden-, Justiz-, Reiseangelegenheiten. Neigung zu Verschwendung und Nachlässigkeit.

☽ △, ✱ ♄

7 a) Mond günstig zu Saturn (Trigon, Sextil) **42**
Besonnen und pflichtbewußt handeln, günstig für den Beginn ernster Arbeit. Allein besser zurechtkommen als zusammen mit anderen.

☽ ☌, □, ☍ ♄

7 b) Mond ungünstig zu Saturn
(Konjunktion, Quadrat, Opposition) **43**
Verdruß, sich unfroh fühlen, Neigung zu Isolation, sich fürchten, gesundheitliche Schwäche, besonders infolge gemüthafter Verstimmung.

☽ △, ✱ ♅

8 a) Mond günstig zu Uranus (Trigon, Sextil) **44**
Leicht erregbar sein, Instinktsicherheit, Durchsetzung der eigenen Meinung.

☽ ☌ □ ☍ ♅

8 b) Mond ungünstig zu Uranus
(Konjunktion, Quadrat, Opposition) **45**

Angegriffene Nerven, ratlos sein, Unrast, Nachteil durch Extravaganz oder Übereilung.

☽ ☌, △, ✳ ♆

9 a) Mond günstig zu Neptun (Konjunktion, Trigon, Sextil) **46**

Der schöne Traum, geistige Anregung, viel Phantasie.

☽ ☌, □, ☍ ♆

9 b) Mond ungünstig zu Neptun
(Konjunktion, Quadrat, Opposition) **47**

Einbildung, Täuschung, Unaufrichtigkeit.

☽ △, ✳ ♇

10 a) Mond günstig zu Pluto (Trigon, Sextil) **48**

Aus einem inneren Gefühl heraus sich extrem verhalten. Durchsetzung eigener Interessen.

☽ ☌, □, ☍ ♇

10 b) Mond ungünstig zu Pluto (Konjunktion, Quadrat, Opposition) **49**

Heftige Gefühle, schwanken zwischen Willenslähmung und Überaktivität.

☽☌☊

11 a) Mond Konjunktion Mondknoten 50
sich mit anderen verbinden, etwas gemeinsam unternehmen oder erleben.

☽☍☊

11 b) Mond Opposition Mondknoten 51
Schwierigkeiten in der Anpassung, Störung der Zusammenarbeit oder einer Gemeinsamkeit.

☽☌, △, ⚹ Asz

12 a) Mond günstig zum Asz. (Konjunktion, Trigon, Sextil) 52
Besonders der direkte Übergang des Mondes über den Aufgangspunkt kann für die psychische Einstellung von Bedeutung sein. Man ist anpassungsfähiger, sensibler, stellt sich auf andere gut ein. Der Übergang über Asz. und Desz. begünstigt die Konzeption, wenn er z. Z. des Befruchtungsoptimums stattfindet.

☽□ Asz

12 b) Mond im Quadrat zum Asz. 53
Verstimmung, Verdruß im Milieu.
Die *Opposition* kann für Ehe und für das Verhalten in der Öffentlichkeit fördernd sein.

☽ ☌, △, ⚹ MC

13 a) Mond günstig zum MC (Konjunktion, Trigon, Sextil) **54**

Neigung zu Veränderungen im Beruf, Reise, aber auch Verständnis für andere haben. Förderung von Nützlichkeitsbestrebungen im Alltag. ☽

☽ □ MC

13 b) Mond ungünstig zum MC (Quadrat) **55**

Ungünstig für Reise, Geschäftliches oder Beruf, Verstimmung beeinträchtigt den Erfolg.

Der *Übergang über das IC*, also die Opposition zum MC, fördert die Angelegenheiten des vierten Sektors, Heim, Heimat, Familie.

☿

Die Transite des Merkur

Als Transitor gibt Merkur geschäftliche Impulse, fördert Vermittlung, Berufliches, den Intellekt, signalisiert Bewegung, und hat Bezug auf die Nerventätigkeit.

Grundbedeutungen:
A) Klarer Ausdruck in Wort und Schrift, Beweglichkeit, Jugendfrische, Gelegenheit zu Kontakten und Vermittlung, wobei die Vernunft stärker ist als die Gefühlsimpulse. Zwischenmenschliche Begegnungen, Besuch, Reise, Geschäfte, auf Nützlichkeit bedacht sein, gesunde Nervenfunktion.

B) Irrtum, Lüge, Diebstahl, Nervosität, Zerstreuung, Mißverständnisse bei Verhandlungen, schlechte Korrespondenz, unerwünschter Besuch, angegriffene Nerven.

Bewertung: Transite des Merkur wirken nur schwach, lediglich dem direkten Übergang ist einige Aufmerksamkeit zu schenken. Bei Geburtshoroskopen, in denen Merkur unauffällig gestellt ist, werden seine Transite kaum spürbar sein. Eine Ausnahme macht das längere Verweilen im Stillstand oder der langsame Lauf.

Ziel: Lediglich die Tagesform kann durch Merkur beeinflußt werden, und zwar im Sinne der Einflußnahme der Vernunft auf das jeweilige Vorhaben.

Dauer: Ein bis zwei Tage.

☿ ☌, △, ✱ ☉

1 a) Merkur günstig zur Sonne (Konjunktion, Trigon, Sextil) 56
Gemäß dem vorhandenen geistigen Niveau wird das Denkverhalten mehr oder weniger Interessen wecken und Chancen suchen und finden, sich deutlich zu äußern, eine gute Idee zu entwickeln und klar zu formulieren. Steigerung der Aufmerksamkeit und Produktivität, Ausnützen vorhandener Begabung, Auswertung des erworbenen Wissens im Beruf oder Nebentätigkeit, Fähigkeit zur Anpassung. Günstig für geschäftliche Verhandlungen, Werbung für die Belange des Horoskopeigners, Vertiefung in Studien oder Vorbereitung bzw. Abschluß geschäftlicher Verhandlungen.

☿ □, ☍ ☉

1 b) Merkur ungünstig zur Sonne (Quadrat, Opposition) 57
Zu sehr auf Nutzen bedacht sein, Irrtum, Lüge, Verstellung, Mißverständnisse im persönlichen Verkehr, eine ungünstige Zeit für geistige Arbeit, Schaden durch Nervosität und Zerstreutheit.

☿ ☌, △, ✱ ☽

2 a) Merkur günstig zum Mond) (Konjunktion, Trigon, Sextil) 58
Neigung zu Veränderung oder Reise, Wechsel im Aufenthaltsort, Bekanntschaft, eine Verbindung, gute Nachricht, Harmonie von Intellekt und Gefühl.

☿ □, ☍ ☽

2 b) Merkur ungünstig zum Mond (Quadrat, Opposition) 59
Unlust, gereizt sein, zu viele Eindrücke bewirken Unsicherheit, Unruhe, Unbeständigkeit. Neugier, Klatsch, Nachrede, Lüge. Sich gefühlsmäßig gegen intellektuelle Anforderungen sperren.

☿ ☌, △, ⚹ ☿

3 a) Merkur günstig zu Merkur (Konjunktion, Trigon, Sextil) 60
Lebhaftes, vielseitiges Denken, geschickte Verknüpfung von Gedanken, sich in Wort und Schrift gut ausdrücken können, rasche Auffassungsgabe zeigen, eine Chance erkennen und, wenn sie nützlich ist, wahrnehmen, Vorteile durch Reise, Besuch, Kontakte, Vermittlung. ☿

☿ □, ☍ ☿

3 b) Merkur ungünstig zu Merkur (Quadrat, Opposition) 61
Unsachlich sein, Irrtum, Versehen, Fehler in beruflichen Belangen, ungünstig für Reise, Korrespondenz, Bekanntschaft, Kontakte, Geschäfte. Mangel an Logik. Wechsel des Standpunktes.

☿ ☌, △, ⚹ ♀

4 a) Merkur günstig zu Venus (Konjunktion, Trigon, Sextil) 62
Harmonie zwischen Fühlen und Denken, Zuversicht, Lebensbejahung, Hinwendung zum anderen Geschlecht, Liebesgedanken, Liebesbriefe, jugendlich unbekümmert sein, Freude an geselliger Unterhaltung haben. Günstig für Besuch, Erholung, Hobby.

☿ □, ☍ ♀

4 b) Merkur ungünstig zu Venus (Quadrat, Opposition) 63
Fühlen und Denken stehen in disharmonischem Verhältnis, Leichtsinn. Unbegründeter Optimismus, Zerstreuung, Spekulationslust, nur das Vergnügen sehen, unnötige Ausgaben, Störungen im geselligen Verkehr, schlecht gestaltete Freizeit, sich auf einer Reise nicht wohlfühlen.

☿ △, ✱ ♂

5 a) Merkur günstig zu Mars (Trigon, Sextil) **64**
Intellekt und Wille harmonieren, daher Anreiz zu Tat und Handlung, Unternehmungsgeist, klug planen und geschickt die Gedanken verwirklichen, eine Angelegenheit schnell erledigen, sich rasch entschließen, in positivem Sinne Kritik üben, präziser Ausdruck. Aktiv bei Vermittlung, Nutzen durch Geschäfte, vereinfachendes, rationalisierendes Denken, sogleich zur Sache kommen, sehr direkt auftreten.

☿ ☌, □, ☍ ♂

5 b) Merkur ungünstig zu Mars
(Konjunktion, Quadrat, Opposition) **65**
Voreilig oder aggressiv handeln, Unruhe, Kritiklust, gereizt sein, verletzende Ausdrucksweise, überspitzte Kritik, Konfliktsituationen herbeiführen, einen Gegner durch Rede und Schrift provozieren. Ungünstig für Verhandlungen, die Zeit und Fingerspitzengefühl brauchen. Nervosität oder nervöse Störung.

☿ ☌, △, ✱ ♃

6 a) Merkur günstig zu Jupiter (Konjunktion, Trigon, Sextil) **66**
Gute Einfälle und Anregungen, Gedankenfülle, Expansion im Geistigen, Geschäftssinn, Vorteile durch Gesetze, in Behördenangelegenheiten, Schriftverkehr, durch Reisen, Vermittlungstätigkeit, günstig für Handel und Juristisches. Abschluß eines Vertrages, Unterschriftsleistung, kleine Vorteile im Alltag durch praktische Vernunft.

☿ □, ☍ ♃

6 b) Merkur ungünstig zu Jupiter (Quadrat, Opposition) 67
Leichtfertig und unzuverlässig sein, Mangel an Entscheidungsfreude, inhaltlose Gespräche führen, ungünstiges Tagesdatum für Gerichtsverhandlungen, Geschäfte, Verhandlungen, Aktivitäten, die Disziplin erfordern.

☿

☿ △, ✳ ♄

7 a) Merkur günstig zu Saturn (Trigon, Sextil) 68
Sachliches, konzentriertes, ernsthaftes Denken begründet stetigen Erfolg, bringt langsamen Fortschritt. Methodischer Fortschritt durch kluge Einsicht, sorgfältige Beachtung aller Details, auf eng begrenztem Gebiet tätig sein. Sparsame Verwaltung von Geld und Gut, günstig für geistige Studien, Beziehungen, die von Dauer sein sollen, Kontakte zu erfahrenen Leuten.

☿ ☌, □, ☍ ♄

7 b) Merkur ungünstig zu Saturn
(Konjunktion, Quadrat, Opposition) 69
Mißtrauen, Egoismus, sich gehemmt und zurückgesetzt fühlen, wegen eines begangenen Fehlers pessimistisch sein, ungünstig für Reise, Veränderung, Schriftverkehr, Verhandlung, Geldsachen. Nervenschmerzen.

☿ △, ✳ ♅

8 a) Merkur günstig zu Uranus (Trigon, Sextil) 70
Gedankenblitz, neue, originelle Ideen verfolgen, Intuitionskraft, Erfindung, Ausweg, Chance erkennen und ausnützen, sich spontan verändern wollen, fortschrittlich eingestellt sein, Reformeifer.

☿ □, ☍ ♅

8 b) Merkur ungünstig zu Uranus (Quadrat, Opposition) **71**

Nervosität, Reizbarkeit, Zersplitterung der geistigen Kräfte, Übereilung, Mißgeschick, schlechte Nachricht, ungünstig für Reise, Veränderung, Neuerung, Zusammenarbeit. Neigung zu Unfall durch Eigensinn.

☿ ☌ ♅

8 K) Merkur Konjunktion Uranus **72**

Der direkte Übergang wird in der Regel als günstig anzusehen sein. In jedem Fall ist die Auswirkung im entsprechenden Lebensbereich anzunehmen, der durch die Position von Uranus in den Sektoren bezeichnet wird.

☿ △, ✱ ♆

9 a) Merkur günstig zu Neptun (Trigon, Sextil) **73**

Inspiration und Vernunft wirken zusammen. Das richtige Gefühl für kommende Entwicklungen, „innere Stimme" gibt den rechten Rat, gut für geistige Kontakte, bei denen außer dem Intellekt auch die geistig-seelische Gesamtverfassung eine Rolle spielt. Günstig für Studien, da feinste Zusammenhänge erfaßt werden, vorteilhaft für Reisen, die neue Anregungen geben sollen.

☿ □, ☍ ♆

9 b) Merkur ungünstig zu Neptun
(Quadrat, Opposition, Konjunktion) **74**

Illusion, Täuschung, Schwächung des Realitätssinns, unglückliche Formulierung in Rede und Schrift, sich unkorrekt verhalten, Intrige, Nachrede, schlecht für Verhandlungen, bei denen es offen und ehrlich zugehen soll, für Orientierungsaufgaben, die den Blick fürs Wesentliche voraussetzen. Schwächen im Nervensystem, Gefahren durch Gifte.

☿ △, ✱♇

10 a) Merkur günstig zu Pluto (Trigon, Sextil) **75** ☿

Einseitiges Denken, Neigung zu Gewaltlösungen, anstatt verhandeln, Durchsetzung im Arbeitsteam. Geschäftsinteressen werden sehr nachdrücklich vertreten.

☿ ☌, □, ☍ ♇

10 b) Merkur ungünstig zu Pluto
(Konjunktion, Quadrat, Opposition) 76

Überschätzung der eigenen Kräfte, Nervosität, sich und andere aus Unkenntnis überfordern, sich nicht situationsgerecht verhalten, wenn eine Konfrontation mit Schicksalhaftem erfolgt.

☿ ☌, △, ✱ ☊

11 a) Merkur günstig zum Mondknoten
(Konjunktion, Trigon, Sextil) 77

Anregungen durch andere, Anpassung, gemeinsames Schaffen, günstig für Kontakte.

☿ □, ☍ ☊

11 b) Merkur ungünstig zum Mondknoten
(Quadrat, Opposition) 78

Störung der Zusammenarbeit, Sympathieverlust, sich im Gemeinschaftsleben falsch verhalten, Sympathieverlust durch Unehrlichkeit.

☿ ☌, △, ⚹ Asz

12 a) Merkur günstig zum Asz. (Konjunktion, Trigon, Sextil) **79**
Besonders der direkte Übergang wird von Vorteil für das vernunftgemäße Verhalten innerhalb des Milieus sein. Eine gute Zeit, um zu verreisen oder örtliche Veränderungen vorzunehmen, Kontakte zu suchen, geistige Beweglichkeit.

☿ □, ☍ Asz

12 b) Merkur ungünstig zum Asz.
(Quadrat, teilw. Opposition) **80**
Ungeschicktes Verhalten gegenüber anderen, unsachliche Einstellung, die vorhandene Intelligenz nicht ausnützen oder gereizt sein, sich nicht konzentrieren. Die Opposition kann aber öffentliches Auftreten begünstigen und einer Partnerbeziehung, die eine intellektuelle Basis hat, Impulse geben.

☿ ☌, △, ⚹ MC

13 a) Merkur günstig zum MC (Konjunktion, Trigon, Sextil) **81**
Vorteile im Beruf, Wechsel in Zielen, die von der Vernunft gestellt sind. Nutzen durch Verbindungen, Kontaktstreben aus sachlichen Gründen.

☿ □, ☍ MC

13 b) Merkur ungünstig zum MC (Quadrat, Opposition) **82**
Irrtum, Fehlleistung im Beruf, Zersplitterung des Denkens, falsche Einschätzung der eigenen Position, Aufschub oder Verzögerung bei einer Reise, beruflicher Nachteil.

♀

Die Transite der Venus

Als Transitor entspricht Venus wesentlich dem „kleinen Glück“, das wir im Alltag empfinden. Ihre Transite haben daher in der Regel keine besondere Bedeutung.

Grundbedeutungen:
A) In günstigen Aspekten harmonisieren Venustransite. Man neigt dazu, sich das Leben angenehm zu machen, will nicht allein bleiben, sondern gibt sich gesellig. Dahinter stecken auch meistens erotische Wünsche, die entweder direkt befriedigt werden wollen oder die, wenn sie aus dem Unbewußten kommen, künstlerische Interessen wecken. Ein günstiger Venusaspekt ist immer vorteilhaft für familiäre Angelegenheiten, Beziehungen, bei denen das Herz mitspricht, haben aber auch Bedeutung für Hobby, Unterhaltung, Lebenslust.

B) Disharmonie im Verhalten zu anderen, Mißstimmung, Laune. Der Alltag hält nicht, was man sich von ihm an Freuden oder Ablenkung erhofft.

Ziel: Da Venus zu schnell läuft, kann sie keine schicksalhaften Umschwünge bewirken. Ihre Transite vermögen aber aufzulockern, lassen aufgeschlossen sein für Anregungen, begünstigen die Hinwendung zum anderen Geschlecht und charakterisieren somit die Chance zu einem glücklichen Erlebnis, das durchaus noch lange nachwirken kann, ja von dem mancher ein ganzes Leben lang zehrt. Aber dies ist nicht der Regelfall.

Dauer: Ein bis zwei Tage; wenn Venus langsam läuft oder stationär ist, so lange, wie sie sich im fraglichen Grad des Tierkreises aufhält. Dann wird man Venusaspekten auch mehr Gewicht beimessen können.

♀ ☌, △, ⚹ ☉

1 a) Venus günstig zur Sonne (Konjunktion, Trigon, Sextil) 83
Der Horoskopeigner kann sich innerlich lösen, wirkt heiter und erwirbt Sympathie und Zuneigung. Neigung zu Geselligkeit, Besuch, Unterhaltung, Versuch, den angenehmen Seiten des Lebens etwas abzugewinnen. Besonders günstig für Freundschaft, Liebe, Ehe, Familie, Hinwendung zum Schönen, Ästhetischen, Guten, soziale Unternehmungen, günstig für die Angelegenheiten des Horoskopsektors, durch den Venus zieht, besonders günstig ist die *Konjunktion.* Die Gesundheit kann gefördert werden, wenn Venus Geburtsregentin ist, d. h. wenn Waage oder Stier Asz. im Radixhoroskop sind. Ein günstiges Datum für Einkäufe, die ein Luxusbedürfnis befriedigen, aber auch für die Regelung von gesellschaftlichen oder finanziellen Belangen. Geschenk, kleiner materieller Vorteil, Flirt.

♀ □, ☍ ☉

1 b) Venus ungünstig zur Sonne (Quadrat, Opposition) 84
Übersteigerung erotischer Wünsche infolge zu triebhafter Einstellung oder einfach aus einer Laune heraus. Herzensangelegenheiten verlaufen unbefriedigend, man ist kein guter Partner, irritierbar im Gefühlvollen, Hoffnungen, die sich nicht nach der Realität richten, kleiner Ärger, Nachteile, Verluste. Neigung zu Verschwendung und größeren Ausgaben, Verdruß in der Familie, Mißverständnis, das zu Spannungen, evtl. einer Trennung führen kann.

♀ ☌, △, ⚹ ☽

2 a) Venus günstig zum Mond (Konjunktion, Trigon, Sextil) 85
Stärkeres Harmonieverlangen, Bedürfnis nach Kontakten, Geselligkeit, glückliche Beziehung zum weiblichen Geschlecht. Vorteilhafte Erledigung häuslicher Angelegenheiten, günstig für Vergnügen, Reise, Wechsel und Veränderungen, besonders wenn es dabei

um private oder intime Belange geht. Bemühungen um Popularität bringen gesellschaftlichen Erfolg, Steigerung der Gefühle im Sinne von Zärtlichkeit, Weichheit, Anschmiegsamsein.

♀ □, ☍ ☽

2 b) Venus ungünstig zum Mond (Quadrat, Opposition) **86**
Verstimmung, Unsicherheit im Seelischen, Unbefriedigtsein durch eine Freundschaftsbeziehung, Mißstimmung in Ehe und Partnerschaft, Ärger wegen Geld, von einem Vergnügen zuviel erhoffen, fällt der Aspekt in eine Zeit des Liebeskummers, kann er Trennung bedeuten. Ein ungünstiges Datum für Hobby, Veränderungen, Reise, die rein privaten Charakter hat. Die Phantasie widmet sich Spekulationen, die nicht gelingen. Insgesamt disharmonische Tagesqualität.

♀

♀ ☌, △, ⚹, ☿

3 a) Venus günstig zu Merkur (Konjunktion, Trigon, Sextil) **87**
Gedanken, Pläne, Gespräche, Reisen haben einen gefühlsbetonten Charakter, Beschäftigung mit erotischen, künstlerischen oder gesellschaftlichen Dingen, verfeinertes Empfinden erleichtert das Zustandekommen von Kontakten, Bekanntschaft, Flirt, günstig für schriftliche Angelegenheiten, Besuch, Erholung, Hobby.

♀ □, ☍ ☿

3 b) Venus ungünstig zu Merkur (Quadrat, Opposition) **88**
Wenig geeignetes Datum, um Liebesbriefe zu schreiben oder durch Gespräche eine Intimbeziehung zu vertiefen. Finanzieller Nachteil, kleiner Ärger auf Reisen, durch Kontakte, die herzlich gemeint sind, dann aber durch ein Mißverständnis belastet werden.

♀ ☌, △, ✱ ♀

4 a) Venus günstig zu Venus (Konjunktion, Trigon, Sextil) **89**
Gesteigerte Empfindsamkeit, aufnahmefähig für künstlerische Eindrücke sein, Verlangen nach Zärtlichkeit, Zuneigung, Sympathie; aber auch selbst bereit sein, andern offen und herzlich gegenüberzutreten. Ein günstiger Tag für Besuche, Geselligkeit, Partnerkontakte, Familiäres. Vor allem in der Konjunktion wirksam.

♀ □, ☍ ♀

4 b) Venus ungünstig zu Venus (Quadrat, Opposition) **90**
Wünsche bleiben unerfüllt, erotische Spannung, leichtsinniges Verhalten, für Vergnügen zu viel ausgeben, Geschmacklosigkeit, unfreundliches Verhalten anderer, ungeeignet für Geselligkeit, keine Befriedigung durch Hobby, Ablenkung.

♀ △, ✱ ♂

5 a) Venus günstig zu Mars (Trigon, Sextil) **91**
Aus sich herausgehen können, sexuelle Aktivität, Sinnlichkeit, Leidenschaft, Flirt, intensivere Beziehungen zum Partner, in Freundschaft, Liebe, Ehe, Lebhaftigkeit des Temperaments, Steigerung der Vitalität, optimistische Einstellung, Erfolge durch Charme, künstlerische Anregung, Verlangen nach Genuß.

♀ ☌, □, ☍ ♂

5 b) Venus ungünstig zu Mars
(Konjunktion, Quadrat, Opposition) **92**
Mißerfolg in Herzenssachen, Auseinandersetzung, starke Erregung. Liegen gleichzeitig andere Aspekte vor, die Beherrschung und Selbstkontrolle erwarten lassen, kann auch dieser Übergang, besonders die Konjunktion, das triebhafte Verlangen anstacheln, aber ein Ausbrechen oder Konflikte vermeiden. Ungünstig für Klärung

von Familienproblemen, Geldangelegenheiten, um Mißverständnisse zu beseitigen oder um gesellschaftliche Belange vorteilhaft zu ordnen. Schwierigkeiten in der sozialen Anpassung.

♀ ☌, △, ✳ ♃

6 a) Venus günstig zu Jupiter (Konjunktion, Trigon, Sextil) **93**

Sehr harmonische Tagesqualität, „Glück“, Harmonie, Erfüllung von Liebeswünschen, Vergnügen, Ausbreitung der Gefühle, wirtschaftliche Expansion, anregend für Künstler. Geschenk, Sympathie, Genußfreudigkeit. Rechts- oder Geld-, bzw. Verwaltungsangelegenheiten lassen sich ohne Mühe ordnen. Harmonische Beziehung zu Eltern und Freunden. Ein günstiges Datum, um Bekanntschaft zu machen, Freundschaft zu schließen und zu festigen, großzügiges Verhalten, allgemeine Förderung von laufenden Projekten durch günstige Einflußnahme anderer. ♀

♀ □, ☍ ♃

6 b) Venus ungünstig zu Jupiter (Quadrat, Opposition) **94**

Zu viel des Guten, Übertreibung durch Genüsse, Diätfehler, Ausgaben, Verschwendung, Sorgen durch Unachtsamkeit, Unmoral, oberflächliche Lebensführung. Bei entsprechender Selbstkontrolle und gleichzeitig den Willen aktivierenden Transiten, kann nach anfänglichem Mißerfolg noch manches sich zum Besseren wenden. Aber es bedarf Anstrengungen, um sich zusammenzunehmen, denn es ist ein Aspekt des sich Gehenlassens, der zu optimistischen oder zu großzügigen Einstellung. Schaden durch Leichtsinn, Dünkel, Bequemlichkeit, Eitelkeit. Kein guter Tag für Rechtsgeschäfte.

♀ △, ✳ ♄

7 a) Venus günstig zu Saturn (Trigon, Sextil) **95**

Gedämpfte Zuversicht, realistische Einstellung in Gefühlsdingen, Beziehung mit Altersunterschied oder ein Mitsprechen der Vernunft bei Herzensdingen, Begünstigung laufender Geschäfte, in den Gefühlen beständig sein, treu bleiben, sich beherrschen. An diesem Datum sollten Sie sich an die herrschende Moral halten, Traditionen beachten, Wünschen nach plötzlichen Veränderungen (im Sinne von Reformen) nicht nachgeben.

♀ ☌, □, ☍ ♄

7 b) Venus ungünstig zu Saturn

(Konjunktion, Quadrat, Opposition) **96**

Ein Trend der Entsagung, des Unbefriedigtseins, Neigung zu Depression, Pessimismus, Enttäuschung. Statt warmherziger Gefühle werden einem Gefühlskälte oder Sarkasmus entgegengebracht. Neigung zur Isolation, sich von anderen zurückziehen oder inmitten einer Gemeinschaft allein sein, Sorgen. Ungünstig für finanzielle Regelungen, für wirtschaftliche Belange, Mangel an Initiative, aber auch an Charme. Die Sensitivität ist eingeschränkt, der Blick aufs Ganze eingeengt, Sparsamkeit der Mittel und des Ausdrucks werden als Geiz verstanden, Gefühle wie Neid und Eifersucht, Ernüchterung, Trennung, gesundheitliche Störung.

♀ △, ✳ ♅

8 a) Venus günstig zu Uranus (Trigon, Sextil) **97**

Empfindungen und Gefühle werden affektartig gesteigert. Spontanes, sprunghaftes, z. T. originelles Verhalten in Partnerangelegenheiten, starke erotische Antriebe, plötzliche Kontakte im Intimbereich, die aber kaum von Dauer sind, Überraschung, Neuigkeit, Besuch, kleine Freude, romantisch eingestellt sein.

♀ ☌, □, ☍ ♅

8 b) Venus ungünstig zu Uranus
(Konjunktion, Quadrat, Opposition) **98**

Übersteigerungen im Triebhaften, Ausbruch von Leidenschaft, unkonventionelles, exzentrisches Verhalten in der Liebe, von Gefühlen überwältigt werden, und sich treiben lassen. Hemmung oder Sperrung, triebhaftes Nicht-ausleben-können, Gefahr für den guten Ruf, Mißerfolg bei der Beschäftigung mit einem Hobby.

♀ △, ⚹ ♆

9 a) Venus günstig zu Neptun (Trigon, Sextil) **99**

Steigerung der Empfindsamkeit, Intuition steuert das Partnerverhalten, Schwärmerei, angenehmes seelisches Erlebnis, Freude durch eine gute Tat, Reiselust. Sehnsucht, die Erfüllung findet. Ein Aspekt, der Künstler begünstigt, ästhetische Bedürfnisse weckt, das Einfühlungsvermögen steigert, Hoffnungen begründet.

♀ ☌, □, ☍ ♆

9 b) Venus ungünstig zu Neptun
(Konjunktion, Quadrat, Opposition) **100**

Unklarheit, Täuschung, Intrige, bei einer verfeinerten ästhetischen Empfindsamkeit sich zu rasch getäuscht sehen. Lüge, Betrug, Irrtum, sich blauen Dunst vormachen, einer Illusion erliegen, vor allem in Freundschaft, Liebe, Ehe, Familie sich zurückgesetzt, benachteiligt oder hintergangen fühlen, Einbuße an gesellschaftlichem Ansehen, gestörte Dynamik durch Unsicherheit im Psychischen.

♀ ☌ ♆

9 K) Venus in Konjunktion zu Neptun 101

Der direkte Übergang gilt in der Regel als *kritisch,* kann aber *Künstler,* Literaten oder Menschen, die sehr sensibel sind und die es vermögen, ihre Empfindungen zu sublimieren, geistig-seelisch aktivieren.

♀ △, ✶ ♇

10 a) Venus günstig zu Pluto (Trigon, Sextil) 102

Steigerung der triebhaften Empfindungen. Starke erotische Vorstellungen bestimmen die Handlungsweise, Faszination ausstrahlen oder einer solchen erliegen, Intensivierung einer Partnerbeziehung, wobei Vernunftüberlegungen ausgeschaltet sind.

♀ ☌, □, ☍ ♇

10 b) Venus ungünstig zu Pluto

(Konjunktion, Quadrat, Opposition) 103

Störung der Harmonie und der inneren Ausgeglichenheit durch dominierende sexuelle Wünsche, Überforderung des Partners, Schwierigkeiten, sich selbst entspannen zu können, evtl. Auslösung einer im Kern vorgegebenen schicksalhaften, tragischen Liebesverbindung, Trennung.

♀ ☌, △, ✶ ☊

11 a) Venus günstig zum Mondknoten

(Konjunktionen, Trigon, Sextil) 104

Die positive Tagesqualität begünstigt Gemeinschaftsbeziehungen, vor allem auch solche zum anderen Geschlecht, daher ein günstiges Datum für Freundschaft, Liebe, Ehe, Familie.

♀ □, ☍ ☊

11 b) Venus ungünstig zum Mondknoten
(Quadrat, Opposition) **105**

Störungen in einer Zweisamkeit, sich nicht anpassen können oder wollen, Trotzhaltung, Trennung.

♀ ☌, △, ⚹ Asz

12 a) Venus günstig zum Asz. (Konjunktion, Trigon, Sextil) **106** ♀

Gemäß der Natur des Transitors ein verstärktes Bedürfnis nach harmonischen Umweltbeziehungen, sowohl in direkten Kontakten wie allgemein, empfindsamer und weicher gestimmt sein, ästhetische Anschauungen entwickeln, künstlerische Interessen zeigen, neues Hobby, sich um Geselligkeit bemühen. Ein günstiges Datum für Bekanntschaft, Flirt, auch um harmonisierend auf das Milieu einzuwirken.

♀ □ Asz

12 b) Venus ungünstig zum Asz. (Quadrat) **107**

Störung im Sozialverhalten, Schwierigkeiten in der Umwelt, Mangel an Anpassung, Laune, Stimmungsabhängigkeit, evtl. gesundheitliche Störung.

♀ ☍ Asz

12 K) Venus in Opposition zum Asz. (zugleich Konjunktion Desz.)

Günstig für Ehe, für Beziehungen zur Öffentlichkeit, evtl. im Gegensatz zu Forderungen, die Gesellschaft oder Milieu an einen stellen. Gesundheitlich weniger günstig.

♀ ☌, △, ⚹ MC

13 a) Venus günstig zum MC (Konjunktion, Trigon, Sextil) 108
Gefühle bestimmen das Arbeitsverhalten, Erfolge durch Charme, Höflichkeit, Sympathie, gesellschaftliche Vorteile, Anerkennung, Gunstbeweis. Äußere Anerkennung oder Ehrung muß aber nicht zugleich von der Familie positiv aufgefaßt werden. Sie könnte sich vernachlässigt fühlen.

♀ □, ☍ MC

13 b) Venus ungünstig zum MC (Quadrat, Opposition) 109
Berufliches Fortkommen, gesellschaftliches Ansehen oder bestimmte Lebensziele lassen sich zu diesem Datum nicht verwirklichen, da die Störung der inneren Harmonie sich nach außen spiegelt. Die Opposition ist günstig für Familiäres.

♂

Die Transite des Mars

Als Transitor verkörpert Mars Energie, Wille, Drang zu Aktivitäten, Betonung des Triebhaften.

Grundbedeutungen:
A) Die günstigen Transite werden je nach Art der Planetenverbindung intensiv oder schwach sein, eine bestimmte Stoßrichtung des Einsatzes der selbsteigenen Energie und des Willens erkennen lassen, doch darf nicht unbeachtet bleiben, durch welchen Sektor des Horoskops Mars gerade zieht bzw., wohin sich seine Aspekte richten, danach können ebenfalls Schlüsse hinsichtlich des wahrscheinlichen Lebensbereichs, also der Ereignisebene, gezogen werden. Marstransite bringen mehr Mut, Freude am Risiko und Abenteuer, den stoßweisen Einsatz der Energie, Lust zur Arbeit, ein starkes Verlangen, sexuelle und andere Triebe auszuleben, etwas Neues rasch zu beginnen, bei Entscheidungen eine unbeeinflußbare Haltung einzunehmen, Willen zur Durchsetzung aufzubringen, eindeutig und kritisch zu sein.

B) Ungünstige Transite des „Kriegsplaneten“ signalisieren ein Zuviel an Energie: statt Mut Übermut zeigen, statt rasch entschlossener Festigkeit Brutalität, Rücksichtslosigkeit. Übereilung, Streit, der zum ernsten Konflikt oder Bruch führt, Wille zur Zerstörung, auch wenn es das Ich selbst betrifft. Kraftverschwendung, Exzeß, Fieber, Entzündung, Operation, Unfall, evtl. (wenn Direktionen oder andere Transite in diese Richtung weisen) auch Lebensgefahr.

Zur Beachtung: Vor der Bewertung eines Marstransits ist nach dem Radix die Veranlagung des Horoskopeigners sorgfältig zu prüfen, in welchem Maße er zu plötzlichen Energieleistungen befähigt ist bzw. ihrer bedarf (vergleichbar mit plötzlichem Gasgeben, Durchstarten beim Autofahren).

Bewertung: Der direkte Übergang wirkt am stärksten. Es liegt in der Natur des Transitors, daß er Reize schafft, die, selbst wenn sie durch günstige Aspekte ausgelöst werden, immer einen Spannungscharakter tragen, so daß auch stets die Gefahr besteht, die Grenze zum Ungünstigen hin zu überschreiten. Ist man im Zweifel, ob günstig oder ungünstig, wird man sich zweckmäßig für die negative Auslegung entscheiden.

Ziel: Marstransite können harte Einschnitte und plötzliche Entscheidungen bringen. Sie vermögen in Zeiten der Gleichgültigkeit zu aktivieren, herauszureißen, werden aber in kritischen Situationen durch Fehlverhalten die Krisis bringen. Nur bei Menschen, die ihre Handlungen gut kontrollieren, kann die Vernunft dann den Trieb besiegen und Schaden durch Leidenschaften verhindern.
Mars weckt das Triebhafte in uns, ist daher der große Versucher, der durch einen einzigen zu raschen Schritt vom Wege, durch eine einzige Fehlreaktion Unglück bringen kann.

Dauer: Zwei bis drei Tage, bzw. solange der Planet sich in dem betreffenden Grad des Tierkreises aufhält. Es wird immer wieder beobachtet, daß Marstransite *schon ein bis zwei Tage vor dem exakten Fälligwerden eintreten.*

♂ △, ✳ ☉

1 a) Mars günstig zur Sonne (Trigon, Sextil) **111**

Charakter und Gesundheit: Entsprechend der Persönlichkeitsverfassung des einzelnen, also wie ein Horoskopeigner sich darlebt, ob er ein Zauderer ist oder sich rasch zu Aggressionen hinreißen läßt, ob er kühl, abwartend sich verhält oder geistig beweglich ist, wird der Marstransit sich auswirken. Ein phlegmatischer Mensch wird lebhafter, rascher und lebendiger reagieren, seine Schwerfälligkeit verlieren und unternehmungslustig sein. Wer an sich zu unbeständigem Verhalten neigt, wird selbst durch einen guten Transit nicht unbedingt die seiner Art zuträgliche Leistungsform finden, sondern noch kühner und explosiver sein. Marstransite bringen Spannungen im Gefühl, können allerdings Ängste überwinden helfen. Labiles Verhalten wird durch Mars entschiedener, Sensibilität unterdrückt. Die Realität wirkt anspornend auf die Dynamik aller Antriebe, so daß Hindernisse gering geachtet werden, Widerstände leichter überwindbar scheinen, das Selbstvertrauen wachsen kann, was die Anpassung jedoch meistens beeinträchtigt. Marstransite bringen eine Steigerung der Vitalität, des Willens, fördern den Ehrgeiz und können bei entsprechender Befähigung zu einer raschen Regeneration der Kräfte das körperliche Leistungsvermögen günstig beeinflussen. Marstransite fördern das Machtstreben, die Entschlußfähigkeit und erlauben für kurze Zeit höchste Anstrengungen. Der gesundheitliche Effekt liegt in einer Stoßtherapie, kann meistens auch nur eine Verbesserung der physischen Form bringen, die aber nicht lange anhalten muß.

Partnerschaften: Soweit es sich um das Gemeinschaftsleben, die Arbeit in einem Team oder Kontakt zu gleichgeschlechtlichen Personen handelt, wird der Wille nach Durchsetzung oder zur Führung erkennbar sein. Der Macht- und Geltungstrieb wird angereizt, der Horoskopeigner will im Mittelpunkt stehen, den Ton angeben. Im Erosbereich können Marstransite dem Ängstlichen Mut machen, endlich zu handeln, werden damit Intimitäten begünstigen, auf jeden Fall aktives Partnerverhalten vermuten lassen. Dies kann nach Lage der Dinge und nach der Stärke des Transits vom raschen bis zum heißen Flirt gehen. Der „typisch männliche“ Transit, der die rasche Triebbefriedigung suchen läßt.

Materielles: Keine Aufbauleistung, wohl aber eine durch scharfe Sinne, gute Beobachtungsgabe und Mut mögliche Entscheidung in Geldsachen, aber auch plötzliche größere Ausgaben, um sich einen Genuß zu leisten. Ausdruck kultivierter oder verdeckter Lebensgier, plötzliche Chance.

Beruf: Zu dynamischem Verhalten motiviert sein, Wille zu Tat und Leistung aufbringen, Routine durchbrechen, „Held“ sein, zupacken können und wollen, kämpferische Haltung im sozialen Umfeld.

♂ □, ☍ ☉

1 b) Mars ungünstig zur Sonne (Quadrat, Opposition) **112**

Charakter und Gesundheit: „Leidenschaft macht blind“, einseitige heftige Reaktionen, die im Triebhaften ihre Ursache haben. Zu impulsives, zu spontanes Reagieren, die Beherrschung verlieren, keine Kontrolle der Impulse. Aggression als Ausdruck besonders egoistischen Verhaltens, brutal werden, die Ellenbogen gebrauchen, die eigenen Kräfte überschätzen, andere überfordern, dadurch Verlust an Sympathie, Mangel an Harmonie, die harte Auseinandersetzung suchen, zum Konflikt steigern, Unfallgefahr durch Unvorsichtigkeit, Fieber, akute Krankheit, Entzündung, Operationsgefahr.

Partnerschaften: Unbeugsam den eigenen Standpunkt durchsetzen wollen, sich nicht anpassen können, Bruch, Trennung, Härte. Exzeß, der triebhaft bedingt ist, sexuelles Abenteuer, aufgeputschte Leidenschaft, Eifersucht.

Materielles: Unbedacht die Existenz aufs Spiel setzen, zu viel vom Leben verlangen, die eigene Position unbedingt ausweiten wollen. Innere Unruhe verleitet zu Fehlhandlungen.

Beruf: Streit mit Vorgesetzten, kein Augenmaß für Anpassung und Disziplin, riskante Entscheidung mit negativem Ausgang, plötzlicher Nachteil, Verlust des Vertrauens, Kündigung, Sturz.

♂ ☌ ☉

1 K) Mars in Konjunktion mit dem Sonnenort **113**

In der Regel sehr *kritisch* zu beurteilen. Aspekt der Entscheidung, der in gutem oder bösem Sinne „frei“ macht.

♂ △, ✱ ☽

2 a) Mars günstig zum Mond (Trigon, Sextil) **114**

Charakter und Gesundheit: Der Transit wird Gefühle anregen, steigern, nicht im Sinne von Empfindsamkeit, sondern einer nach außen drängenden, sich entladenden Dynamik. Eine Verkrampfung kann sich lösen, Konventionen werden gering geachtet, man lebt, wie das eigene Herz es will. Im Triebhaften besteht eine besondere Erregbarkeit. Akute gesundheitliche Störung je nach Position des Mondes.

Partnerschaften: Liebesverlangen, Flirt, Aktivierung erotischer Wünsche, des sexuellen Verlangens, Neigung zu Wechsel, sich ausleben wollen. Plötzlicher Sympathiegewinn. Günstige Zeit für Partnerwünsche. Im Horoskop einer Dame: erfülltes Liebesverlangen, Bereitschaft zur Hingabe, Lösung seelischer Spannungen, Konzeption, Mutterschaft.

Materielles: Sich rasch zu Wechsel und Veränderung entschließen, Veränderungen in der Umwelt, besonders im Sozialen erkennen und ausnützen, Gewinn durch mutige Entscheidung, Publicity bekommen, rasche Neuorientierung, Umsteigen können, Neubeginn, Reise.

Beruf: Eine Aktion starten, plötzlicher Kontakt, Aufwertung der eigenen Position, Veränderung. Einfluß der Technik.

♂ ☌, □, ☍ ☽

2 b) Mars ungünstig zum Mond
(Konjunktion, Quadrat, Opposition) **115**

Charakter und Gesundheit: Innere Unruhe, Mangel an Selbstbeherrschung, Schaden durch Affekthandlung, Störung in den Bewegungsabläufen. Besonders störanfällig sind labile Personen. Es gelingt nicht, Verlust an Vitalität zu kompensieren, „Glück" harmonisch-ausgeglichen zu genießen, es wird auf Widrigkeit falsch reagiert, Vorurteile durch Antipathie. Aufgeregtheit schlägt auf den Magen, seelische Spannungen belasten das Nervensystem, Störungen der Drüsenfunktion oder in den weiblichen Sexualorganen.

Partnerschaften: Sich wegen Kleinigkeiten aufregen, Streit, gefühlsbedingte Differenzen, Bruch einer Verbindung. Eifersucht, perverses Verhalten, Störungen der seelischen Rhythmenlage durch ungünstige Vorgänge in Partnerschaft, Freundschaft, nach außen auch ungeschicktes und unpopuläres Verhalten.Realisierungsmöglichkeiten von Partnerwünschen sind eingeschränkt, Kontakte werden verfehlt, weil die Bereitschaft zur Hingabe wie die Lockerheit im Wesen fehlen, die Erwartungshaltung ist drängend, zu fordernd, die Abläufe in den erotischen Beziehungen stehen unter Zeitdruck oder situationsgegebenen Bedrängnissen. Es gelingt nicht, im guten auseinanderzugehen, triebhafte Erregung wird zu wenig durch Vernunft gesteuert.

Materielles: Ungünstig für Wechsel, Veränderungen, Geschäfte, bei denen Flüssigkeiten eine Rolle spielen, oder zu denen Popularität nötig ist. Ein Umsteigen in sichere Verhältnisse gelingt zu diesem Zeitpunkt nicht. Antipathie, Abbruch von Kontakten, getäuschte Hoffnungen auf soziales Prestige, unerfreulicher Wechsel, Benachteiligung. Die Auswirkung liegt mehr im Seelischen und kann von daher eine Beeinträchtigung der Leistungsfähigkeit bringen.

Besonderes: Negative Mars-Mond-Transite dürfen nicht überschätzt werden, sind auch durch Selbstdisziplin zu meistern. Ihr astrologischer Nutzwert liegt vor allem darin, daß die ungünstige Tagesqualität erkannt wird und Veränderungen nicht vorgenommen werden.

♂ △, ✳ ☿

3 a) Mars günstig zu Merkur (Trigon, Sextil) **116**

Charakter und Gesundheit: Der Aspekt begünstigt das Denkverhalten und das Ausschöpfen von Begabungen. Kritisches Beobachten von Menschen und Zuständen ermöglicht situationsgerechtes Verhalten, daher Vorteile durch Berücksichtigung der Realitäten, schnelles Reagieren, wobei der direkte Weg zum Ziele führt, keine Weitschweifigkeit, sondern unmittelbares Konzentrieren auf die Lösung des fraglichen Projekts, zielstrebig in Vermittlung, aber auch bei der Verwirklichung ehrgeiziger Anliegen. Geistige Regsamkeit weckt Unternehmungslust. Das Nervensystem reagiert auf diesen Transit günstig.

♂

Partnerschaften: Begünstigt sind alle Kontakte, die auf sachlichen Überlegungen beruhen oder von der Vernunft bestimmt werden. Man lernt jemanden kennen, der einem nützlich ist, gute Unterhaltung auf Reisen, neue Gesichtspunkte durch andere Personen, rasches Zustandekommen einer Abmachung, Entscheidung in Vertragsangelegenheiten, zwischenmenschliche Beziehungen erhalten neue Impulse oder werden durch eine neue Idee beflügelt.

Materielles: Schlagfertiges, elastisches Handeln, rasche, zweckbetonte Anpassung an die gegebenen Verhältnisse sind Voraussetzungen für materielle Erfolge, bei denen es weniger auf gründliche, lange Vorbereitung ankommt, sondern auf mutiges Ausnützen einer Chance. Günstig für alle Arten von raschen Entscheidungen.

Beruf: Die geistige Beweglichkeit zeigt sich bei Studien, wo ohne Umschweife das Wesentliche vom Unwesentlichen geschieden und erkannt wird. Günstig für Prüfungen, geschäftliche Verhandlungen, Geschäftsabschluß, Mut zum Risiko, für Geschäftsreisen, Beherrschung der Kleinigkeiten des Alltags, wobei ökonomische Gesichtspunkte den Vorrang haben. Stoßweiser Energieeinsatz bestimmt die Art und Weise, wie beruflicher Ehrgeiz und Geltungsstreben befriedigt werden, wie man mit Mitarbeitern oder Untergebenen, bzw. auch mit Vorgesetzten auskommt.

♂ ☌, □, ☍ ☿

3 b) Mars ungünstig zu Merkur

(In der Regel Konjunktion, Quadrat, Opposition) **117**

Charakter und Gesundheit: Zu lebhaft und zu beweglich sein, Mangel an Konzentrationsfähigkeit, Störungen in der Dynamik durch zu ungleichen Energieeinsatz, rasch erlahmender Wille, Unruhe und Reizbarkeit. Nervosität ist Ursache gesundheitlicher Störungen.

Partnerschaften: Störungen in der geschäftlichen oder beruflichen Zusammenarbeit, Streit in Ehe oder Freundschaft, Meinungsverschiedenheiten durch unangepaßtes Verhalten.

Materielles: Durchkreuzung eines Planes, Übereilung, geschäftlicher Verlust, Ärger durch Briefe, Nachrichten, auf Reisen, Unaufrichtigkeit, Lüge, betrügen oder betrogen werden.

Beruf: Durch Übereilung oder zu starke Erregung das nächstliegende Ziel verfehlen, unpassende Formulierung wählen, Mißerfolg in Studien, bei Prüfungen, plötzlicher geschäftlicher Verlust, geistiger oder tatsächlicher Diebstahl, Vorgesetzte provozieren und dadurch zurückgesetzt werden. Kein günstiger Termin für berufliche Aktivität.

♂ ☌ ☿

3 K) Mars Konjunktion Merkur **118**

Im Falle einer sehr guten Mars-Merkur-Beziehung im Radix kann der direkte Übergang auf einen geistigen Sieg hinweisen oder Bereinigung einer trüben Situation durch geistige Klarheit bringen.

♂ △, ✱ ♀

5 a) Mars günstig zu Venus (Trigon, Sextil) **119**

Charakter und Gesundheit: Abbau der innerseelischen Kontrollen, sich lösen und heiterer geben können, „auftauen“, Neigung zu Harmonie und Zufriedenheit, ausgelöst durch positive Eindrücke, Empfindungen, bessere Genußfähigkeit, positive Einstellung zur Umwelt.

Partnerschaften: Wunsch nach Verbindung zum anderen Geschlecht, Neigung zu Bekanntschaft, Geselligkeit, Teilnahme an Party, Liebesbedürfnis, Leidenschaftlichkeit. Günstig für Vergnügungen, gesellschaftliche Anlässe. Ein Aspekt, der Künstler anregt, erotische Erlebnisse vertieft empfinden läßt oder auch die Möglichkeit bringt, Gewünschtes, Erdachtes, Erlebtes innerlich aufzuarbeiten und künstlerisch umzusetzen. Ein aktivierender Aspekt für Beziehungen aller Art, bei denen „Herz“ gezeigt wird. Angenehme Erlebnisse in Freundschaft, Liebe, Ehe, Familie, Unternehmungen mit spielerischem Charakter, Interesse für Hobby, erholsame Aktivitäten, positives Verhalten, das der inneren Harmonie zugutekommt.
Ein Aspekt, der durch Stärkung der selbsteigenen Harmonie vitale Grundbedürfnisse anspricht.

Materielles: Lust zu Spekulation, Spiel, rascher Entschluß zum Kauf von nicht unbedingt Lebensnotwendigem, Luxusgüter, aber auch Bewältigung von Versorgungsangelegenheiten durch initiatives Verhalten. Großzügiger, sorgloser Umgang mit Geld.

Beruf: Günstig für Künstler, Menschen, die anderen das Leben verschönen, für sie sorgen oder sie behüten. Lust zur Arbeit, sofern diese Freude macht. Vorteile, wenn innere Gelöstheit beruflich günstig ist.
Den Aspekt nicht überschätzen! Er kann auch nur als gute Laune oder gehobene Stimmung spürbar werden.

♂ ☌, □, ☍ ♀

5 b) Mars ungünstig zu Venus
(Konjunktion, Quadrat, Opposition) **120**

Charakter und Gesundheit: Zu locker und unbekümmert sein, sich gehen lassen, sexuelle Anreize erweisen sich stärker als die Kontrolle durch die Vernunft, oder durch Rücksichtnahme auf Konventionen, Moral, Verpflichtungen. Die Beziehung zum Liebesobjekt, sei es Partner oder Partnerin, auch zu Kindern oder Anvertrauten ist nicht harmonisch, der Horoskopeigner reagiert unüberlegt, heftig, ist gereizt und unbefriedigt. Störungen in einer Liebesbeziehung durch Streit, Eifersucht, sexuelle Erregung, der die Möglichkeit zur Entspannung fehlt. Verführbarkeit, Gefahr, in einen Skandal verwickelt zu werden, Untreue, Bruch, Trennung. Gesellschaftlich mangelt es an Herz und Rücksichtnahme, weil sinnliches Verlangen die Grenzen des Taktes überschreitet. Störung der Nieren- oder Blasenfunktion, zu starke Menstruation bzw. Fehl- oder Frühgeburt.

Materielles: Verluste durch Spekulation, Leichtsinn, zu viel Geld für Vergnügen und fürs schöne Leben ausgeben, übermäßiges Interesse an Hobby und damit Vernachlässigung von Pflichten, Verlusttendenz.

Beruf: Lediglich Künstler können Harmoniestörungen positiv aufarbeiten, andere, besonders in Venusberufen tätige Menschen, die mit Versorgung oder Unterhaltung, Bekleidung und Ausstattungsindustrie zu tun haben oder in sozialen Berufen tätig sind, erleben berufliche Nachteile, allgemein mangelt es an Lust zur Tätigkeit, weil man innerlich unausgewogen ist, sich zu leicht reizen läßt oder romantisch-schwärmerisches Verhalten mit dem nüchternen Alltag nicht abstimmbar wird.

♂ ☌ ♀

5 K) Mars in Konjunktion mit Venus **121**
wird als der am stärksten wirksame Transit spürbar sein, in der Regel *negativ*.

♂ △, ⚹ ♂

4 a) Mars günstig zu Mars (Trigon, Sextil) **122**
Charakter und Gesundheit: Stärkung der Impulsivität, spontan handeln, sprunghaft sein. Widerstände besiegen, Impulse aufnehmen können, zu Energieleistungen befähigt sein, Stärkung der Selbstbehauptung und Durchsetzungskraft, etwas leisten wollen, Steigerung der triebhaften Wünsche und der daraus abzuleitenden Verhaltensweisen, sich kämpferisch, entschlossen und leidenschaftlich zeigen.

Partnerschaften: Bestimmen wollen und können, nach eigenem Ermessen handeln, nicht auf den Rat anderer hören, dadurch aber auch als Persönlichkeit stärker gefordert werden. Sexuelle Anreize empfinden, Partnerwünsche im Intimbereich.

Materielles: Vorteile durch entschlossenes Zupacken, eine Chance erspähen und sofort nützen können, Aktivitäten, die ein persönliches Plus einbringen.

Beruf: sich Respekt verschaffen, Führungsqualitäten zeigen, Mut zur Entscheidung, Durchbruch in schwebendem Verfahren, aktionsbereit sein, Erfolge durch persönliche Initiative.

♂ □, ☍ ♂

4 b) Mars ungünstig zu Mars (Quadrat, Opposition) **123**
Charakter und Gesundheit: Harte Wesenszüge, Dynamik im Temperament tritt unangenehmer hervor, Gefühle sind zu sehr von

Affekten abhängig, der Wille wird nicht genügend kontrolliert, Expansion um jeden Preis stößt auf Widerstand, Sympathieverlust, weil das Geltungs- und Leistungsstreben zu stark und aufdringlich sind, Streßverhalten kann gesundheitlich kritisch werden. Entzündung, Fieber, Unfall, Kräftevergeudung.

Partnerschaften: gestörtes Verhältnis zu anderen durch kraß vertretenes Vorurteil, unannehmbare Forderungen, Übereilung, falsch eingesetzte Energie, Mangel an Takt und Diplomatie.

Materielles: kein günstiges Datum für wichtige Entscheidungen. Begonnenes kann schnell, verlustreich oder dramatisch scheitern.

Beruf: Mangel an Anpassung erschwert das Auskommen mit Vorgesetzten, Mitarbeitern, Untergebenen, Rücksichtslosigkeit bringt Schaden. Ein Transit, der in Beziehungen zu Gewalt steht, daher auch völlig ungeeignet für Bemühungen um beruflichen Aufstieg, gute Geschäfte oder deren harmonische Abwicklung ist.

♂ ☌ ♂

4 K) Mars in Konjunktion mit Mars **124**

Der direkte Übergang des Energieplaneten über seinen Radixort läßt vorhandene exakte Aspekte anderer Gestirne dahin aufleben, wird darüber hinaus Impulse oder Erregungen in dem Lebensbereich bringen, der durch den Sektor der Marsposition ausgezeichnet ist. Der besonders kräftige Transit kann in günstigem Sinn eine Steigerung der Vitalität bringen, die es möglich macht, z. B. eine Periode unentschlossener Lebensführung zu beenden. In den Zeiten negativer Transite von Saturn und Uranus wird eine Marskonjunktion evtl. ein *Kristallisationsdatum* für kritisches Geschehen sein. Es besteht dann Unfall- oder Verlustgefahr, eine selbstzerstörerische Tendenz oder, bei entsprechender Veranlagung, Neigung zu besonders brutalem Verhalten.
In jedem Falle ist bei Marskonjunktion Zurückhaltung und Vorsicht angezeigt.

♂ ☌, △ ✱ ♃

6 a) Mars günstig zu Jupiter (Konjunktion, Trigon, Sextil) 125

Charakter und Gesundheit: Spontaner Anstoß zur Expansion, Zuwachs an Vitalität und Potenz, die Breite des Lebensstromes spüren, sich ihm anvertrauen, dabei Aktivitäten entwickeln, gesundheitlich rasche Fortschritte machen, Besserung durch innere Entscheidung zum Gesund-werden-wollen.

Partnerschaften: Aus sich herausgehen, Lebensfreude zeigen, optimistische Einstellung auf andere übertragen, Sympathie gewinnen, weil man selbstbewußt, zukunftsfroh und positiv auftritt. Beziehungen zum anderen Geschlecht rasch herstellen können, aber auch Trend zur Legitimierung von Beziehungen. Entscheidungen hinsichtlich Kontakten im Intimbereich, Realisierungsmöglichkeiten, als Partner akzeptiert werden.

Materielles: Erfolgreicher Geschäftsabschluß, Legalisierung, Vorteile im Hinblick auf Politik, Geldangelegenheiten, Vermögenszuwachs, Kapitalanlage, Entscheidung für Investition, Erfolg bei juristischen Angelegenheiten, in Prozessen, bei Verhandlungen mit Behörden, persönlicher Nutzen aus dem Sieg von Recht und Ordnung, Vorteile durch den Staat oder durch die Kirche.

Beruf: Plötzliche Chance, Aufstieg, Beförderung, Aktivität, die sich lohnt, voller Einsatz ist anzuraten, Mut zur Entscheidung gegeben.

Besonderes: Es ist ein positiver Spannungsaspekt, der als Konjunktion vor allem wirksam sein wird. Sie gilt in der Regel als günstig, nur im Falle von negativen Aspekten im Radix und bei kritischen Direktionen oder schlechtem Aspektverhältnis im Solarhoroskop sollte die negative Bedeutung beachtet werden.

♂ □, ☍ ♃

6 b) Mars ungünstig zu Jupiter (Quadrat, Opposition) **126**

Charakter und Gesundheit: Sich zuviel zumuten, zu aggressiv sein, zu hohe Erwartungen und Anforderungen an sich selbst und andere stellen, Abenteuerlust, Ausbruchversuch; Potenz, die nicht durchhält, Überschätzung der Kräfte. Gesundheitlicher Rückschlag durch Überanstrengung, auch durch Übermaß, Diätfehler, ungesundes Leben, Exzeß.

Partnerschaften: Unüberlegtes Handeln, vom Partner zuviel verlangen, Vertragsbruch, Verlust, Konflikt, Streit. Es ist besser, zu diesem Termin keine vertragliche Bindung einzugehen.

Materielles: Verlust durch Leichtsinn, Spekulation, unüberlegte Entscheidung, aggressives Verhalten, sich auf ein abenteuerliches Projekt einlassen. Das Gleichmaß einer harmonisch-glücklichen Entwicklung wird abrupt unterbrochen.

Beruf: Konflikt mit Vorgesetzten, Streit, sich nicht anpassen wollen, falscher Ehrgeiz, überzogenes Geltungsstreben. Keinesfalls jetzt mit Gewalt ein Ziel erreichen wollen. Auf Aggression verzichten, diplomatisches Verhalten kann beruhigen. Nachgeben ist in den Zeiten dieser Kraftprobe besser als Unbeugsamkeit.

♂ △ ✳ ♄

7 a) Mars günstig zu Saturn (Trigon, Sextil) **127**

Charakter und Gesundheit: Das Charakterprofil gewinnt an Härte und Fähigkeit zur Selbstbehauptung. Willensleistungen sind nicht nur auf eine kurze Zeit begrenzt, sondern ermöglichen Anstrengungen über einen längeren Zeitraum. Ein Aspekt, der das Wesen nüchterner erscheinen läßt, als es ist. Begünstigt sind Konzentration und Aufmerksamkeit, Ausrichtung nach den Gegebenheiten der Realität, Konzentration auf das Wesentliche und Fähigkeit zur Rationalisierung des eigenen Tuns.

Partnerschaften: Da selbst die harmonische Verbindung der beiden früher als „Unsterne“ bezeichneten Planeten nicht frei von Spannungen ist, ist der Transittermin ungeeignet für Entscheidungen oder Belange, die Freundschaft, Liebe, Familie betreffen. Wo aber der Horoskopeigner bisher zu kurz gekommen ist und sich in einer nachgeordneten Position befunden hat, kann der Transit eine Aufwertung der Persönlichkeit und die Respektierung des Geborenen bringen.

Materielles: Erfolge durch außergewöhnliche Anstrengungen, weil Wille und Ausdauer sich auf ein Ziel konzentrieren. Großes kann daher gestartet oder abgeschlossen werden. Begünstigt sind Unternehmungen, die Grund und Boden, den festen Besitz betreffen oder bei denen es um ein ernstes Anliegen geht.

Beruf: Stehvermögen, Härte im positiven Sinn, Aktionsbereitschaft und der unbeugsame Wille, sich durchzusetzen, werden einen pflichtbewußten Menschen weiterbringen, jenen begünstigen, der im allgemeinen in seinem Arbeitsverhalten etwas labil ist, wird vor allem aber auch jenen gelegen kommen, die in ihrer beruflichen Tätigkeit nicht „weich werden“ dürfen.

♂ ☌, □, ☍ ♄

7 b) Mars ungünstig zu Saturn
(Konjunktion, Quadrat, Opposition) **128**

Charakter und Gesundheit: Charakterfehler werden besonders deutlich, Neigung zu Sarkasmus, Gewalttätigkeit, Zerstörungswille, Bosheit oder Energieeinsatz, der alles verdirbt. An schicksalhaften Auslösungen Pech oder Unglück, Mißgeschick, mindestens Mißverständnis durch Unzulänglichkeit oder zu krasse Einseitigkeit des Horoskopeigners. Gesundheitlich: Krankheit, Zusammenbruch durch Überbeanspruchung, Gewalteinwirkung.

Partnerschaften: Konflikt, Trennung, Trauer, Isolierung, Mangel an Anpassung. Im Geschäftsleben Verluste.

Beruf: Schwierigkeiten im Umgang mit anderen, Fehlverhalten, Unnachgiebigkeit, Trotz, eine Aufgabe unter allen Umständen erledigen wollen, dabei scheitern.

♂ ☌ ♄

7 k) Mars in Konjunktion mit Saturn **129**

Der direkte Übergang wird zwar allgemein als sehr kritisch angesehen werden müssen, kann aber in den seltenen Fällen, da im Radix beide Planeten in sehr harmonischem Winkel stehen, auch zu gewaltigen Anstrengungen befähigen.

♂ △ ✶ ⛢

8 a) Mars günstig zu Uranus (Trigon, Sextil) **130**

Charakter und Gesundheit: Wer zu Sprunghaftigkeit und exaltiertem Verhalten neigt, wird unter diesem Transit leicht zu Handlungen veranlaßt, die von der Umwelt mit Überraschung registriert werden. Andererseits bringt der Aspekt aber auch erhöhte Schaffenskraft, vor allem, wenn eine fixe Idee verfolgt wird oder wenn es darum geht, den eigenen Freiheitsraum zu verteidigen. Die rasche Entschlossenheit, ein Mut, der auch von einem Schuß Abenteuerlust getragen ist, garantiert aber nicht den beständigen Einsatz für eine Sache. Ein Termin, der Spannungen bringt, die häufig an das Risiko heranführen.

Partnerbeziehungen: Ein gemeinsames Ziel unbedingt erzwingen wollen, dabei aber doch die eigenen Interessen mehr beachten. Für Verbindungen, bei denen Harmonie die unerläßliche Grundlage ist, wird die Schockwirkung des Aspekts kaum positiv ankommen.

Materielles: Ein Überraschungssieg, bei dem es auf den exakten, festen Zugriff ebenso ankommt wie auf die genaue Beachtung des Termins, kann gelingen, die Schaffenskraft ist erhöht, geistige Klarheit, gewisse Zusammenhänge deutlicher als zuvor erkennen läßt.

Beruf: Günstig für Aktionen, die Kraft brauchen, schnell erledigt werden müssen oder aber auch für Studien, die in die Tiefe gehen.

♂ ☌, □, ☍ ♅

8 b) Mars ungünstig zu Uranus
(Konjunktion, Quadrat, Opposition) **131**

Charakter und Gesundheit: Raschheit und Lebendigkeit im Temperament kann durch stoßweise Energieaufwendung übersteigert werden, die allzu einseitige Ausrichtung auf eine fixe Idee, das Verfolgen eines plötzlich aufkommenden Gedankens bewirkt, daß die allgemeine Aufmerksamkeit zu wünschen übrig läßt, beste Voraussetzungen also für einen Unfall oder eine Katastrophensituation, die wie der Blitz aus heiterem Himmel zu bewältigen ist. Labile Menschen werden durch diesen Transit besonders in eine gereizte Stimmung versetzt und suchen seelisches Unbehagen durch einen Kraftakt zu überwinden. Meistens ergibt dies eine Zerreißprobe, bei der die Nerven besonders angespannt sind. Streßähnliche Folgen sind zu befürchten. Gesundheitlich besteht außerdem eine Verletzungsgefahr, oft auch ist ein operativer Eingriff erforderlich. ♂

Partnerschaften: Das einseitige, widerspruchsvolle, Gefahren mißachtende Verhalten provoziert Auseinandersetzungen, die zu Bruch oder Trennung führen können. Das gilt sowohl für Herzensbindungen wie für Teamarbeit oder geschäftlich.

Materielles: Mißverständnisse oder „wie durch Zufall" bewirkte Spannungen sind Ursache für die Durchkreuzung von Plänen, Fehlleistungen, plötzliche Verluste. Ein sehr schlechter Termin für Aktionen, die von Dauer sein und gedeihen sollen. Gefahren drohen vor allem aus dem Bereich der Technik, Schaden durch Versagen von Maschinen; Panne.

Beruf: Aufregung, Streit, Auseinandersetzung wegen Reformen, neuen Ideen, besonders im technischen Bereich führen zu einer Krise, oder zu plötzlichen Schwierigkeiten mit Mitarbeitern.

Besonderes: Für sich allein genommen bringt dieser Marstransit nur selten ganz schwierige Situationen, kann aber, eingeordnet in eine ungünstige Gesamtlage der Transite, ganz entschiedene *Pechtage* signalisieren. Sicher ist zu diesen Zeiten *große Vorsicht* und *Zurückhaltung* am Platze.

♂ △ ✳ ♆

9 a) Mars günstig zu Neptun (Trigon, Sextil) **132**

Charakter und Gesundheit: Anregende Wirkung auf das Seelische, Begünstigung von Phantasie, Intuition, intensiver genießen können. Sie streben auch stärker nach Verinnerlichung, sind aufnahmefähig und lassen sich durch Kunst und Musik anregen, bzw. neigen dazu, sich mit Träumen auseinanderzusetzen, empfinden Drang in die Ferne und weiten ihren Horizont aus. Medikamente aus dem Bereich der Psychopharmaka sind stärker wirksam als üblich.

Partnerschaften: Vertiefung von Kontakten auf seelisch-geistiger Basis, Reisen ins Ausland, Verbindung mit Ausländern.

Materielles: Es ist keine direkte Verbesserung Ihrer Situation durch diesen Transit zu erwarten, doch können intuitiv richtige Entschlüsse getroffen werden, die dann indirekt auch materiell etwas einbringen.

Beruf: Sie überblicken größere Zusammenhänge, fühlen sich in schwierige Sachverhalte ein, vor allem wenn sie beruflich mit persönlichen Problemen anderer Menschen zu tun haben.

Besonderes: Dieser Aspekt kann insgesamt kaum mehr als Anregungen bringen, darf daher nicht überbewertet werden.

♂ □, ☍ ♆

9 b) Mars ungünstig zu Neptun (Quadrat, Opposition) **133**

Charakter und Gesundheit: Neigung zu Depression, Enttäuschungen oder Verluste, so durch Lüge, Betrug oder Intrigen, belasten das Gemüt und wirken sich gesundheitlich schwächend aus. Sie denken vielfach an der Realität vorbei, neigen dazu, den zweiten Schritt vor dem ersten zu tun, haben den guten Willen, werden sich aber nicht zur Leistung aufraffen. Mißerfolge lassen unzufrieden sein oder Minderwertigkeitsgefühle aufkommen. Gefahr durch Gifte, verstärkte Suchtneigung.

Partnerschaften: Sie sind nicht offen oder machen aus einer Sache ein Geheimnis, was von anderen als Unehrlichkeit oder Unaufrichtigkeit mißverstanden wird. Sorgen Sie für klare Verhältnisse und lassen Sie sich auf nichts ein, was man Ihnen als Trick auslegen könnte. ♂

Materielles: Der Mangel an Durchsetzungskraft, ein zu starkes Versponnensein in Träumen und Illusionen, daher Verlusttendenz. Ungünstig für Umgang mit Flüssigkeiten, Gasen, entzündlichen Stoffen.

Beruf: Verzögerung einer aufsteigenden Entwicklung, sich gegen eine Verleumdung wahren müssen, einen falschen Weg einschlagen oder durch Mangel an Vertrauen und Vorwurf der Verantwortungslosigkeit seelisch belastet werden. Die Einordnung in das soziale Umfeld macht Mühe.

♂ ☌ ♆

9 K) Mars in Konjunktion mit Neptun **134**

Der direkte Übergang wird in der Regel als am stärksten wirksam und negativ beurteilt werden müssen. Je nach dem Sektor, kann im entsprechenden Lebensbereich ein starkes Schwanken der Erfolgskurve beobachtet werden, sei es, daß es sich um einen Scheinerfolg handelt oder daß auch eine Enttäuschung ihre guten Seiten hat. Kein günstiger Termin für Angelegenheiten, die Vertrauen oder Tatkraft benötigen. Es ist Unbewußtes, Hintergründiges im Spiel.

♂ △, ✱ ♇

10 a) Mars günstig zu Pluto (Trigon, Sextil) **135**

Charakter und Gesundheit: Auftrieb für Vitalität, Wille, dynamisches Verhalten, daher Aussicht auf außergewöhnlichen Erfolg, der aber nur um den Preis harter Anstrengungen zu erringen ist. Gesundheitlich kann die Streßsituation belasten.

Partnerschaften: In einer Herzensbindung zu fordernd sein. Soweit es sich um Geschäfte handelt, können Fleiß und Aktivität voranbringen.

Materielles und Beruf: Übergroßer Eifer und Arbeitseinsatz läßt zwar Fortschritte erzielen, doch wird das Ergebnis verhältnismäßig mager sein, das Ausmaß des Einsatzes auch von Vorgesetzten oder Verantwortlichen nicht recht gewürdigt werden. Sportliche Erfolge.

♂ ☌, □, ☍ ♇

10 b) Mars ungünstig zu Pluto
(Konjunktion, Quadrat, Opposition) **136**

Charakter und Gesundheit: Disharmonische Energieentfaltung, Fehlhandlungen aufgrund stark triebhaften Verlangens, unzugänglich für vernünftige Argumente, Dominieren des Durchsetzungsdranges, wobei die Ellenbogen gebraucht werden. Gefahren durch Gewalt, aber auch selbst dazu neigen.

Materielles und Beruf: Man isoliert sich durch rücksichtsloses Verhalten, neigt zum Risiko und Abenteuer, wägt nicht genügend ab, daher Verlusttendenz, Unterdrückung der persönlichen Initiative anstatt sozialen, beruflichen oder wirtschaftlichen Aufstiegs.

♂ ☌ ♇

10 K) Mars in Konjunktion Pluto 137

Der direkte Übergang kann in der Zeit, wenn noch andere kritische Transite vorhanden sind, ein Kristallisationsdatum für Unfall, Trennung oder Rekordbesessenheit sein.

♂ △, ✶ ☊

11 a) Mars günstig zum Mondknoten (Trigon, Sextil) 138

Der Transit begünstigt Zusammenarbeit, läßt in einem Team aktiv werden, eine Führungsposition einnehmen oder sich durchsetzen. Günstig für Beziehungen zum anderen Geschlecht.

♂

♂ ☌, □, ☍ ☊

11 b) Mars ungünstig zum Mondknoten

(Konjunktion, Quadrat, Opposition) 139

Unangepaßtes Verhalten, Störung im Zusammenleben, in einer Wohn- oder Arbeitsgemeinschaft, Tendenz zu Trennung oder Isolation. Man fühlt sich von anderen im Stich gelassen.

♂ △, ✶ Asz

12 a) Mars günstig zum Asz. (Trigon, Sextil) 140

Charakter und Gesundheit: Zunahme an Durchsetzungskraft, Vitalität, Stärkung des Willens. Günstig für Einflußnahme auf das Milieu, sich Respekt verschaffen. Gesundheitlich ein guter Termin für manuelle Behandlungsformen, z. B. Massage u. a. m.

Partnerschaften: Das Verhältnis zu Verwandten, Freunden, Bekannten, Nachbarn, aber auch zur Partnerin oder Ehefrau steht im Zeichen eifrigen Wollens, begünstigt intime Kontakte oder bringt Durchsetzung der eigenen Bestrebungen.

♂ □, ☍ Asz

12 b) Mars ungünstig zum Asz. (Quadrat, Opposition) **141**
Gefahren durch Fehlverhalten in der Umwelt, Neigung, etwas erzwingen zu wollen, bzw. zu unvorsichtigem Verhalten, daher auch Gefahr von Unfall, Verletzung, Verwundung.

Partnerschaften: Differenzen können nur schwer gütlich beigelegt werden, es mangelt an Einsicht durch die Vernunft und an der Fähigkeit, objektiv zu denken, zu urteilen und zu handeln.

♂ ☌ Asz

12 K) Mars in Konjunktion mit dem Asz. **142**
Der direkte Übergang wird jener Aspekt sein, der vor allem als Transit verspürt wird. Er bringt einen Zuwachs an Energie, der das übliche Maß überschreitet, was durch große Anstrengungen auch rasch vorankommen läßt, freilich meistens mit Gefahren verbunden. Da die Auswirkung des direkten Überganges in der Regel negativ ist, können die zu dieser Zeit auflebenden Spannungen zu Übertreibungen durch Heftigkeit oder Gewalt führen und sich entsprechend als akute gesundheitliche Störung auswirken. Auch Fieber ist möglich, das starke Bewegungsbedürfnis kann Ursache zu Unfällen sein. Im partnerschaftlichen Bereich ergibt sich leicht ein Zusammenstoß mit der Meinung anderer und dadurch ausgelöst eine Trennung.
Der Übergang des Mars über den Asz. kann zur Korrektur der Geburtszeit verwendet werden, doch muß man beachten, daß die Auswirkung des Aspekts bisweilen *um 1—2 Tage früher* als es der exakte Fälligkeitstermin vermuten läßt, eintritt.

♂ △, ✳ MC

13 a) Mars günstig zum MC (Trigon, Sextil) **143**
Der Einsatz von Wille und Geltungsstreben erfolgt vor allem im beruflichen oder sozialen Sektor. Sportler können Höchstleistungen

erzielen, Geschäftsleute rasch einen Gewinn buchen, bzw. fallen Entscheidungen ohne lange Vorbereitungszeit.

♂ ☍, □ MC

13 b) Mars ungünstig zum MC (Opposition, Quadrat) **144**
Besonders die Opposition, die zugleich die Konjunktion mit der Spitze des vierten Sektors ist, dem IC, kann Störungen im beruflichen Fortkommen bringen. Plötzlich ändert sich die Aussicht, ein größeres Ziel zu verwirklichen, das der Gewinnung von Ansehen dient oder die soziale Besserstellung anstrebt. Berufliche Verluste haben ihre Rückwirkung auf die häuslichen Verhältnisse, die dann meistens unter starken Spannungen stehen. Zurückhaltung ist geboten.

♂ ☌ MC

13 K) Mars in Konjunktion mit dem MC **145**
Der direkte Übergang über das MC kann als eine Zeit für eine rasche Entscheidung bezeichnet werden. Es richtet sich der volle Energieeinsatz auf ein einziges Ziel, läßt dabei Nebenumstände außer acht, so daß die Gefahr einer allzu einseitigen Handlungsweise gegeben ist. Sie kann allerdings zu größeren Erfolgen führen, besonders, wenn Mut und dynamisches Verhalten erforderlich ist. Für Sportler besonders günstig. Die starke Hinwendung zum Beruf, das ehrgeizige Streben nach äußerer Anerkennung ist jedoch häufig mit Verdruß im eigenen Heim, Vernachlässigung der Pflichten gegenüber Heim und Heimat gekoppelt. Der Horoskopeigner ist zu aufgeregt, handelt voreilig und schadet sich, weil es an Umsicht mangelt.
Unter Umständen bringt der direkte Übergang über das MC (wie auch über den Asz.) plötzlich Sorgen um Nahestehende.

♃

Die Transite des Jupiter

Als Transitor bezeichnet Jupiter das Prinzip der Fülle, der Ausdehnung, des Glückes, der Gerechtigkeit.

Grundbedeutungen:
A) In der alten Astrologie verkörperte Jupiter „das große Glück". Wenn ein Geburtshoroskop mächtige Jupiterkonstellationen aufweist, dann wird der Geborene durch Jupitertransite auch aufsteigen können, es wird ihm gutgehen, er kann aus dem vollen schöpfen und steht unter Fortunas Schutz. Es lebt sich leichter unter Jupitertransiten, man ist unbekümmerter, gesünder, hoffnungsfroher und kann seine besten Anlagen entfalten.

B) Jedes Übermaß an Glück aber verführt zu Leichtsinn, zu unerwünschter Fülle und damit zu unerfreulichen Effekten; da der Planet auch Recht und Ordnung vertritt, kann es zum Prozeß kommen. ♃

Bewertung: Jupiter als „Glücksbringer" steht im Gegensatz zu Saturn, der nach alter Auffassung Unheil verkündet. Deswegen wird man an Jupitertransiten am ehesten ablesen können, zu welchen Zeiten ein Mensch sich in guter Verfassung präsentiert, innerlich „glücklich" ist und bei einer solchen sympathischen Ausstrahlung auch auf ein Echo hoffen kann. Wichtig sind die Übergänge über die Radixorte von Sonne, Mond, das MC und den Asz. Bevor man Jupitertransite bewertet, muß man feststellen, ob die Position des Planeten im Radix stark ist, ob und mit welchen Gestirnen er im Aspekt steht, welchen Sektor er besetzt und in welchem Zeichen er steht. Ferner werden Jupiteraspekte nur dann gerechtfertigte größere Hoffnungen erlauben, wenn sie durch entsprechende Direktionen gestützt werden.

Ziel des Transits ist häufig eine Besserung der Lebensumstände, nicht zuletzt aber durch eine Veredlung des Wesens, also nicht nur

Wunscherfüllung, sondern Zufriedenheit, vielleicht auch weil man zu einer besseren Einsicht gelangt und sogar auf die Erfüllung eines Wunsches verzichtet. Da Jupiteraspekte selten allein wirksam sind, muß man ihre Trendwirkung modifiziert sehen, also immer eingeordnet in das Ganze der Aussage.

Dauer: Ein bis zwei Wochen oder so lange, wie der Planet braucht, um einen Grad des Tierkreises zu durchwandern. Es ist ein großer Vorteil, wenn Jupiter sich in harmonischem Aspekt *langsam* oder *mehrmals* über einen Radixort bewegt.

♃ ☌, △, ⚹ ☉

1 a) Jupiter günstig zu Sonne (Konjunktion, Trigon, Sextil) **146**
Harmonie, Freude, fördernde Lebensumstände, gute Gesundheit, Vertrag, Erfolg.

Charakter und Gesundheit: Man geht mehr aus sich heraus, überschreitet jene engen Grenzen, wie Herkommen, Erziehung oder äußere Lebensumstände sie als Schranken dem einzelnen auferlegen. Die Veredelung des Charakters drückt sich im Streben nach Gerechtigkeit, Ordnung, Sitte, Moral, aber auch im Festhalten an Überliefertem aus. In gewisser Hinsicht, und wenn andere unterstützende Aspekte vorkommen, strebt der Geborene nach Macht und findet Erfüllung für seine Aktivitäten. Gesundheitlich ist ein Jupitertransit immer eine Zeit für eine Heilkur, läßt bessere Gesundheit erwarten oder stärkt die Vitalität. Das ganze Lebensbild der Persönlichkeit ist gerundeter, imposanter, respektabler.

Partnerschaften: Jupitertransite sind immer eine geeignete Zeit für Verlobung oder Ehe, da sie sowohl Glück verheißen wie auch die Legitimierung einer Beziehung fördern. Man wendet sich mehr dem Partner zu, geht aus sich heraus, kann sich ihm eröffnen, ist mitteilsamer, auf Gemeinsamkeiten bedacht, man ist bereit, sein Bestes zu geben und nimmt auch dankbar Liebe und Hoffnung an, die vom Partner ausgehen. Deswegen werden unter günstigem Jupiteraspekt auch familiäre Angelegenheiten gedeihen, Zufriedenheit kann sich einstellen und mindestens äußerliches, weltliches Glück möglich werden. Erfreuliche Jupiterkonstellationen fördern auch das öffentliche Auftreten, bringen Resonanz beim Publikum oder mehr Publicity, denn man macht sich beliebt, wird verstanden, gerecht beurteilt.

Materielles: In wessen Horoskop Jupiter auf Geld und Gut Bezug hat, der kann mit Kapitalzuwachs, einer Beförderung, sozialem Prestige, Aufstieg oder Vorteilen rechnen. Man schenkt und wird beschenkt, man ißt gut und empfängt Gutes. Es ist die richtige Zeit zur Regelung aller finanziellen Angelegenheiten, seien es Geldanlage, Wertpapiergeschäfte oder Käufe und Verkäufe. Wessen Geburtshoroskop „Spielerglück" anzeigt, also einen gut gestellten fünften Sektor, auf den Jupiter Aspekte wirft, der kann mit Spekulationsgewinnen rechnen. Aber auch die rechtliche Absicherung des Erworbenen wird möglich, darüber hinaus können Beziehungen oder Protektion eine materielle Förderung bringen. In der Zeit solcher Aspekte ist man großzügig und gibt mehr Geld aus, als daß man spart.

Beruf: Es sind klare Aufstiegschancen vorhanden. So lassen sich Fortschritte in der Arbeit erzielen, man kann gute Geschäfte abschließen, sozial aufsteigen, wird angesehen oder kann seine Stellung wechseln: Unter Jupitertransiten sollte man sich vorstellen, eine neue Position anstreben oder antreten, um Protektion nachsuchen, mit Behörden oder sozial Höherstehenden verhandeln, Rechtsangelegenheiten zum Abschluß bringen und problematische Unternehmen regeln. Besonders der Kontakt mit sozialen oder wirtschaftlichen Institutionen, Studien im Bereich des Finanzwesens, der Volkswirtschaft werden ebenso gelingen wie allgemeine Bemühungen um Aufstieg, Beförderung oder um mehr Geltung.

Besonderes: Ein Aspekt Jupiters, welcher der Ausweitung und Harmonisierung des Lebens dient, kann in der Regel als erfolgreiche Grundlage für alle Verhandlungen und Bemühungen angesehen werden, die den persönlichen Status und das Ansehen heben, die aber auch dem friedlichen Nebeneinander dienen. Deswegen sind Bemühungen um Aussöhnung meistens von Erfolg gekrönt, sofern nicht ein direkter *Sieg* über Prozeßgegner möglich wird. Eine gewisse Gefahr liegt darin, daß des Guten zuviel getan wird und Hochmut den wirklichen Erfolg beeinträchtigt. Dies wird vor allem bei negativen Aspekten Jupiters im Radix möglich sein, die auch durch positive Konstellationen angesprochen, d. h. ausgelöst werden können.

♃ □, ☍ ☉

1 b) Jupiter ungünstig zur Sonne (Quadrat, Opposition) **147**
Es ist nicht so, daß Aspekte des „Glücksplaneten" grundsätzlich auch „Glück" bringen müßten. In Zeiten kritischer Transite kann sich zwar manches gut anlassen, aber in der Konsequenz doch übel ausfallen. Dies gilt z. B. für Diätfehler. Speise und Trank schmekken ausgezeichnet, aber ein Allzuviel an Genüssen rächt sich. Das kann auch im Erotischen der Fall sein, im Finanziellen bei Kreditüberziehung etc.

Charakter und Gesundheit: Jene Charaktereigenschaften, die im Zusammenleben wichtig sind, weil sie offenes, rechtschaffenes Verhalten fördern, geordnete Geldgeschäfte erlauben und das Rechtsempfinden fördern, werden gestört werden können. Der Spieler setzt alles auf eine Karte, der Abenteurer riskiert zu viel, der Unangepaßte legt sich mit der Obrigkeit an, es wird versucht, die eigene Position zur unrechten Zeit und am falschen Ort auszubauen, Entscheidungen herbeizuführen, die zum gegebenen Termin sicher gestört werden. Auch der soziale Aufstieg kann einen Rückschlag erleiden, Verlust an Protektion möglich werden, wobei immer die eigenen Charakterfehler den eigentlichen Anlaß dazu geben. Soweit der Organismus betroffen ist, kann ein Zuviel des Guten unerwünschte Fülle bringen oder auch ein Zellwachstum begünstigen, das ungesund ist. Bei einer bescheidenen Lebensführung, und wenn Jupiter im Radix in annehmbarer Position ist, werden indessen negative Aspekte nicht schaden, bisweilen sogar positiv ausfallen.

Partnerschaften: Es ist nicht damit zu rechnen, daß ein ungünstiger Jupiteraspekt die Legitimierung von privaten Kontakten oder den Abschluß eines (Ehe-)Vertrages bringt. Es können eher Auseinandersetzungen stattfinden, bzw. man geht im guten auseinander, oder trennt sich, weil ein Übermaß an Intensität den Beziehungen geschadet hat. Charakterfehler wie Stolz und Eitelkeit, Egoismus und Leichtfertigkeit, falscher Ehrgeiz lassen Rücksichtnahme auf den Partner vermissen, es mangelt an Zurückhaltung, Toleranz und Einsicht. Dazu können äußere Nöte kommen, die einer engen Partnerschaft abträglich sind. Im familiären Rahmen werden es Geldschwierigkeiten oder Auseinandersetzungen zwischen Nahverwandten sein, die zwar nicht hart ausgetragen werden, aber doch verstimmen. Für die Öffentlichkeitsarbeit ist ein negativer Jupiteraspekt nachteilig, denn es können dabei Rechts- oder Vertragsangelegenheiten aufgerollt werden, die zu einem Skandal oder Prozeß führen. Zurückhaltung ist in jedem Fall bei einer Auseinandersetzung mit sozial Höherstehenden angezeigt.

♃

Materielles: Soweit der negative Aspekt Jupiters zur Sonne auf Geld und Gut zu beziehen ist (z. B. 2. Sektor), wird man leichtsinniges Verhalten beobachten können, etwa zu große Ausgabefreudigkeit, Investitionen zur falschen Zeit, Überziehung des Kredits, Verlust des Ansehens durch unlautere Geschäfte, Ansprüche, die der Situation des Geborenen nicht gerecht werden oder Eitelkeiten, die lediglich der Befriedigung äußerer Geltungsansprüche dienen sollen. Keine gute Zeit für wirtschaftliche Expansion.

Beruf: Man scheut sich vor harter Arbeit und mühevollem Einsatz, will Geschäfte mit viel Gewinn und geringem eigenen Einsatz abwickeln, sollte besser bei der Wahrheit bleiben, als eine Expansion auf Kosten anderer zu versuchen.
Soweit bei Geschäften die Rechte anderer berührt werden, können diese sich verletzt fühlen, was zu Reiberei und Verlusten führen kann. Anstatt sozial aufzusteigen und Ansehen zu gewinnen, drohen Sturm und Verlust an Prestige, Verwicklung in Unregelmäßigkeiten, Ärger mit Vorgesetzten und Behörden, Konflikte und Auseinandersetzungen im Milieu. Deswegen ist es sehr ungeschickt, in

den Zeiten kritischer Jupiteraspekte wichtige Entscheidungen zu treffen, vor allem wenn sie die Finanzen oder das Vermögen berücksichtigen, Kauf und Verkäufe angeht. Auch Hilfsbereitschaft kann Schaden bringen und Spekulationen werden mißlingen.

Besonderes: Kritische Aspekte Jupiters zur Sonne weisen häufig auf eine Störung des Friedens durch Selbstsucht! Es kann sich aber auch um gesundheitliche Indisposition handeln, besonders wenn Felder und Zeichen betroffen sind, die durch Jupiter besetzt sind; darüber hinaus Neigung zu Leberleiden, desgleichen Gefahr eines Schlaganfalles.

♃ ☌ ☉

1 K) Die Konjunktion Jupiters über den Sonnenort **148**
muß als stärkster glücklicher Aspekt angesehen werden.

♃ ☌, △, ⚹ ☽

2 a) Jupiter günstig zum Mond (Konjunktion, Trigon, Sextil) **149**
Es sind insgesamt weniger die geistigen-materiellen Belange, die durch diesen Transit betroffen werden, vielmehr das Gefühlsmäßige.

Charakter und Gesundheit: Soweit der Geborene einen harten Charakter hat, wird er durch diesen Jupiteraspekt ansprechbarer, weicher, empfindsamer gestimmt werden. Dies ergibt eine besondere Aufgeschlossenheit, etwa zu Mildtätigkeit, Mitleid, Mitgefühl, Wunsch nach harmonischem Auskommen, Versöhnung mit Gegnern, aber auch Beachtung von Recht, Gesetz und Ordnung, Wahrung der Überlieferung, richtige Einschätzung der eigenen finanziellen Möglichkeiten. Gesundheitlich werden emotionelle, seelische Vorgänge ihren Einfluß nicht verfehlen, die Vitalität zu steigern, Lebensfreude auszulösen und sich mit Begeisterung über Unpäßlichkeiten hinwegzusetzen.

Partnerschaften: In noch stärkerem Maße als ein Glücksaspekt Jupiters zur Sonne kann ein solcher zum Mond der Verbindung mit einer Partnerin dienen, wie überhaupt Damen durch den Mond stärker repräsentiert werden als durch die Sonne. Daher auch Glück in häuslichen Angelegenheiten, Vertiefung der Kontakte zu einer Partnerin, Freundin, Gattin, evtl. Legitimierung, weil ein Liebesverhältnis in „die rechte Form" gebracht werden soll. Es ist eine Konstellation des Wechsels und der Veränderung, die im Hinblick auf die Öffentlichkeit materielle Vorteile wahrnehmen läßt, Auslandsbeziehungen fördert, eine hoffnungsfrohe Gemütsverfassung zur Grundlage öffentlichen Auftretens macht und die Popularität verheißt. Letzteres wird vor allem der Fall sein, wenn Jupiter und Mond im Radix in harmonischem Abstand stehen. Dann ist für Künstler oder Politiker, Menschen, die im Rampenlicht der Öffentlichkeit stehen, eine sehr gute Zeit gekommen.

Materielles: Hier können neue Verhältnisse, Wechsel in Lebensumständen, eine gefühlsmäßige Neuorientierung Vorteile bringen. Man wird beschenkt, zeigt sich von der besten Seite, erntet Erfolge für die Mühe, gewinnt Güter, evtl. durch Spekulation oder durch Intuition: Glücksmöglichkeiten werden erahnt. ♃

Beruf: Selbstverständlich fördert ein solcher Aspekt auch Studien, Geschäfte und Arbeit. Man hat das Gefühl, daß man am richtigen Platz steht, daß man eine bestimmte Tätigkeit mit dem Herzen ausübt, vor allem daß man sich auf die Hilfe von Damen verlassen kann, es gibt eine gute Zusammenarbeit im Team, wobei mitschwingende Sympathie es erleichtert, die Arbeit gut zu tun und Ansehen zu erringen. Dies wird vor allem bei weiblichen Vorgesetzten der Fall sein, zu denen man den rechten Ton trifft. Ein Aspekt, geschaffen für Verhandlungen.

♃ □, ☍ ☽

2 b) Jupiter ungünstig zum Mond (Quadrat, Opposition) **150**

In Gefühlsdingen ist man selten objektiv, überschätzt die eigenen

Möglichkeiten und spekuliert auf den Glücksfall, der sich in dieser Form nicht einstellt. Es kann zu Auseinandersetzungen kommen, weil man zu selbstsüchtig ist.

Charakter und Gesundheit: Unter diesem Transit können in Gefühlen labile Menschen eine unerwünschte Steigerung ihrer Emotionen erleben. Es ist weniger die Impulsivität, sondern es sind Launen, Sprunghaftigkeit oder Mangel an Kontrolle der Handlungsweise durch die Vernunft. Die rasche Begeisterung für eine Person, deren Ziele oder Sachen kann schnell erlahmen, sich dann jedoch wieder beleben. Man beobachtet auch, daß der Einsatz mit einem Verlust endet, weil er in dieser Form es nicht wert ist. Das Leistungsstreben ist nicht konkret und dynamisch, es wird abgelenkt durch Verlangen nach Genüssen, die schließlich mit einer Verstimmung des Magens oder einer ungünstigen Tätigkeit der Drüsen enden. Gerade die anfänglich überschäumende Begeisterung mit nachfolgender Ernüchterung, dazu das Bewußtsein, etwas Ungesetzliches oder Unmoralisches zu tun, schlagen auf den Magen. Diätfehler können sich rächen. Da die nüchterne Einschätzung der eigenen Gefühle nicht möglich ist, könnte nur eine zurückhaltende Lebensführung verhindern, daß Disharmonien bei Expansionsversuchen vorkommen. Es ist nicht die Zeit, die soziale oder wirtschaftliche Lage vorteilhaft zu beeinflussen.

Partnerschaften: Die Kontakte im Intimbereich werden weitgehend von der Reife der Partner und der vorgefundenen Situation abhängig sein, denn unter diesem Transit neigt man zu unangepaßtem Verhalten, vermag eine gegebene Lage nicht zu überschauen. Es ist zuviel Herz dabei, die Sensitivität geht an der Realität vorbei. Es genügt ein Funke, einen „Brand" zu entfachen, ohne daß es sich „lohnen" würde. Kontaktwünsche sind überzogen, bringen Störungen, ein schwärmerisches Verhalten im Erosbereich ist entweder zu spielerisch, geht am üblichen vorbei, erotische Beziehungen laufen nicht typisch ab, die Lebensgestaltung im Partnerschaftlichen weist auf „Unternehmungen", die im Grunde disharmonisch enden werden.

Materielles: In kritischen Aspekten besteht die Gefahr, zu viel zu riskieren, Reisen anzutreten, ohne daß dafür die rechte Begründung vorliegt, bei einem Wechsel in Lebensverhältnissen zu verlieren, über Geld und Gut leichtsinnig zu verfügen, Verträge einzugehen, die mit einem Verlust enden oder auf die Fürsprache Höherstehender zu hoffen, die diese evtl. sogar zusagen, dann aber ihr Versprechen nicht halten. So ist die Qualität des Aspektes auch materiell enttäuschend.

Beruf: Neigung zu Verlustgeschäften, zu große Pläne haben, sich zuviel vornehmen, schlechte Erfahrungen auf Reisen oder in Auslandsbeziehungen machen. Bei Studien macht man es sich zu leicht, läßt sich vom anderen Geschlecht ablenken oder verschwendet Geld, Zeit und Mühe in eine Sache, die es nicht wert ist, auf diese Art verfolgt zu werden.

Besonderes: Wenn die Jupiterposition im Radix günstig ist, kann ein negativer Aspekt des Planeten nicht sehr schaden. Beim Vorhandensein kritischer Radix-Konstellationen werden diese allerdings leicht aus der Latenz gehoben.

♃

♃ ☌ ☽

2 K) Die Konjunktion Jupiters mit dem Mond **151**
ist in der Regel als außerordentlich glücklich anzusehen. Sie begünstigt vor allem Popularität, Wechsel, Beziehungen zu Damen.

♃ ☌, △, ✳ ☿

3 a) Jupiter günstig zu Merkur (Konjunktion, Trigon, Sextil) **152**
Charakter und Gesundheit: Eine glückliche Transit-Verbindung von Jupiter und Merkur kann in geistig-intellektueller Beziehung wichtig werden, fruchtbare Ideen bringen oder jene Anlagen fördern, die für das Rechtsempfinden, für geordnetes Denken oder

überhaupt für eine intellektuelle Betätigung zu nützen sind. Gesundheitlich werden vor allem die Nerven davon profitieren.

Partnerschaften: Soweit es sich um herzliche Beziehungen handelt, kann dieser Aspekt zu einer glücklichen Reisebekanntschaft, brieflichen Kontakten und dergleichen führen. Es wird möglich, auf den Partner zuzugehen, weil man sich bemüht, ihn zu verstehen.

Materielles: Das Fördernde des Transits zeigt sich bei Verhandlungen über materielle Dinge, bei Reisen, Auslandsbeziehungen, in Rechtsfragen, in Zusammenhang mit der sozialen Stellung oder in jenem Lebensbereich, der von Merkur im Radix eingenommen wird. Günstig sind Vertragsabschlüsse, Geldgeschäfte, Kredite, eine Tätigkeit, die den Betroffenen als Vermittler sieht oder von der er Nutzen haben kann.

Beruf: Alle Arten der beruflichen Tätigkeit, vor allem wenn die geistige Verfassung dabei eine Rolle spielt, lassen sich günstig an, hervorzuheben Angelegenheiten die das Rechtswesen betreffen, Religion, aber auch Erziehungswesen, Literarisches, Propagandistisches, Berufe, die mit Rede, Schrift, Verkehr, Jugendangelegenheiten zu tun haben. In dieser Richtung werden auch Studien von Erfolg gekrönt sein. Ein glücklicher Aspekt, vor allem der direkte Übergang Jupiters über den Merkurort, kann beruflich einen großen Wurf bringen.

♃ □, ☍ ☿

3 d) Jupiter ungünstig zu Merkur (Quadrat, Opposition) **153**

Jene Charakterfehler wie Unaufrichtigkeit, Schwatzhaftigkeit oder Neugier werden durch Jupiter gefördert. Der Geborene wird dazu neigen, zu viel aus sich zu machen, überheblich zu werden, sich der Mitwelt als eine Persönlichkeit darzustellen, die er in Wirklichkeit nicht ist. Einmal durchschaut, können Lügen, Angeberei und Leichtsinn unangenehme Folgen haben. Gesundheitlich ist vor allem das Nervensystem betroffen.

Partnerschaften: Die Unaufrichtigkeit, Nervosität, manches Zwanghafte, wie es sich aus der Enge äußerer Verhältnisse ableiten läßt, kann intimen Bindungen abträglich sein. Sofern man von einer gemeinsamen Zukunft träumt, werden diese Gedanken der Realität entbehren oder entsprechende Entschlüsse zeitlich falsch angesetzt sein bzw. von materiell falschen Voraussetzungen ausgehen. Aber auch im Familienkreis vermag ein kritischer Aspekt Jupiters zu Merkur den aufrichtigen, harmonischen, beglückenden Umgang zu stören.

Materielles: Verluste sind wahrscheinlich nicht zu vermeiden, weil sie bewußt und voller Leichtsinn eingegangen werden. Die Lust zum Spekulieren, zum Abenteuer ist groß, es wird die Gunst von Vorgesetzten aufs Spiel gesetzt. Als Geschäftspartner zeigt man sich von einer wenig soliden Seite; man empfiehlt sich nicht, weil Vorschriften und Traditionen nicht beachtet, bzw. gewürdigt werden, sondern geht neue, riskante Wege. Die geschäftliche Situation wird zu gut eingeschätzt. Bei Prüfungen, Examen, wenn es darauf ankommt, in Rede und Schrift zu bestehen, man wird leicht oberflächlich sein und ungangbare Wege beschreiten. Disharmonien und Fehlhandlungen, Mißgeschicke auf Reise oder eine unerfreuliche Entwicklung von Auslandsbeziehungen oder Auslandsgeschäften können möglich werden. ♃

♃ ☌ ☿

3 K) Der direkte Übergang von Jupiter 154
über den Ort von Merkur muß in der Regel als besonders günstig angesehen werden.

♃ ☌, △, ⚹ ♀

4 a) Jupiter günstig zu Venus (Konjunktion, Trigon, Sextil) 155
Das „große Glück" und das „kleine Glück" verstärken einander, so daß die beste Zeit für Geselligkeit oder für Gemeinschaftsbestre-

bungen gekommen ist, bei der die Persönlichkeit sich entfalten und von einer sehr sympathischen Seite zeigen kann. Wahrscheinlich ist das Harmoniebedürfnis gesteigert und führt zu Zärtlichkeitsverlangen, Annäherung an den Partner, Flirt, Freundschaft, Intimbeziehungen oder zu einer glücklichen Gestaltung des Ehelebens, bzw. familiärer Freuden. Der Expansionsdrang richtet sich auf eine allumfassende Harmonie, bei der auch Phantasie eine Rolle spielt, vor allem, wenn Radix darauf hinweist. Dann können Künstlern ihre durch diesen Aspekt inspirierten ästhetischen Wünsche befriedigt werden. Der Glücksaspekt von Jupiter zu Venus hat Bezug zu Liebe, Erotik, fördert Einkäufe von Luxusartikeln, Lust zu Vergnügen, Sinn für harmonische Ausgestaltung des eigenen Heims, Beschaffung neuer Garderobe und verspricht damit auch ein sympathisches Auftreten in der Öffentlichkeit.

Materielles: Wer im Geburtshoroskop das fünfte Haus in glücklicher Besetzung hat, kann darauf rechnen, daß Spekulationen aufgehen, die Geld und Gut betreffen, wird aber auch in der Liebe oder in allem, was aus der triebhaften Veranlagung kommt, gelöst und heiter sein und den Erfolg an sich ziehen. Freundschaften können geschlossen werden, und über diese kann nicht selten ein materieller Vorteil erreicht werden.

Beruf: In Arbeit und Geschäften wird es weniger ernst zugehen, man schätzt die heitere Note des Lebens, kann durch entsprechende Einstellung bei Geschäftspartnern auch mehr erreichen, als wenn man bitter ernst verhandelt. Für Studien bringt eine solche gelöste Verfassung zwar Begeisterung mit, selten jedoch genügend Ausdauer, um sie hinreichend tief zu gestalten.

♃ □, ☍ ♀

4 b) Jupiter ungünstig zu Venus (Quadrat, Opposition) **156**

Vor allem wenn im Radixhoroskop beide Planeten in kritischem Aspekt stehen, wird der Geborene unter diesem Transit leichtsinnig sein, es nicht durch harte Arbeit versuchen voranzukommen, sondern spekulieren und verführbar sein, was auch zu ungesetzlichen Handlungsweisen führen könnte.

Charakter und Gesundheit: Wer zu Unaufrichtigkeit neigt, wird sich jetzt ohne Bedenken über Vorhaltungen anderer hinwegsetzen und versuchen, dem Leben die besten Seiten abzugewinnen, freilich mit einem sehr ungewissen Ende. Man kann in Skandalgeschichten verwickelt werden, verspielt sein Vertrauenskapital oder erlebt eine Trennung durch Untreue.

Materielles: Geldgeschäfte laufen nicht wie erwünscht, Einschränkungen, Verluste, eine Ordnungsstrafe, Nachteile durch Prozeß, Ehescheidung oder Streit um Geld und Gut sind möglich.

Beruf: Es mangelt an Ernst, vielleicht weil die Gedanken zu sehr bei Hobbys sind oder sich mit Freundschaften befassen. Eifersucht und Neid schaffen innerliche Unzufriedenheit und lenken von realistischem Denken ab.

Besonderes: Manchmal sind es gerade die erfüllten Wünsche, die einen Menschen verderben. Deswegen kann die ungünstige Transitverbindung zwischen Jupiter und Venus sich äußerlich als Glück darstellen, von der Öffentlichkeit zunächst auch so beurteilt werden, wird aber von den Betroffenen schließlich selbst als Mißerfolg registriert werden. Selbstdisziplin kann indessen die negativen Auswirkungen mindern, und wer es versteht, die Sinnlichkeit in Grenzen zu halten, seine Gefühle zu kontrollieren und sein materielles Leben nach den vorhandenen Gegebenheiten auszurichten, wird während dieser Transitzeit kaum aus der Bahn geworfen werden können.

♃ ☌ ♀

4 K) Die Konjunktion Jupiters mit Venus **157**

ist in der Regel günstig, kann aber auch bei einer kritischen Radixverbindung der Planeten diese aufleben lassen. Man sollte in der Bewertung recht vorsichtig sein.

♃ △, ✱ ♂

5 a) Jupiter günstig zu Mars (Trigon, Sextil) **158**
Alle Aspekte bedeuten Energie, Durchsetzung, Erfolg:

Charakter und Gesundheit: Je günstiger die Verbindung zwischen Jupiter und Mars im Radix ist, um so wirksamer wird der Transit sein. Er steigert die persönlichen Kräfte, das Selbstbewußtsein, fördert die Zielstrebigkeit und begünstigt, sich gegenüber anderen durchzusetzen. Gesundheitlich bringt der Aspekt einen Zuwachs an Vitalität, Potenzsteigerung und allgemeine Spannkraft, die dem äußeren Erscheinungsbild zugutekommt.

Partnerschaften: Unter Jupiter-Mars-Einfluß, besonders wenn dieser auf das fünfte, siebte oder elfte Haus bezogen werden kann, handelt es sich um eine Periode, in welcher die Triebkräfte vermehrt nach Befriedigung verlangen. Es ist eine gute Zeit für das Anknüpfen einer Bekanntschaft, für Fortschritte bei einem Flirt, für eine Intensivierung von Intimbeziehungen, für Zeugungswillen oder Geburt. Sofern es sich um eine Geschäftsbeziehung handelt, wird der Horoskopeigner dominieren. Sein Auftreten in der Öffentlichkeit ist sicherer als zu anderen Zeiten, man ist erfolgreich.

Materielles: Aktive Unternehmungen, die der Vermehrung von Geld und Gut dienen, werden durch Unternehmungslust, Tatendrang ebenso gefördert wie durch rasches Erkennen der Situation und Ausnützen der jeweiligen Sachlage. Besonders günstig ist die Zusammenarbeit mit Behörden, Förderung durch sozial Höherstehende, Protektion, soziales Erfolgsstreben. Der Aspekt spricht für rasche Fortschritte.

Beruf: Initiativen im Arbeitsleben, im Geschäftlichen oder bei Studien führen rasch zum Ziel. Der Horoskopeigner hat ein sicheres Gespür für die Wahl des rechten Zeitpunktes, um aktiv Entscheidungen zu fällen. Es ist eine gute Zeit für den erfolgreichen Abschluß von Verträgen, Unterschriftsleistungen, Neubeginn, der ohne zu säumen ablaufen soll.

♃ □, ☍ ♂

5 b) Jupiter ungünstig zu Mars (Quadrat, Opposition) 159

Unvorsichtigkeit, Konfliktgefahr und Schaden durch Voreiligkeit sind die Natur dieses Aspektes.

Charakter und Gesundheit: Choleriker werden besonders unangenehm berührt, denn die Impulsivität reißt zu allzu spontanen Handlungen und Entscheidungen hin. Ein übersteigertes Selbstbewußtsein läßt auf diplomatischen Umweg verzichten, kann Egoismus fördern und Schaden durch Unvorsichtigkeit bringen. Gesundheitlich sind Entzündungen, Fieber, Unfall, Verletzung möglich.

Partnerschaften: Rücksichtslosigkeit oder egoistische Einstellung läßt die Belange des Partners gering achten. So gibt es Zündstoff, der zu Mißverständnissen, Krise oder Abbruch der Beziehung führen kann. Auch in der Ehe oder im Familienleben sind Differenzen möglich. Evtl. hängen sie mit Geldausgaben zusammen oder haben ihre Ursache in dem Bereich, den Mars im Radix bedeutet. Das öffentliche Wirken leidet ebenfalls unter Maßlosigkeit, Hemmungslosigkeit oder Aggressivität.

Materielles: Vor allem die Gebiete wie Justiz, Politik erweisen sich als empfindlich für das unbekümmerte, rücksichtslose, selbstsüchtige, ungebremste Vorgehen des Horoskopeigners. Allerdings hängt viel von der persönlichen Veranlagung ab, wie sie das Radixhoroskop spiegelt, ob die Nachteile entscheidend sind oder ob man sich nur vorübergehend schadet. Es sollten keine Verhandlungen getätigt werden, bei denen Harmonie oder Zusammenarbeit wichtig werden.

Beruf: Zuviel oder falscher Ehrgeiz kann Studien in eine falsche Richtung lenken oder Anlaß zu Geschäften sein, die den Rahmen der gegebenen Möglichkeiten übersteigen. Differenzen mit Vorgesetzten, Überschreitung gebotener Grenzen, auch Ordnungswidrigkeiten, zu großer Wagemut, Fehlspekulationen oder Mangel an Rücksicht auf Arbeitskollegen können in der Zeit dieses Transits gehörige Nachteile geben.

♃ ☌ ♂

5 K) Die Konjunktion Jupiters mit Mars 160

wird im allgemeinen eine *positive* Auswirkung haben, es sei, Jupiter und Mars ständen im Radixhoroskop in kritischem Winkel. Da sie in jedem Fall eine Energiesteigerung anzeigen, bleibt nur abzuschätzen, wie durchschlagend diese ist und ob nicht mehr verlangt wird, als erreichbar ist.

Besonderes: Jupiter-Mars-Aspekte können sehr wichtige Entscheidungen betreffen, es ist aber nicht gesagt, daß das dadurch erzielte Ergebnis von Dauer sein muß.

♃ ☌, △, ✱ ♃

6 a) Jupiter günstig zu Jupiter (Konjunktion, Trigon, Sextil) **161**

Wenn Jupiter im Radix auch nur einigermaßen eine günstige Stellung innehat, können vor allem die direkten Übergänge viel Erfolg im Sinne einer Expansionsperiode anzeigen; schließlich ist Jupiter ja das bewährte „Glücksgestirn" und seine Position im Radix bezeichnet bereits „Glücksmöglichkeiten".

Charakter und Gesundheit: Im positiven Sinne werden die Ich-Kräfte gestärkt, was der Durchsetzung der Persönlichkeit zugute kommt (Respekt, Autorität, breite Anerkennung) oder eine allgemeine glückliche Schicksalswendung herbeiführen kann.
Positive Jupitereinflüsse wirken veredelnd, stärken den Sinn für Recht und Ordnung, für Moral, Sitte, Tradition. Das Bewährte gilt. Man bemüht sich um Aufbauleistungen, wobei die Hilfe anderer gern angenommen wird. Andererseits bedeutet joviales Verhalten in reiferen Jahren auch eine Neigung zu „patriarchalischem" Auftreten. Für die Gesundheit ist ein glücklicher Jupiteraspekt immer eine Hilfe, da er die Vitalität fördert, Heilungsprozesse begünstigt und zu Kurerfolgen hilft. Deswegen sollte man unter Jupiteraspekten nicht nur an die Regelung materieller Interessen denken, sondern auch die eigene Gesundheit fördern.

Partnerschaften: Der Wunsch nach Legitimierung von Kontakten hat zur Folge, daß in einer Liebesverbindung der Wunsch nach Verlobung oder Verheiratung besteht, daß das Harmoniestreben größer ist als zu anderen Zeiten, daß aber dem Glücksverlangen auch die realen Möglichkeiten entsprechen. In der Öffentlichkeit ist die Übertragung eines Ehrenamtes möglich, man steigt auf, wird beachtet, gewinnt Möglichkeiten zu erfolgreicher Selbstdarstellung, bzw. zur Repräsentation der eigenen Macht.

Materielles: Für Geld und Gut ist ein Jupiteraspekt genau richtig. Man kann Geld anlegen, investieren, bei entsprechender Glücksneigung (Radix beachten) gelingen Spekulationen oder es gibt Gewinne. Innerer Auftrieb, eine positive Lebenseinstellung und eine glückliche Hand im Alltag sorgen für die Chance, einen neuen Lebensabschnitt mit Hilfe von Krediten oder Zuwendungen beginnen zu können.

Beruf: Im Geschäft bringt ein Jupiteraspekt einen größeren Umsatz, mehr Gehalt oder Zugewinn an sozialem Einfluß. Die Erweiterung des eigenen Gesichtskreises, also das positive Ergebnis von Studien, Lernerfolge oder Erweiterung des Wissens, kann erfolgreich angestrebt werden, während bei anderen vor allem das Ergebnis der Arbeit in klingender Münze zählt und zu einem „guten Leben“ Veranlassung ist. Günstige Jupitertransite sind beste Zeiten zum Abschluß von Verträgen. ♃

Besonderes: In welchem Maße sich die Jupitertransite bewähren, hängt nicht nur von der Stellung Jupiters im Geburtshoroskop ab, es kommt auch auf die Direktionen an und vor allem auf die Geschwindigkeit, mit der Jupiter sich im Tierkreis voranbewegt. Je langsamer er wandert, um so nachhaltiger ist der Erfolg, je weniger einschränkende Saturnaspekte etwa gleichzeitig oder in zeitlicher Nähe vorliegen, um so mehr wird „Fortuna“ den Geborenen begünstigen.

♃ □, ☍ ♃

6 b) Jupiter ungünstig zu Jupiter (Quadrat, Opposition) **162**

Des Guten zuviel ist die eine Seite, die andere, vor allem bei kritischer Radixposition, bringt direkte geschäftliche, berufliche, finanzielle, vertragliche Verluste.

Charakter und Gesundheit: Selbstachtung wird zu Stolz, die Chance zu repräsentieren, durch Eitelkeit vertan. Leichtsinn, unangebrachte Großzügigkeit erweisen sich nicht nur als Charakterfehler, sondern schaden dem Ansehen der Persönlichkeit. Gesundheitlich sind vor allem Leberkrankheiten, Störungen im Kreislauf, unerwünschte Gewichtszunahme, Magenbeschwerden oder unerfreuliche Folgen von Unmäßigkeit im Essen, Trinken und Lebensgenuß möglich.

Partnerschaften: Übersteigerter Egoismus und Leichtsinn lassen es mit der Treue nicht so genau nehmen. Selbstverständlich ist auch hier das Radix ausschlaggebend, aber ein kritischer Jupiteraspekt ist immer eine Versuchung, der gerne nachgegeben wird. In der Öffentlichkeit kann Popularitätsverlust durch Skandal, eine finanzielle Unregelmäßigkeit oder eine Affäre mit dem anderen Geschlecht möglich werden. Die Auflösung eines Vertrages, Zerwürfnisse mit der Behörde, eine ungünstige Zeit für Steuersachen, Verluste an Ansehen sind möglich.

Materielles: Ein kritischer Jupiteraspekt strapaziert das Konto, kann eine Gesetzesübertretung, Strafe wegen einer Ordnungswidrigkeit oder dergleichen anzeigen. Man ist sich seines eigenen Rechtsempfindens nicht sicher, sollte vor allem auf Geschäfte mit Grund und Boden verzichten, für das eigene Heim keinen Umbau planen und Expansion auf Kosten anderer unterlassen. Unregelmäßigkeiten rächen sich, es ist keine glückliche Zeit, um Konflikte auszutragen. Prozeßverlust, Nachteile durch Vertragsauflösung, Kündigung, Konflikte sind möglich.

Beruf: Im Geschäftsleben sollten jetzt Entscheidungen in Geldangelegenheiten zurückgestellt werden. Finanzielle Risiken würden mit einem Fiasko enden. Es hat auch keinen Zweck, jetzt auf einen Lotteriegewinn oder auf das Gelingen einer ähnlichen Spekulation zu hoffen. In Studien ist man zu oberflächlich, geht von Vorurteilen aus oder erlebt Mißverständnisse in der Zusammenarbeit im Team, kann sich nicht objektiv genug auf Mitarbeiter einstellen und verliert daher leicht an Ansehen. Störungen sind auch durch Nahverwandte möglich.

Besonderes: Im allgemeinen wird die Gefahr von schlechten Jupiteraspekten überschätzt. Wenn man sich vor leichtsinnigem Verhalten hütet, sich um Toleranz und Objektivität bemüht und in den Ansprüchen bescheiden ist, hat man bereits viel getan, um Verlusten vorzubeugen.

♃ ☌ ♃

6 K) Die Konjunktion mit dem eigenen Radixort **163** ♃
ist stets der *stärkste* und *beste* Aspekt Jupiters.

♃ △, ✳ ♄

7 a) Jupiter günstig zu Saturn (Trigon, Sextil) **164**
Vor allem wenn im Radixhoroskop beide Gestirne in freundlichem Aspekt stehen, kann dieser Transit eine Zeit größerer Aufbauleistungen ankündigen. Stabilität in den Lebensverhältnissen läßt sich im wesentlichen auf eine Festigung der Charakterelemente zurückführen, aber auch die äußeren Gegebenheiten passen meistens gut ins Bild.
Konzentration, Einsicht, günstige Erledigung einer Sache, die Zeit braucht, Vorteile durch Besitz sind die Grundbedeutungen.

Charakter und Gesundheit: Die Fähigkeit, geduldig zu handeln, den rechten Zeitpunkt abzuwarten, sich dann aber auch großzügig zu entscheiden, schaffen Voraussetzung für eine imponierende Handlungsweise, der der Erfolg nicht versagt bleibt. Eine Persönlichkeit kann durch diesen Aspekt an Relief gewinnen. Selbst wer sich in abhängiger Position befindet, vermag sich zu profilieren und die Aufmerksamkeit seiner Vorgesetzten zu erregen, weil man seine Verdienste sieht und seinen Einsatz würdigt. Die Gesundheit ist in der Zeit dieser Transite meistens recht stabil, wobei Heilmethoden, die längere Zeit oder eine gründliche Behandlung voraussetzen, den meisten Erfolg bieten.

Partnerschaften: Sicher sind es nicht nur Augenblicksbegegnungen, eine Bekanntschaft oder ein Flirt, die durch einen Jupiter-Saturn-Aspekt profitieren. Vielmehr werden gerade jene Verbindungen begünstigt, die Zeit zur Entwicklung brauchen oder bei denen es auf einen befriedigenden, tiefen menschlichen Kontakt ankommt. Die Dauerhaftigkeit einer Verbindung wird angestrebt, und kann zu einer Legitimierung führen. Aber auch das Auftreten in der Öffentlichkeit steht im Zeichen ernster Bemühungen, deren Effekt nicht so bald vorübergeht. Es ist ein Aspekt, der nicht unbedingt große Ereignisse bringen muß, der aber zu einem langsamen, sicheren Ansteigen der Lebenskurve dient, wobei private, persönliche Interessen mit denen anderer Menschen auf natürliche Art (also nicht unbedingt bewußt) verknüpft werden.

Materielles: Dieser Aspekt ermöglicht die Konsolidierung von Verhältnissen, das Konto wird ausgeglichen, ein größeres Vorhaben geplant, eingeleitet, die Mittel dazu gefunden oder bereitgestellt, die amtliche Zustimmung gegeben. Der Aspekt dient der Altersvorsorge ebenso wie einem Zugewinn an sich. Charakteristisch ist, daß Bau-, Wohnungsangelegenheiten oder die Regelung von Besitzstand jetzt einen erfreulichen Aufschwung nehmen. Ruhe, Ausdauer, Geduld, Pflichtbewußtsein und Streben nach Erfolg werden zu Voraussetzungen, die auch von anderen akzeptiert werden.

Beruf: Vor allem Geschäfte, die einer juristischen Absicherung bedürfen, gelingen. Es läßt sich auf längere Zeit planen, abschließen, der soziale Aspekt hat Bedeutung, die Gunst Höhergestellter wirkt fördernd. Es lohnt sich, auf die Zukunft zu setzen und für diese zu arbeiten. Deswegen sind auch Studien günstig, die nicht sogleich einen Ertrag liefern, deren Früchte der Bemühungen *erst später* geerntet werden. Der Hauptakzent bei der geschäftlichen Betätigung liegt auf dem Disponieren *auf lange Sicht,* vor allem auf finanziellen Transaktionen, langfristiger Zusammenarbeit oder im Materiellen. Wer sich in seiner Arbeit geistig betätigt, kommt zum Ziel, kann tiefgründende Erkenntnisse sammeln, auf denen möglicherweise neue Überzeugungen basieren können.

♃ □, ☍ ♄

7 b) Jupiter ungünstig zu Saturn (Quadrat, Opposition) **165**
Verluste an Geld, Besitz, Ansehen, Protektion, Sorgen, Krankheit sind die wichtigsten Merkworte des Aspekts.

Charakter und Gesundheit: Das Sprichwort, daß Geld den Charakter verdirbt, findet hier seine astrologische Begründung. Aber auch ungesundes Rechtsempfinden, Neid, Verführung zu unrechtem Tun, Überschreitung von Gesetzen oder Nachteile durch unmoralisches Verhalten, durch eine Handlungsweise, die der Tradition zuwiderläuft, sind möglich. Gesundheitlich können akute Störungen chronisch werden, man fühlt sich unfrei, leidet unter Depression oder empfindet äußeren Druck seelisch und in der Folge auch als körperliche Verstimmung.

Partnerschaften: Unsicherheit im Auftreten, Verklemmung, Zweifel, Verzögerung, getäuschte Hoffnungen sind keine gute Voraussetzung, um Kontakte inniger zu gestalten, zu vertiefen oder Familiäres gelingen zu lassen. Das gleiche Verhalten ist für Personen, die in die Öffentlichkeit hinaus wirken müssen, ebenfalls nachteilig. Es wird falsch repräsentiert, zu selbstherrlich argumentiert, die Motivation für Handlungsweisen, welche die Öffentlichkeit betreffen, scheint von egoistischen Antrieben nicht frei zu sein.

Materielles: Kreditverlust, Einschränkungen, Nachteile in Geldgeschäften, bezüglich Grund und Boden, in der Regelung von Besitzstand, durch einen Vertrag, Kündigung, fallen unter diesen Aspekt.

Man mutet sich mehr zu, als Geschäfte oder die Rechtssituation hergeben können.

Beruf: Ungünstig für Bereinigung von Konflikten, Prozeß, Geldgeschäft, aber auch für Studien. Fehlschläge entmutigen, krampfhafte Versuche, die gesellschaftliche Position zu halten, mißlingen, der Geltungsdrang wird von anderen mißverstanden. Es werden Steine in den Weg gelegt. Es hat keinen Sinn, Aktionen zu beschleunigen oder auf einen glatten Verlauf von Geschäften zu hoffen. Im Bereich der wirtschaftlichen Existenz gibt es mindestens eine Stockung, wenn nicht Verluste. Andere übervorteilen einen, man sieht sich in eine Zwangssituation hineingedrängt, die zu Störungen in den menschlichen Beziehungen führt. In Studien strebt man zu einem falschen Ziel, isoliert sich im Arbeitsteam oder übersieht, daß auch warmherzige menschliche Kontakte nötig sind, um Erfolge zu bringen.

Besonderes: Ein schlechter Jupiter-Saturn-Aspekt schafft keinen geeigneten Termin für alles, was solide, dauernd, harmonisch und glücklich verlaufen soll, mag es sich dabei um Geschäftsbeziehungen oder um solche privaten Charakters handeln.

♃ ☌ ♄

7 K) Die Konjunktion von Jupiter und Saturn **166**

als Transit hängt wesentlich von dem Radixabstand beider Gestirne ab. Ist dieser harmonisch, kann die Konjunktion eine gedeihliche, wenn auch ernstliche Entwicklung anzeigen. Sind die Planeten im Radix in Spannungsaspekt, wird dieser sich auch als Transit wiederholen.

♃ △, ✳ ♅

8 a) Jupiter günstig zu Uranus (Trigon, Sextil) **167**

Neuigkeit, Glücksfall, Chance, unvermutete Wendung zum Besseren sind die wichtigsten Stichworte zu diesem Transit.

Charakter und Gesundheit: Die Position des Uranus im Radix bezeichnet eine Art Nervenende, eine sehr empfindliche Stelle für das Ungewöhnliche, Plötzliche, die schicksalhafte Wendung. Daher bedeutet ein glücklicher Jupitertransit einen starken Anreiz in dieser Richtung. Der Geborene sieht sich zu plötzlichem Handeln aufgerufen, neigt zu unvorhersehbaren absonderlichen Wendungen, empfindet das Neue einer Situation beglückend und ist auch selbst Neuigkeiten gegenüber aufgeschlossen. Die Persönlichkeit erhält Auftrieb, man entdeckt unvermittelt, worauf es ankommt, so daß die Handlungsweise etwas Schlagkräftiges bekommt, Überzeugendes, wobei der Sinn für Technik, neuartige Methoden, ungewöhnliche Aktionen je nach Veranlagung gefördert wird. Gesundheitlich kann eine rasche Besserung eintreten oder eine Gesundung durch neue Heilmethoden, wie sie von Außenseitern der Medizin gehandhabt werden. Es steigert sich der Wille zur Leistung, die persönliche Energie wächst, und das gebesserte gesundheitliche Befinden überträgt sich auf die geistige Betätigung.

Partnerschaften: Soweit das Radixhoroskop einen Einfluß auf Partnerbeziehung dieses Aspektes vermuten läßt, kann es zu einer plötzlichen Begegnung kommen, zu einer neuen Bekanntschaft sachlicher oder herzlicher Art, zu Teamarbeit, an die man vorher in dieser Form nicht gedacht hat oder aber zu einer Liebesverbindung, die sehr rasch intim ist, aber wie ein Strohfeuer auch rasch verbrennt.

Materielles: Neue Ideen und Schaffenspläne zielen auf originelle Lösungen, die den Gelderwerb oder die Sicherstellung des Erreichten bewirken sollen. Grundsätzlich werden eingefahrene Geleise verlassen, Neuland bevorzugt, das Spielerische hat Vorrang. Aber auch Spekulationen können dazu dienen, plötzlichen Gewinn zu erzielen. Die unteren Schichten unseres Bewußtseins liefern Intuitionen, die einen Fingerzeig geben, in welcher Richtung man „Glück haben“ könnte.

Beruf: Der Aspekt verspricht plötzliche Anerkennung, Beförderung, Vorteile durch Protektion, sozialen Aufstieg und eine Leistungssteigerung, die ebenso spontan einsetzt wie sie abklingt. Neues tritt heran, neue zwischenmenschliche Beziehungen fördern. Es kann plötzlich das große Geschäft gemacht werden oder in den Arbeitsverhältnissen eine totale Wende einsetzen. Auch äußerlich werden unvermittelt einsetzende Veränderungen im Milieu eine neue Ausgangsbasis schaffen. In geistiger Hinsicht gelingen Studien, die sich mit dem Ungewöhnlichen, Absonderlichen beschäftigen, etwa dem Gebiet der Parapsychologie, Astrologie. In sozialer, politischer und technischer Hinsicht interessieren Reformen, wegweisende Ideen von Neuerern, weil eine neue Erkenntnis gewonnen wird. Ein ganz vorzüglicher Aspekt für Erfinder oder für jene, die beruflich von neuen Ideen leben.

♃ □, ☍ ♅

8 b) Jupiter ungünstig zu Uranus (Quadrat, Opposition) **168**
Plötzliche Verluste, unvermutete Wendung zum Schlechten, mitunter aber danach ein Neubeginn möglich.

Charakter und Gesundheit: Die kritischen Einflüsse Jupiters lassen allzu originelle oder exzentrische Wendungen annehmen, wobei eine entsprechende Anlage bewirken könnte, daß der Betreffende aus der Bahn geworfen wird, weil sein Verlangen nach Unabhängigkeit durch Hang zur Opposition übertrieben wird. Außergewöhnliche seelische Spannungen ermuntern zu ausgelassenem, unkontrolliertem Verhalten, das von anderen als taktlos empfunden werden kann. Gesundheitlich besteht Unfallneigung, vor allem Gefahren durch elektrischen Strom, moderne technische Geräte oder Maschinen.

Partnerschaften: Die bisherige Lebensform kann als unerträglich angesehen werden, so daß es unvermutet zu einem Bruch in Beziehungen kommen kann. Meistens ist es Streit, oder es sind Spannungen, die eine Zerreißprobe ankündigen. Allerdings, wenn die Planeten im Radix in harmonischem Aspekt stehen, wird im letzten Augenblick noch ein Ausweg gefunden und das Schlimmste verhütet.

Materielles: Das disharmonische Verhalten, die allzu schnelle Bereitschaft zu Veränderungen oder ein unvorsichtiges, leichtsinniges Handeln kann Komplikationen schaffen, die von erheblichen Folgen sind. Verluste an Geld und Gut können eintreten, die materielle Sicherheit in Frage gestellt sein, denn es wird zu viel aufs Spiel gesetzt oder aus Abenteuerlust, bzw. aus der Überzeugung, absolut das Richtige zu tun, riskiert.

Beruf: Allen Chancen, neuen Angeboten, ungewöhnlichen Aufträgen gegenüber verhalte man sich vorsichtig. Was auf den ersten ♃
Augenblick nutzbringend scheint, kann in Wirklichkeit ein Verlustgeschäft werden. In den Arbeitsverhältnissen mangelt es am Willen zur Zusammenarbeit, unterschiedliche Auffassungen bewirken Spannungen, es ist keine kontinuierliche Weiterentwicklung gegeben. Beim Ankauf und Verkauf von Waren, Aktien hat man selten eine glückliche Hand. Es kann auch sein, daß plötzliche Nachteile durch behördliche Regelungen erfolgen, daß man sich die Gunst Höhergestellter verscherzt, daß der schon sichere soziale Aufstieg nicht zustandekommt. Eine Existenz, die von Dauer sein soll, darf unter kritischem Uranusaspekt nicht begründet werden, wie überhaupt diese Konstellation Zweifel aufkommen läßt, ob die zu treffende Entscheidung richtig ist.

Besonderes: Negative Uranusaspekte können sehr einschneidend sein, vor allem wenn etwa gleichzeitig noch kritische Saturnkonstellationen hinzutreten. Fehlt es aber im Radix an Hinweisen auf Bruchmöglichkeiten in der Lebenskurve, oder auf einen Zick-Zack-Kurs, bzw. liefern Direktionsaspekte den Transiten keine Unterstützung, brauchen diese Jupiter-Uranus-Konstellationen nicht überbewertet zu werden.

♃ ☌ ♅

8 K) Die Konjunktion Jupiters mit Uranus 169

kann in der Regel als günstig angesehen werden und bringt eine glückhafte Veränderung, bei kritischer Verbindung der beiden Gestirne im Radix ist aber höchste Vorsicht geboten, daß ein Zufall einem nicht einen Strich durch die Rechnung macht. So oder so aber dürfte die Konjunktion ein spektakuläres Ereignis anzeigen.

♃ △, ✱ ♆

9 a) Jupiter günstig zu Neptun (Trigon, Sextil) 170

Ob ein solcher Transit „ankommen" wird, hängt wesentlich davon ab, ob der Geborene sensibel ist und eine Antenne für feingeistige Anregungen besitzt. Innere Ausgeglichenheit, künstlerische Empfindungen und Seelenfrieden sind die Merkworte.

Charakter und Gesundheit: Wahrscheinlich wird die Phantasietätigkeit sehr angeregt. Es ist aber unwahrscheinlich, daß dies sich sofort in direkte Ereignisse umsetzen läßt. Konsequenzen bahnen sich in der Welt der Gefühle an, im Geistigen, Religiösen oder aber im Zusammenhang mit mystischen Erlebnissen. Das Strukturgefüge der Persönlichkeit öffnet sich Einflüssen aus höheren Welten, nimmt Inspirationen an, wird weicher, beeindruckbarer. Kleine persönliche Erlebnisse, Denkanstöße durch Kunsterlebnisse oder Literatur, können die Sehnsucht nach Veränderungen wachrufen, die weit über den Alltag hinausgehen, dazu etwa Reiselust, Sehnsucht in die Ferne. So positiv das im Einzelfall zu sein vermag, kann dabei doch der Blick auf die Realität getrübt werden. Tiefe, innere Gläubigkeit, Empfänglichkeit für Anregungen durch andere lassen Heilerfolge durch Magnetiseure oder „Wunderheiler" zu. Die Bereitschaft zu innerlicher Großzügigkeit und Toleranz stärkt den Seelenfrieden und das Harmoniebedürfnis, was sich auch körperlich in einer besseren Verfassung spiegelt. Die Rücknahme aggressiver Züge fördert die Entspannung und damit den gesunden Schlaf.

Partnerschaften: Phantasie, geistige Interessen, tiefe gemeinsame Empfindungen, Bereitschaft, sich auf das Niveau des Partners einzustellen, erleichtern das Zustandekommen von Verbindungen. Sexualität wird zu Erotik stilisiert, Kontakte erhalten eine ungewöhnliche Färbung, Liebe ist weniger fordernd, sondern behutsam, richtet sich auch nicht unbedingt auf einen bestimmten Partner, vielmehr werden altruistische Neigungen, Mitleid, Menschenfreundlichkeit stärken. Man erwirbt Sympathie durch Sinn für Menschliches — allzu Menschliches. Die Beziehungen zur Öffentlichkeit, insbesondere zu Ausländern, Studien- oder Gesinnungsfreunden können durch Reisen vertieft werden.

Materielles: Hier sind die wenigsten Erfolge zu erwarten, da dieser Aspekt wesentlich die ideelle Ebene betrifft. Es können aber Transaktionen in Verbindung mit dem Ausland, mit Ausländern oder durch weitere Reisen gelingen.

Beruf: Auch hier steht Idealistisches im Vordergrund. Es sind nicht kleinliche Sachinteressen, die in der Zeit dieser Transite den Geschäftsgang bestimmen. Der weite Wurf, die großzügige Linie interessiert, es sind Pläne, die weitgesteckten Zielen gelten, dabei aber leicht an der Wirklichkeit vorbeigehen. Auch Studien sind nicht immer konkret, sondern schweifen ab, Erkenntnisse ufern aus und nehmen phantasievoll Ideelles für wirklich gegeben. Die glückliche Illusion, der heitere Schein, die Aufgeschlossenheit für ethische Anregungen lenken die geistigen Interessen in eine bestimmte Richtung. So sehr eine glückliche Illusion zu erheben vermag, ist sie selten weit von „blauem Dunst“ entfernt. ♃

♃ □, ☍ ♆

9 b) Jupiter ungünstig zu Neptun (Quadrat, Opposition) **171**

Irrtum, Unsicherheit, Enttäuschung sind Hauptstichworte dieses Aspektes.

Charakter und Gesundheit: Die allzu starke Abkehr von der Wirklichkeit kann jene Charaktereigentümlichkeiten schwächen, die der Bewährung im Alltagskampf gelten. Illusionen oder Enttäuschungsbereitschaft, die Neigung zu schwarz zu sehen, zu empfindsam zu sein, ziehen von der Realität ab und begünstigen Drogenmißbrauch, Anfälligkeit für Rauschgift, eine Ansteckungsgefahr oder Schwächung des Allgemeinbefindens.

Partnerschaften: Der ungünstige Jupiter-Neptun-Transit ist eine Konstellation des Irrtums und der Schwäche. Deswegen werden in Partnerschaften unbefriedigende Situationen entstehen können, weil man falschen Vorstellungen folgt, vom anderen zu viel erwartet, selbst auch nicht bereit ist, nachzugeben oder etwas gegen Haltlosigkeit zu tun. Die Anfälligkeit für Verführung kann Untreue begünstigen, diese wiederum entdeckt werden und dann zu einem Bruch führen. Unsicherheit wird vertuscht, Unaufrichtigkeit und Lüge müssen nicht immer böser Absicht entspringen, können auch dazu dienen, vor dem Partner Sachverhalte zu verschleiern, „aus bester Absicht", doch wird ein Denkfehler früher oder später die Wahrheit ans Licht bringen und kann dann ein Chaos in den Gefühlen auslösen. Es ist keine günstige Konstellation, um eine solide, ehrliche, gedeihliche Art der Zusammenarbeit zu begründen. Auf die Öffentlichkeit bezogen drohen Skandal, Schaden durch Intrigen, „Pech haben", ohne daß man dafür Gründe nennen könnte.

Materielles: Obwohl der Aspekt selten einen Direktbezug zu Geld und Gut hat, können indirekt durch Spekulationen, überzogene Hoffnungen, überhöhte Kreditaufnahme Verluste eintreten. Man sieht die Pläne in zu rosigem Licht, überschätzt die eigenen Möglichkeiten, nicht zuletzt den Einfluß von Protektion oder eine Rechtslage, die Gewinn oder Vorteile zu versprechen scheint.

Beruf: Wer in seinen Geschäften und Arbeitsverhältnissen eine harte, vordergründige Tätigkeit ausübt, wird nicht Gefahr laufen, „Flausen" nachzujagen, auf Schönfärberei hereinzufallen oder eine „Chance des Jahrhunderts" für bare Münze zu nehmen. Vorsicht bei Gelegenheitskäufen, aber auch bei der Zusammenarbeit mit Menschen, die das in sie gesetzte Vertrauen nicht rechtfertigen. Im Kollegenkreis können Intrigen aufkommen, die eigene Position wird geschwächt, untergraben, es stehen Fettnäpfchen herum, in die man gutgläubig hineintritt und sich dann Sympathie verscherzt.

♃ ☌ ♆

9 K) Die Konjunktion Jupiters mit Neptun **172**
wird in der Regel als *glückbringend* im Sinne der harmonischen Bedeutungen aufzufassen sein, sofern die Radixpositionen der Transitpartner nicht sehr schlecht zueinander stehen.

♃ △, ✶ ♇

♃

10 a) Jupiter günstig zu Pluto
(Trigon, Sextil, auch Konjunktion) **173**
Meistens wird man auch die Konjunktion positiv berücksichtigen können, denn Pluto symbolisiert das Prinzip des Einzigartigen, wird unter dem Stichwort „Gewalt und Masse" verstanden, hat Bezug auf das Schicksal außerhalb der Norm. In Übereinstimmung mit Jupiter kann damit eine Glücksperiode fällig werden.

Charakter und Gesundheit: Die Profilierung des Wesens ist wohl immer mit einer Stärkung des Selbstbewußtseins verbunden. Daher wird der Aspekt auch als eine Konstellation der Durchsetzungskraft bezeichnet. Man gewinnt Ansehen, *Macht* über sich selbst und andere, vermag alle Kräfte der Persönlichkeit auf ein Ziel zu konzentrieren und dieses zu packen. Gesundheitlich kann allerdings der Organismus, vor allem bei der Konjunktion, Belastungen ausgesetzt sein, die bei weniger kräftigen Transiten sicher zu meistern ist.

Partnerschaften: Handelt es sich um geschäftliche Beziehungen, wird man sich durchsetzen, bei Kontakten mit dem anderen Geschlecht respektiert werden, Konkurrenten aus dem Feld schlagen und Ziele erreichen. Vor allem aber ist dieser Aspekt für die Öffentlichkeitsarbeit wichtig, da dort eine Durchsetzung der eigenen Person den Respekt vieler einbringt und somit auch eine nachhaltigere Wirkung zu erwarten ist.

Materielles: Hier hat der Jupiter-Pluto-Transit eine bemerkenswerte Kraft, finanzielle Erfolge anzuzeigen und zu sichern. Vor allem wird eine entsprechende Radixverbindung jetzt aus der Latenz gehoben werden können und damit realisieren, was die Geburtskonstellation versprach: Erfolg, Aufstieg, vielleicht sogar Reichtum.

Beruf: Mag die Arbeit auch schwer sein und der Geschäftsgang Anstrengungen erfordern, lohnt sich der Einsatz. Studien werden auf *ein* Ziel ausgerichtet. Soweit sie psychologischer Natur sind oder aber auch Fachgebiete wie Chemie oder Pharmazie betreffen, können wertvolle Erkenntnisse gesammelt werden.

Besonderes: Ob Plutoaspekte für den einzelnen überhaupt relevant sind, prüfe man durch Rückrechnung nach. Da Pluto sehr langsam wandert, ist seine Stellung ein Generationsaspekt, den ein Geborener mit vielen anderen teilt. Deswegen ist vor allem jene Plutoposition im Radix als Empfänger von Jupitertransiten wichtig, die an Asz. oder MC gebunden ist.

♃ □, ☍ ♇

10 b) Jupiter ungünstig zu Pluto
(Quadrat, Opposition, evtl. Konjunktion) **174**

Eine kritische Radixverbindung zwischen Jupiter und Pluto wird in der Regel überdurchschnittlich schwierige Lebensverhältnisse anzeigen, die durch den Transit ausgelöst werden.

Charakter und Gesundheit: Charakterfehler treten schärfer hervor, so kann mit Gewalt oder recht fanatisch versucht werden, andere auszunützen, den eigenen Vorteil zu wahren, wobei größere Risiken eingegangen werden. Spielernaturen neigen zum Exzeß. Gesundheitlich kann ein Zusammenbruch drohen.

Partnerschaften: Selten wird eine kritische Plutokonstellation allein das Zerbrechen einer Partnerschaft anzeigen, aber im Zusammenwirken mit anderen Transiten ist der tragische Ausgang einer Liebes- oder Geschäftsverbindung nicht auszuschließen. Die Stellung in der Öffentlichkeit ist gefährdet.

Materielles: Größere Verluste an Hab und Gut werden durch eigenes Verschulden wie durch höhere Gewalt möglich.

Beruf: Rückläufige Geschäfte, mühevolle Arbeit oder unergiebige Studien müssen als Ausdeutung dieser Plutotransite gewertet werden.

Besonderes: Wie im positiven Falle gilt, daß auch negative Konstellationen außerordentliche Gefahren signalisieren können und daß es wesentlich von der Position Plutos im Radix abhängt, ob und in welchem Maße sie sich geltend machen.

♃

♃ ☌, △, ✶ ☊

11 a) Jupiter günstig zum Mondknoten
(Konjunktion, Trigon, Sextil) **175**

Vor allem der direkte Übergang muß als günstig angesehen werden für das Zusammenleben in der Gemeinschaft, für Zweisamkeit, für Unternehmungen zusammen mit anderen. Eine Förderung des Gemeinschaftsgeistes hat die Bereitschaft zur Einordnung und Unterordnung zur Folge, kann aber auch den einzelnen aus einer Gruppe durch besondere Leistungen herausheben.
Es liegt in der Natur des Aspekts, daß er vor allem im zwischenmenschlichen Bereich spürbar wird.

♃ □, ☍ ☊

11 b) Jupiter ungünstig zum Mondknoten
(Quadrat, Opposition) **176**

Es ist ein Aspekt, der Isolation anzeigt. Man schließt sich schwerer an, kapselt sich ab, wird eigenbrötlerisch und unangepaßt sein. Der Mangel an Initiativen in der Zusammenarbeit mit einem Team oder bei Gemeinschaftsunternehmungen kann dazu führen, daß man im Stich gelassen wird oder sich zurückgesetzt fühlt. Im allgemeinen muß man aber auch den Transiten Jupiters zum Mondknoten nur geringe Bedeutung beimessen. Sie können andere Konstellationen verstärken oder im ungünstigen Falle abschwächen.

♃ ☌, △, ✱ Asz

12 a) Jupiter günstig zum Asz. (Konjunktion, Trigon, Sextil) **177**

Besonders der direkte Übergang über den Asz., den individuellen Punkt des Horoskops verheißt Glück und Erfolg. Vor allem wenn im gleichen Zeitabschnitt andere Aspekte der großen Planeten wirksam sind, kann der direkte Übergang eine glückliche Lebensperiode einleiten.

Charakter und Gesundheit: Eine Steigerung der konstitutionellen Energie, eine Verbesserung der Gesundheit, mehr Zukunftshoffnung und Erlebensfreude haben zur Folge, daß eine Periode glücklichen Erlebens möglich wird. Gesundheitlich schlägt Speise und Trank gut an, was vor allem in reiferen Jahren und bei entsprechender Veranlagung zur Fülle neigen läßt.

Partnerschaften: Jupitertransite zum Asz. lassen beim anderen Geschlecht Sympathiepunkte sammeln. Der Mensch zeigt sich dann von seiner angenehmsten Seite und kehrt die positiven Eigenheiten seines Wesens heraus. Dies geschieht nicht aufdringlich, sondern auf sympathische Art. Äußerlich ist ein besseres Zurechtkommen im Milieu gegeben, man weiß dem Leben angenehme Seiten abzugewinnen, hat Vorstellungen vom Schicksal, wie es sein könnte und sollte, und versucht mit leichter Hand, es in diese Bahn zu lenken. Der Expansionsdrang betrifft rein individuelle Belange.

Materielles: Hier sind vor allem die Wohnung, der Aufenthaltsort oder Unternehmungen gefördert, die einer Verbesserung des Domizils dienen. Aber man darf den Asz. als Spitze des ersten Hauses auch gleichsetzen mit dem Beginn einer für die ganze Persönlichkeitssphäre erfreulichen Gesamtsituation. Daher sieht es gut um finanzielle Belange aus, materielle Reserven können angelegt werden, eine Erweiterung des Lebensrahmens wird möglich, nicht zuletzt durch Protektion.

Beruf: Soweit der Beruf Berufung ist, wird diese Konstellation sich ebenfalls günstig anlassen und kann sozialen Aufstieg und Förderung bringen.

♃ □ Asz

12 b) Jupiter ungünstig zum Asz. **178**
(Quadrat, weniger Opposition, die ja zugleich eine Konjunktion mit dem Desz. ist)
Die Auswirkungsmöglichkeiten haben eine ähnliche Zielrichtung wie bei einem positiven Aspekt, nur ist die Wahl der Mittel wie des Zeitpunktes für eine Expansion in den persönlichen Lebensumständen nicht günstig gewählt. Daher werden Initiativen als aufdringlich empfunden, es bedarf Fingerspitzengefühls und Zurückhaltung, Negatives zu wenden. Für die Gesundheit ist der Quadrataspekt ungünstig.

♃ ☌, △, ✳ MC

13 a) Jupiter günstig zum MC (Konjunktion, Trigon, Sextil) **179**
Vor allem bringt der direkte Übergang Jupiters über das MC die Chancen zum beruflichen Aufstieg.

Charakter und Gesundheit: Wesentliche Teile der menschlichen Struktur sind für die soziale Eingruppierung wie für den Beruf wichtig. Das Sozialverhalten wird durch die Aspekte Jupiters günstig beeinflußt. Man arrangiert sich mit Vorgesetzten, zeigt aber auch soviel Rechtsempfinden und Sinn für Ordnung, daß dies nicht in Kriecherei oder Abhängigkeit ausartet. Eine Profilierung der Persönlichkeit erlaubt es stärker als sonst, auf die Erfüllung von Wünschen und Zielen hinzuarbeiten. Auch die Triebverfassung wird intensiver und kommt der Persönlichkeitsgestaltung zugute. Rein äußerlich können berufliche Glücksfälle wie Protektion oder Förderung eintreten und den beruflichen wie sozialen Aufstieg sicher machen. Ruhm, Ehre und Anerkennung als die traditionellen Kennworte für die Spitze des zehnten Sektors werden durch Jupiter gefördert. Bei der *Konjunktion* muß allerdings beachtet werden, daß sie zugleich die Opposition zum IC ist. Deswegen kann ein übersteigerter Geltungsdrang nach außen unangenehme Rückwirkungen auf Heim und Familie haben.

Partnerschaften: Sofern eine Partnerschaft in der Richtung auf ein Lebensziel liegt, etwa Begründung der Existenz einer Familie, kann der Übergang Jupiters oder ein glücklicher Aspekt zum MC auch dieses Ziel fördern.

Materielles: Sofern Geld und Gut vom Beruf abhängen oder durch eine Tätigkeit aus innerer Berufung gemehrt werden, wird der Aspekt Jupiters die besten Voraussetzungen dazu schaffen. Allerdings sollte man nicht die Hände in den Schoß legen, sondern die Zeit des Transits zu erhöhter Aktivität im angezeigten Sinne nützen.

Beruf: Es ist das eigentliche Wirken des Transits, daß Geschäfte, Arbeit, Studien unter einem Glücksstern stehen, daß Fortuna ihre hilfreiche Hand reicht. Dem Tüchtigen gehört jetzt die Welt. Es lohnt sich, in seine Lebens- oder Zukunftsplanung die Jupiterübergänge *besonders* einzubeziehen, weil sie zu zeitlichen Angelpunkten in dem menschlichen Lebensablauf werden können.

♃ □, ☍ MC

13 b) Jupiter in ungünstigem Aspekt zum MC
(Quadrat, Opposition) 180

Direkt negativ zu bewerten ist nur das Quadrat. Bei der Opposition handelt es sich vielmehr darum, daß diese ja zugleich als Konjunktion mit dem IC Schwierigkeiten im Beruf durch bes. häusliche Umstände bedingen kann, im Grunde aber ein Spannungsaspekt ist, der auch positive Möglichkeiten eröffnet.

Charakter und Gesundheit: Ein übersteigerter Geltungsdrang und zu große Ansprüche an das Leben, werden durch diese Konstellation Nachteile bringen. Man riskiert Verluste, kann sich auf sozialem Gebiet in eine schlechte Position bringen oder erlebt unsichere Verhältnisse, die sich als Abstriche in der Lebenshaltung bemerkbar machen.

Partnerschaften: Soweit eine Partnerschaft ein Lebensziel ist, muß man Differenzen erwarten, evtl. Scheidung oder Trennung. Ganz sicher wird das berufliche Wirken, das in die Öffentlichkeit hinausstrahlt, von einer Jupiter-Quadratur unangenehm beeinflußt werden.

♃

Materielles: Verluste, Nachteile, Unregelmäßigkeiten im Beruf, Einbuße an Protektion oder gesellschaftlicher Abstieg werden möglich, sie sind aber nur dann als gravierend anzusehen, wenn gleichzeitig andere „böse“ Transite mit vorhanden sind.

Beruf: Die eigentliche Domäne des MC und damit des zehnten Hauses wird durch Jupiters Spannungsaspekte unangenehm berührt. Es ergeben sich Hindernisse rechtlicher oder vertraglicher Art, finanzielle Schwierigkeiten, eine unerfreuliche soziale Lage oder Mangel an Kredit. Geschäfte enden mit Verlust, beginnt man in dieser Zeit wichtige Unternehmungen, werden sie kaum zu einem glücklichen Abschluß gebracht werden können, doch könnte es sein, daß nach Überwindung von Anfangsschwierigkeiten ein Endsieg möglich wird. Dieser steht zu erwarten, wenn im Radix Jupiter in guter Aspektverbindung zum MC ist.

♄

Die Transite des Saturn

Als Transitor verkörpert Saturn das Prinzip der Konzentration und der langsamen Entwicklung.

Grundbedeutungen:
A) Wesentliches wird wichtig, in den Handlungen erfolgt die Konzentration auf den entscheidenden Punkt, die Überlegung setzt sich durch und gewinnt Einsichten durch Erfahrung. Die Erkenntnisse ermöglichen den langsamen, zielstrebigen Aufstieg, natürlich im Rahmen der vorliegenden persönlichen Veranlagung.

B) Zu starke Verengung auf sich selbst, daher Isolation, Abgeschlossenheit, Verzicht, Unglück, Krise, Zerstörung des Glücks, der Gesundheit, der Hoffnungen.

Bewertung: Transite des Saturn sind immer wichtig, vor allem zu Sonne, Mond, Asz. und MC. Ihre Auswirkung wird verstärkt, wenn das Radix eine Verbindung zwischen Saturn und dem Aspektpartner anzeigt, Bezug auf die im Aspekt verbundenen Tierkreiszeichen hat oder auf bestimmte Sektoren determiniert ist. Man prüfe ferner, ob im fraglichen Lebensabschnitt eine Direktion stattfindet, an der Saturn beteiligt ist. ♄

Ziel des Transits ist häufig die Umwandlung der Persönlichkeitsstruktur, sei es im Hinblick auf die im Radix angegebene Richtung, sei es Vorbereitung oder Abschluß einer Rhythmenlage, die für die Gesamtpersönlichkeit oder für ihre Handlungsweise von Bedeutung ist.

Dauer: ein bis zwei Wochen, wenn Saturn stationär wird bis zu zwei Monaten, vor allem in der Konjunktion, wenn er veranlaßt, daß sich neue Strukturen oder Verhältnisse „herauskristallisieren".

♄ △, ⚹ ☉

1 a) Saturn günstig zu Sonne (Trigon, Sextil) **181**

Charakter und Gesundheit: In das Wesen kommt der Zug zur Beständigkeit, die Fähigkeit abwarten zu können oder Geduld zu haben. Es wird möglich, Temperament und Stimmungen zu steuern und zu beherrschen, „Explosivität" zu unterdrücken, sich zu kontrollieren und ausgeglichen zu werden. Gewissermaßen ist es die Besinnung auf „das bessere Ich". Ein solcher Übergang läßt die Gnade der Zeit als ein Geschenk empfinden. Das Wesen drängt weniger auf Veränderungen, es gibt keine Affekte in der Gefühlswelt, vielmehr hängt es von den Umständen ab, in welchem Maße die angeborene Sensibilität oder Dynamik Antriebe findet. Im positiven Sinne wird man von einer stärkeren Egozentrik sprechen können, also mit sich selbst ins reine kommen, um größere Aufgaben angehen zu können. Negativismen sind nicht zu befürchten, Verkrampfungen lösen sich allerdings nur langsam. Liegen im Radix zwischen den Aspektpartnern günstige Voraussetzungen vor, wird sich die Qualität des Betroffenen verbessern, man denkt und handelt mit Tiefe. Ehrgeiz drängt danach, „gute Arbeit" zu leisten, wobei der Nutzeffekt nicht zweitrangig ist. Es fügt ein günstiger Saturnaspekt wichtige, wenn auch nicht glänzende, dafür aber solide Mosaiksteinchen dem eigenen Erscheinungsbild bei. Diese Konstellation kennzeichnet Anstrengungsbereitschaft, mindert die Phantasie zugunsten einer Orientierung nach der Realität, vereinfacht das Denken oder begünstigt, sich rationalisierend auf das Wesentliche einzustellen. Die Fortschritte liegen oft im Detail, das gut beobachtet wird, die Stärke der Selbstbehauptung in einer gewissen Einseitigkeit der Interessen.

Ist bei dem Transit ein Bezug auf den ersten, sechsten oder zwölften Sektor gegeben, weil vielleicht die Radixverbindung der Aspektpartner harmonisch war oder Saturn günstig zu den Regenten dieser Sektoren („Häuser") war, so werden bessere Voraussetzungen für das materielle Leben geschaffen, es können Krankheiten zum Stillstand kommen, Medikamente nach längerem Gebrauch anschlagen, wie sich überhaupt die Zeit des Transits zum

Beginn einer jeden Behandlung eignet, die der Erhaltung und Förderung der Vitalität dienen soll, bzw. die einen geistigen Reifeprozeß bringt, der psychosomatische Bedeutung haben kann.

Partnerschaften gestalten sich weniger aufgeschlossen und lebhaft, eher diplomatisch-langsam, aufbauend, auf Dauer angelegt. Vielfach überwiegt eine passive Erwartungshaltung, wobei je nach Veranlagung Kontaktwünsche nüchterner oder weniger sichtbar gezeigt werden. Bei Bekanntschaften von Dauer, vor allem wenn fünfter, siebter und elfter Sektor betroffen sind, läßt sich die Verbindung über einen längeren Zeitraum planen. Sie kann durch einen Altersunterschied gekennzeichnet sein, wobei die Lebenserfahrung des Partners sehr geschätzt wird.
Das begünstigt ein Vertrauensverhältnis. Der Verbindung fehlt alles Oberflächliche, Vorübergehende, doch sollte die Kraft des Transits auch nicht überschätzt werden. In der Familie wird die Position, die man einnimmt, behauptet oder respektiert, in den Beziehungen zur Öffentlichkeit, mögen sie als Einzelpersonen oder ganze Gruppen gegenübertreten, wird eine kontinuierlich feste Haltung langsam Erfolge bringen.

♄

Materielles: Saturnaspekte fördern vor allem materielle Belange, Besitz, Geld und Gut, also Reserven, die man anlegt, besonders wenn Beziehungen zum zweiten Sektor vorhanden sind oder zu Erbschaften durch Beziehungen zum achten. Ein harmonischer Saturntransit läßt materielle Erfolge vor allem durch Fleiß und Geduld erringen. Er eignet sich, um Besitz zu erwerben, ein Grundstück zu kaufen, einen Bau einzuleiten oder der materiellen Sicherheit dienende Abschlüsse zu tätigen. Insgesamt wird man von älteren Personen eher anerkannt als von jüngeren, materiell erbrachte Leistungen werden gewürdigt, wenn auch nicht direkt durch Ehrenstellungen oder durch eine überragende Zuwendung. Die gesamten materiellen Lebensverhältnisse sind in der Zeit eines Saturntransits in der Regel überschaubar. Man bewegt sich in den rechten Geleisen und kann auf diesen auch weit entfernte Ziele ansteuern oder erreichen.

Beruf: Vor allem wenn Beziehungen zum zehnten Sektor vorhanden sind oder im Radix ein Aspekt zum MC vorliegt, darf man erwarten, daß ein fördernder Saturntransit der Machterweiterung dient. Eine solche kann sich auch im Rahmen des Berufes, des Geschäftes oder bei Studien anzeigen. Letzteres wird vor allem dann der Fall sein, wenn Merkur im Radix mit Saturn verbunden ist. Allerdings darf man sich nicht darüber hinwegtäuschen, daß jeder Erfolg unter Saturneinfluß nur mit Mühe zu erringen ist. Hemmungen müssen nichts Nachteiliges haben, sie können hier sogar dazu helfen, den besseren Zeitpunkt für eine Entscheidung zu erwarten. Schließlich kann ein Saturntransit auch den Weg zur Selbsterkenntnis öffnen und damit in bestem Sinne zu einer Bereinigung bestehender Verhältnisse führen. Ist der Saturnaspekt freundlich, wird innere Reife der Preis für ein würdiges und gerechtes Verhalten sein, ist der Aspekt negativ, sind Kämpfe, Verluste nicht auszuschließen, doch können auch sie reifen lassen.
Die kluge Planung wird verhindern, daß in den Zeiten erfolgreicher Saturneinwirkung Spekulationen vorgenommen werden, denn diese würden zu nichts führen. Es ist keine Zeit für spekulative Geschäfte, für leichtsinnige Beziehungen, für den schnellen Griff nach einem ehrgeizigen Ziel. Aber Geschäfte, die Fleiß und Einsatzfreude erfordern, Studien, die gründliches, tiefschürfendes Arbeiten brauchen, können insgesamt zu Erfolgen führen, die Befriedigung verschaffen.

Besonderes: Ein gut gestellter Saturn im Radixhoroskop kann manche Verwirrung oder Schwäche mildern und ausgleichen. Deswegen werden die günstigen saturnischen Transite auch in der Regel eine kosmische Rhythmenlage schaffen, in der die Eigentümlichkeiten herausgestellt werden, die eine Bewältigung des Schicksals nach Art des Saturn, also *langsam und stetig*, erzielen lassen.

♄ □, ☍ ☉

1 b) Saturn ungünstig zur Sonne (Quadrat, Opposition) **182**

Charakter und Gesundheit

Ob die *Opposition* in jedem Fall kritisch zu beurteilen ist, muß aus dem Radix abgelesen werden. Sicher ist es ein Aspekt der Belastungen, wenn auch nicht in dem Maße wie eine Quadratstellung von Saturn als Transitor oder gar dessen Übergang über den Sonnenort. Kritische Saturnkonstellationen scheinen das Hauptinstrument des Universums zu sein, dem einzelnen Menschen seine Nichtigkeit zu verdeutlichen. Dies geschieht oft schmerzhaft, durch Krankheit (besonders wenn Bezug zum ersten oder sechsten Sektor gegeben ist), durch Trennung oder Verzichtleistungen. In jüngeren Jahren, wenn die Vitalität ungebrochen ist, wird ein „böser" Saturntransit meistens rasch überwunden, in fortgeschrittenen Jahren dagegen kann er lange „nachhängen" und die Fragwürdigkeit der menschlichen Existenz überdeutlich werden lassen, Verzweiflung ins Herz senken, weil man sich der Grenzen des eigenen Wirkens bewußt wird. Man muß akzeptieren, daß höhere Mächte stärker sind als der Wille des einzelnen. *Auswege* aus saturnischen Krisen kann *nur das bewußte Eingehen* auf Umstände und Verhältnisse sein, auf das Akzeptieren des anscheinend Auferlegten, auf *die Annahme des „Schicksals"*. Es hieße den Verfall der physischen und psychischen, geistigen oder wirtschaftlichen Existenz aufs Spiel setzen, wollte man das „Nungerade!" als Gegengewicht ins Spiel bringen. Zurücknahme der Forderungen, Bescheidenheit, sich gedulden lernen, sind dagegen nicht nur Verhaltensweisen, sondern auch positive Ergebnisse kritischen Saturnwirkens. ♄

Wenn Saturn im Radix in kritischer Position steht, kann ein Aufleben dieser Konstellation durch Transit das Wesen verhärten, Kummer und Leid oder jenes bringen, was früher als „großes Unglück" angesehen wurde. Nicht immer wird die Möglichkeit gegeben sein, nützliche Lehren zu ziehen.

Gesundheitlich können Lähmungen, langsam heilende schleichende Krankheiten, chronische Störungen, Gemütsleiden oder Erkältungen neben jenen Krankheiten ausgelöst werden, die durch die Sonnenposition im Radix bezeichnet werden. Konstitutionsschädigung ist im Bereich der „saturnischen“ Organe bzw. Körperregionen, Knochenbau, Haut, Milz, Knie möglich. Insgesamt ist die körperliche Widerstandskraft herabgesetzt, wozu nicht selten eine depressive Haltung Veranlassung ist. Neben Stoffwechselstörungen kann eine Verlangsamung der Lebensprozesse überhaupt eintreten. Bei weniger ausgeprägten Transiten wird man von Zweifeln gepackt und in seiner Handlungsweise verunsichert sein.

Partnerschaften: Soweit die kritischen Transite Saturns für diesen Lebensbereich in Frage kommen, etwa bei Bezug auf den siebten Sektor oder wenn die Sonne dahin disponiert ist, sind Bekanntschaften erschwert. Freundschaft, Liebe, Familiäres steht unter ungünstigen Vorzeichen. Eine Trennung ist möglich, mindestens ein Abschied auf Zeit oder eine Entfremdung. Hoffnungen und Wünsche, die man sich auf den Partner macht oder in Bezug auf die Öffentlichkeit hegt, werden enttäuscht, ehrgeizige Pläne, die dem Erringen von sozialen Prestige gelten, scheitern. Soweit man Förderung durch andere erwartet, werden Versagungen wahrscheinlich sein. Kritische Saturntransite eröffnen im Bereich von Partnerschaften schlechte Aussichten, so daß z. B. ein Eheschluß in dieser Zeit unterbleiben sollte oder daß Partnerschaft, bei der es um herzliches Vertrauen geht, keine Chance zur Realisierung hat.

Materielles: Es liegt in der Natur der Saturnaspekte, daß die kritischen Transite vor allem materielle Einschränkungen und Verluste anzeigen. Erwarteter Geldzufluß kann ausbleiben, Kreditnahme sich als unmöglich erweisen, Kapital schwindet, oder es treten Geldverluste ein, die besonders in Zusammenhang mit einer Wohnungssache, einem Grundstück und dergl. stehen könnten.
Materielle Reserven werden zu stark beansprucht, vor allem durch Spekulationen oder durch finanzielle Abenteuer. In dieser Zeit können Aktienkäufe, Kapitalanlage etc. nicht bringen, was man sich wünscht.

Beruf: Vor allem wird ein Bezug des Transits zum MC, dem zehnten Haus oder zu dahin zielenden Aspekten Rückschläge bringen.

Es kann sich um eine Kündigung ebenso handeln wie um Schaden durch Pflichtverletzung, Übelwollen von Vorgesetzten, Verzögerung beruflicher Entscheidungen, Unterbleiben des Aufstiegs, Zurücksetzung, aber auch direkt um eine Berufskrise, indem Wege sich als nicht gangbar erweisen, wie man dies vorher eingeplant hat.

Besonderes: In der männlichen Nativität kann ein Saturnaspekt auch den Vater betreffen oder den Sohn, ihnen schlechte Schicksalstendenzen bescheren.

Notiz: Es besteht die Gefahr, eigensinnig zu handeln und dadurch Kontakte mit der Umwelt aufs Spiel zu setzen. Man sieht sich in seinem Streben nach Macht und Einfluß getäuscht, erlebt Kompetenzstreitigkeiten oder Rivalität.

♄ ☌ ☉

1 K) Konjunktion des Saturn mit der Sonne 183

Man wird in der Regel bei einer Konjunktion des laufenden Saturn über den Ort der Sonne die ungünstigste Wirkung annehmen müssen. Wenn aber das Radix Saturn und Sonne in sehr harmonischem Aspekt hat, könnten auch langgehegte Bestrebungen auf den verschiedenen Gebieten zu Erfolg führen, wobei dies besonders im Bereich jener Sektoren möglich wird, die durch Saturn betroffen sind. ♄

Wer von dem Gesetz von Ursache und Wirkung über den Tod hinaus überzeugt ist, wird im Transit eines Saturn das Wirken eines karmischen Gestirns sehen, da es auch symbolisch für die Zeit steht, die sühnt und versöhnt.

Obwohl Saturntransite, vor allem die Quadrate und Konjunktionen häufig spürbar sind, besteht kein Grund, sich vor ihnen zu ängstigen. Je positiver die Lebensführung in der fraglichen Zeit ist, um so weniger vermögen diese Transite wirksam für das Gesamtschicksal zu werden.

♄ △, ✶ ☽

2 a) Saturn günstig zum Mond (Trigon, Sextil) **184**

Der positive Aspekt des Saturn wird in der Regel nicht als wichtig empfunden werden können. Wenn Saturn im Radix aber harmonisch mit dem Mond verbunden ist, dann bringt sein harmonischer Aspekt eine gewisse Stabilisierung im Seelischen. Das kann für Menschen mit einer labilen Gefühlsverfassung wichtig werden, weil es möglich wird, sich zu entschiedenem Verhalten aufzuraffen, fester, solider zu werden, und eine solche Stärkung des Charakters wird von Personen der Umwelt immer als günstig registriert. Deswegen kann ein solcher Saturn-Mondaspekt helfen, eine Entwicklungsperiode abzuschließen, in der turbulente Gefühle Unruhe in das Leben gebracht haben. Allerdings entspricht es der Natur des Saturn, daß auch im positiven Fall eine Trennung oder ein Verzicht möglich werden, daß aber, und das ist das Entscheidende, dies nicht als bedrückend empfunden wird, sondern als eine Art Befreiung.

Charakter und Gesundheit: Innere Ausgeglichenheit und gleichmäßiges Streben werden im Gefühl widerstandsfähiger machen, wobei ein regulierender Einfluß auf die Körpersäfte ebenso günstig sein wird wie auf Magen, Eingeweide, Lymphe, Drüsen, Brüste und auf das vegetative Nervensystem.
Die Stabilisierung des inneren Wesens läßt den Menschen charakterlich fester erscheinen. Dies muß zwangsläufig noch keine besondere Ausstrahlung oder Sympathiegewinn zur Folge haben, wird aber mindestens von jenen positiv beurteilt werden, für die gerade der Charakter des Menschen das entscheidende Beurteilungskriterium ist.

Partnerschaften: Unter diesem Aspekt werden Herren eine Festigung ihrer Beziehung zur Partnerin, Gattin bzw. Mutter möglich machen. Spektakuläres ist in der Liebe nicht zu erwarten. Einen gewissen Reiz könnte eine Verbindung mit Altersunterschied bringen oder eine solche, die von vornherein nicht als Abenteuer oder Zwischenspiel gedacht ist, sondern Dauer verfolgt. In bestimmter

Hinsicht werden Übereinkommen nüchtern getroffen. Eine solche Einschätzung der Sachlage, verbunden mit praktischem Reagieren in Organisationsfragen, kann für die Öffentlichkeitsarbeit wichtig sein. Es ist eine gute Zeit für örtliche Veränderungen, für Reisen oder für einen Wechsel, dem ein Neubeginn folgen soll, weniger im Sinne einer plötzlichen Umorientierung, als vielmehr mit gezielten Plänen oder einer Abmachung, wobei auch Besitzangelegenheiten eine Rolle spielen dürften.

Materielles: Die Konstellation begünstigt Grund und Boden, zielstrebiges Verhalten bei Geschäften oder Verhandlungen. Fleiß und Geduld tragen jetzt Früchte. Für Spekulationen ist die Zeit jedoch ungeeignet. Man sollte den Geschäftspartner nicht zur Eile drängen, andererseits aber wird man auch selbst nicht in der Verfassung sein, eine Entscheidung übers Knie zu brechen.

Beruf: Für Studien ist es eine gute Zeit, weil innerliche Ausgeglichenheit es erlaubt, sich auf den Gegenstand der Untersuchung zu konzentrieren. Der Wille wird fester, man ist illusionsloser, widmet sich der Arbeit aus dem Gefühl heraus, etwas Notwendiges tun zu müssen, das aber auch Erfolg verspricht. Man darf keine zu großen Effekte in den Anstrengungen erwarten, jedoch kann sich vieles, was man tut, wie ein Mosaiksteinchen zum anderen fügen und in Umrissen auch das gewünschte Bild erkennen lassen. So wird unter Saturn-Mond vor allem der soziale Aufstieg vorbereitet werden, oder es ist möglich, vor allem durch Konzentration, Festlegung in einer bestimmten Richtung und Begünstigung der Kontakte zu Damen, Berufliches voranzubringen. ♄

Besonderes: Neben der allgemeinen Charakteristik, wie sie dargelegt wurde, kommt es darauf an, welches Haus des Horoskops der Mond besetzt und wo das Mondzeichen Krebs steht. Diese Lebensbereiche werden überdurchschnittlich angesprochen werden können. und zwar aus einer Richtung, die durch die Position des Saturn angezeigt ist.

♄ ☌, □, ☍ ☽

2 b) Saturn ungünstig zum Mond
(Konjunktion, Quadrat, Opposition) **185**

Saturn und Mond stehen in einem natürlichen Gegensatz, denn die Lockerheit der Gefühle und Empfindungen wird durch Saturn entsprechend eingeschränkt. Deswegen sind die Hauptkennzeichen dieses Aspektes Einschränkungen, Hemmung, Verzögerung, Sorge, Depression oder Verlusttendenzen.

Charakter und Gesundheit: Vor allem wenn im Radix Saturn und Mond in schlechtem Aspekt verbunden sind, werden die dort angezeigten negativen Aussagen sich stärker durchprägen, also die Neigung, Lebensereignisse zu schwer zu nehmen, zu rasch in ein Stimmungstief zu verfallen, gesundheitlich nicht in Form zu sein, weil seelische Störungen vorliegen. Es ist ein „kränkender" Aspekt. Vor allem können in der Zeit seines Wirkens chronische Störungen aufleben. Da Frauen in der Regel tiefer fühlen und empfinden als Männer, werden sie von den nachteiligen Mondaspekten auch stärker betroffen. Gesundheitliche Störungen finden häufig eine Erklärung über das seelische Befinden, wie es durch Eifersucht, Mißtrauen oder Enttäuschungen angesprochen wird. Der Mensch wird in seiner Gefühlswelt eingeengt, beunruhigt, steckt voller Zweifel oder mag sich nicht recht freuen, weil etwa ein persönliches Mißgeschick vorkommt oder Sorgen um Nahverwandte, etwa um weibliche Familienangehörige, vorliegen. Unter den Krankheiten sind Erkältungen, Rheuma, Gicht, Überproduktion an Harnsäure, Hautleiden oder Magenerkrankungen häufig. Wichtig ist, daß Beschwerden in der Zeit des Wirkens dieses Transits nicht auf die leichte Schulter genommen werden. Es muß kein Grund zur ernsten Sorge vorhanden sein, zumal wenn keine entsprechenden Direktionsaspekte gleichzeitig vorliegen, aber es wurde beobachtet, daß akute Beschwerden oder Entzündungen unter diesem Aspekt chronisch werden.

Partnerschaften: In Liebe, Ehe, Familie, in den Beziehungen zur Öffentlichkeit oder immer da, wenn der Mensch sich gefühlsmäßig auf andere einzustellen hat, werden negative Saturnaspekte abgrenzen, hemmen, verzögern oder das Geschick in unerwünschte Bahnen lenken. Der Betroffene mag durchaus um seine Schwächen wissen, wird aber mit seinem Pessimismus andere anstecken oder durch seine Schwarzseherei z.B. eine Liebesbindung beeinträchtigen, wenn nicht zerstören. Allein die „Einsicht in die Notwendigkeit", mag sie auch bitter sein, kann späteren Schwierigkeiten vorbeugen, denn unter einem derartigen Mondaspekt kann eine böse Saat ausgestreut werden, die später aufgeht und dann jene Schwierigkeiten bringt, die man von Anfang an „gesehen" hat, aber an die man nicht recht „glauben" mochte. Es ist besser, fällige Entscheidungen zu vertagen und sich nicht darüber aufzuregen, wenn in den angezeigten Bereichen oder in denen der betreffenden Häuser, die durch Mond und Saturn besetzt sind, eine unerwünschte Entwicklung eintritt. Vor allem der direkte Übergang des Saturn über den Mondort kann zur Resignation führen und dem Betroffenen die Grenzen seines eigenen Wirkens verdeutlichen. Dies kann durch Niederlagen, Verluste, Trennung geschehen. Es ist ein Aspekt der Isolation, man fühlt sich auch inmitten einer Gemeinschaft unverstanden und zurückgesetzt.

♄

Materielles: Sparsamkeit wird unter dieser Konstellation zu Geiz, Vorsorge für die Sicherheit kann in einem Mangel an Initiative münden oder in die falsche Richtung gehen. Dann hat man es zwar gut gemeint, muß aber Mißerfolge verkraften. Nicht nur seelisch, sondern auch physisch, materiell ist die Widerstandskraft herabgesetzt, besteht eine gewisse Bereitschaft zur Enttäuschung, so daß derartige Transite keineswegs günstige Starttermine sind, um finanzielle Aktionen zu beginnen. Bevor ein Wechsel in Lebensumständen eingeleitet wird, sollte man prüfen, ob nicht der Sperling in der Hand besser ist als die Taube auf dem Dach, denn erfahrungsgemäß würde ein Wechsel keine Verbesserung bringen. Kontaktschwierigkeiten können dazu führen, daß materielle Chancen außer acht gelassen werden, daß Hindernisse oder Verzögerungen ebenso wie persönlich verschuldete ungewisse Situationen ein mögliches „Glück" beeinträchtigen. Es ist absolut nicht die richtige Zeit, um Geld anzulegen, zu spekulieren oder alles auf eine Karte zu setzen, abgesehen davon, daß es ohnedies an Unternehmungslust fehlen dürfte. Man ist zu ängstlich, sorgt sich wie es weitergeht und läßt es am rechten Schwung fehlen.

Beruf: Einige können dazu neigen, sich in Arbeit, Studien oder Geschäfte zu vergraben. Es fehlt aber die rechte Resonanz, man ist geistig zu unbeweglich. Diese Einseitigkeit kann zu Einbußen führen, das sture Festhalten an der eigenen Meinung wird von Partnern negativ bewertet, so daß Verluste auftreten können oder aber auch die soziale Stellung beeinträchtigt wird.

♄ ☌ ☽

2 K) Saturn in Konjunktion mit dem Mond **186**
Die Konjunktion wird in der Regel kritisch zu beurteilen sein, es sei, daß zwischen Mond und Saturn im Radix ein vorzüglicher Aspekt besteht. Aber auch dann kann die Wirksamkeit des Guten, Konzentration auf das Wesentliche, zu Übertreibungen führen. Erfolge müssen dann durch harte Arbeit errungen werden, wobei das betreffende Gebiet abhängig ist von der Position von Saturn und Mond im Radix.

♄ △, ✶ ☿

3. Saturn günstig zu Merkur (Trigon, Sextil) **187**
Besonders nachhaltig vermag eine Radixverbindung durch den Transit zu wirken, denn Konzentration, Hauptmerkmal des Saturn, und Intellekt, den Merkur darstellt, sind vorzüglich aufeinander abstimmbar. Ein harmonischer Winkel als Transit läßt daher die Gedankentätigkeit auch sehr stark von Erfahrung und Logik, von praktischen Gesichtspunkten wie von ernsten Studien bestimmt sein.

Charakter und Gesundheit: Besonnenheit und Zurückhaltung, Konzentration der Gedanken und logische Schlußfolgerungen eröffnen die Aussicht, eigenes Fehlverhalten kritisch zu beurteilen und sich

zu bessern. Vor allem werden spontan handelnde Menschen unter diesem Aspekt methodischer vorgehen, sehen sich Temperamentvolle daran gehindert, wider die Vernunft zu handeln. Sorgfalt und Genauigkeit fördern jene charakterlichen Anlagen, die einer bedachtsamen Schicksalsführung zugutekommen. Daher wird der Einfluß dieses Transits den Intellekt stärken, die Sinne schärfen, wodurch Chancen besser zu erkennen sind. Gesundheitlich darf eine Stärkung der Nerven erwartet werden, was eine gewisse Widerstandsfähigkeit erhöht.
Die Einsicht, daß Teamarbeit Vorteile bringt, wird den Wunsch wecken, Probleme nicht allein, sondern gemeinsam oder durch Planung zu lösen. Geregelte Arbeitszeit aber kommt auch der Gesundheitsführung zugute.

Partnerschaften: Herzensangelegenheiten werden etwas nüchtern und damit illusionslos betrachtet, haben aber gerade unter der Berücksichtigung der wirklichen Gegebenheiten eine größere Chance, sich dauerhaft zu realisieren oder von Bestand zu sein. Soweit familiäre oder partnerschaftlich-geschäftliche Probleme zur Klärung anstehen, wird unter dem Einfluß eines günstigen Saturn-Merkur-Transits die Neigung verstärkt, langsam zu urteilen, das Für und Wider zu erwägen, Mitteilungen in Wort und Schrift nicht zu spontan zu äußern, sondern abzuwägen, und damit im Falle von Auseinandersetzungen diesen die Schärfe nehmen, andererseits das eigene Urteil zu pointieren und ihm mehr Überzeugungskraft zu geben. Deswegen fördert diese Konstellation auch die ausgeglichene Handlungsweise, bringt Vorteile durch Ordnungsliebe, Methodik, Sachlichkeit, durch Gedankenkonzentration. Nützlichkeitsüberlegungen bestimmen den Inhalt gesellschaftlicher Beziehungen oder entscheiden über die Art des Auftretens in der Öffentlichkeit. Menschen, die unter der Einwirkung eines solchen Aspektes stehen, sind geistig ansprechbar, können überzeugt werden und lassen mit sich reden, wenn man ihnen nur klar macht, wo ihre Vorteile sind. Es begünstigt dieser Aspekt in jedem Falle Kontakte von Dauer.

Materielles: Vorzüglich eignet sich ein harmonischer Saturn-Merkur-Transit für kaufmännische Unternehmungen, für Aktionen zur

Vermehrung von Geld und Gut, die nicht auf den Augenblick abgestellt sind, sondern sorgfältig geplant und überlegt werden. Diesbezüglich können auch Geschäftsreisen gelingen, Anfertigung von Schriftsätzen, Äußerungen in Rede und Schrift, wobei das Fundierte, Begründete, Vernunftgemäße wichtig ist. Man darf unter diesem Aspekt allerdings eine Einschränkung merkurischer Leichtigkeit, Wendigkeit oder Lockerung erwarten und sollte daher jene Aktionen unterlassen, bei denen schnelle geistige Reaktionen unerläßlich sind.

Beruf: Die Art, konzentriert zu denken, zielstrebig auf eine Sache hinzuarbeiten, Unstimmigkeiten auszuräumen, Schwebendes auf eine solide Basis zu stellen, läßt diesen Aspekt hervorragend für Geschäfte geeignet sein. Vor allem wissenschaftliches Interesse und gründliche Studien lassen sich gut durchführen, da das Verlangen nach einer Vertiefung der Gedankentätigkeit Überzeugungen weckt, nicht zuletzt in dem Sinne, daß man Geschäfte unter vielerlei Aspekten sieht, vorsichtig ist und Risiken meidet.

Besonderes: Wenn auch die schicksalbestimmende Kraft des Aspektes nicht überschätzt werden darf, liegt sein Hauptgewinn im Gleichmaß und in der Stetigkeit lebenspraktischer Handlungen.

♄ ☌, □, ☍ ☿

3 b) Saturn ungünstig zu Merkur
(Konjunktion, Quadrat, Opposition) **188**

Die schlechte Winkelverbindung des Saturn mit Merkur kann eine Verschlechterung des Charakters anzeigen, etwa da eine Neigung zu Heimlichkeiten besteht, zu Lüge, Unaufrichtigkeit, Streitsucht, Diebstahl, Hintergehung und Betrug, egoistische Motive, Engherzigkeit, Ränkesucht. Es sind dies die traditionellen Ausdeutungen des Aspektes, die man mehr oder weniger psychologisch begründen kann. Es hängt viel davon ab, ob Saturn auch im Radix Merkur verletzt oder ob zwischen beiden ein harmonischer Aspekt vorliegt.

Charakter und Gesundheit: Der Aspekt mindert die Einsatzbereitschaft, setzt dort an, wo psychische Depressionen Nahrung finden, bzw. unlustbetontes Reagieren möglich wird. Bei entsprechender Veranlagung wird die Wahrheit umgebogen, werden Hintertürchen geöffnet oder eben so gewunden reagiert, daß die Grenzen der Aufrichtigkeit überschritten werden. Je nach Veranlagung, wie sie sich im Horoskop ausdrückt und durch Umwelteinflüsse modifiziert werden kann, wird man auf die traditionelle Deutung hinkommen können. Darunter fällt dann vor allem auch Auswertung fremder Gedanken, die bewußt oder unbewußt für eigene ausgegeben werden. Gesundheitlich sind psychische Depressionen möglich, vor allem wenn das Geburtshoroskop entsprechende Hinweise liefert. Nervenstörungen können Organschädigungen bewirken, Erkältung, chronische Erkrankungen sind möglich, ferner solche, auf die Merkur durch Position oder Regentschaft Bezug hat. Besonders wird auch zu beachten sein, ob ein Merkurzeichen (Zwillinge, Jungfrau) Asz. ist, da dessen gesundheitliche Dispositionen dann stärker hervortreten können.

Partnerschaften: Die ungünstigen Winkel des Saturn zu Merkur machen es oft schwer, dem Partner unvoreingenommen und offen gegenüberzutreten. Wieder muß die eigene charakterliche Veranlagung berücksichtigt werden. Man unterliegt in der Einschätzung des anderen, damit auch in der Reaktion der Öffentlichkeit auf das eigene Tun, einem Irrtum, erlebt eine peinliche Konsequenz oder wird in eigenen Unternehmungen isoliert. Es mangelt an Unterstützung, die Tätigkeit wird mühevoll, die objektive Einschätzung der eigenen Leistung durch andere erschwert.

Materielles: Schwierigkeiten, die Geld und Gut betreffen, vor allem, wenn das zweite und achte Haus betroffen sind, aber auch das vierte und zehnte, lassen sich wiederum durch psychologische Ansätze begründen. Übergroße Vorsicht, äußere Einschränkungen führen zu Geiz und damit zur Zurückhaltung von Mitteln, die gerade jetzt sinnvoller ausgegeben werden könnten. Pflichten werden nicht so genau genommen, bei entsprechender Veranlagung wird eine Mehrung des Besitzstandes durch Betrug, Lüge und Unaufrichtigkeit versucht. Auch Großsprecherei zahlt sich nicht aus, Verluste bewirken Sorge, Entbehrungen, Mühe.

Beruf: Einseitige geistige Einstellung erschwert Studien. Im Arbeits- und Geschäftsleben wird es mit der Wahrheit nicht so genau genommen, Konzentrationsstörungen, Hemmungen, Nervosität und Unklarheiten, Schwierigkeiten. Es kann die Lösung eines Vertrags erfolgen oder bewirken, daß man übervorsichtig ist, sich unpraktisch anstellt und es an der Beweglichkeit im Denken mangeln läßt. Geschäfte können mit einem Fiasko enden, Kündigung, Entlassung und dergl. sind denkbar.

♄ ☌ ☿

3 K) Konjunktion des Saturn mit Merkur 189

muß im allgemeinen als negativ angesehen werden, lediglich bei einer außerordentlich positiven Aspektverbindung im Radix könnten größere Mühe und Anstrengungen langsame Erfolge bringen, wobei allerdings auch manche bittere Pille zu schlucken sein wird.

♄ △, ✳ ♀

4 a) Saturn günstig zu Venus (Trigon, Sextil) 190

Charakter und Gesundheit: Saturn als Symbol der Schwere, der Tiefe und des Ernstes bringt in harmonischem Aspekt mit Venus, dem Symbol der Harmonie, das Verlangen nach tiefer Gefühlsbindung. Insofern mäßigen die positiven Aspekte auch rasche, triebhafte Handlungen zugunsten von Treue, Pflichtgefühl und Lebensernst. Dieser Aspekt läßt mehr in sich ruhen als sich äußern. Vor allem werden Eindrücke aus dem Bereich der Sexualität innerlich verarbeitet werden, eine Stärkung der Moral, der „sauberen" Ansichten über die Bedeutung des Sexuellen kann zu einer gewissen Läuterung führen, zu einer keuschen Haltung, nicht so sehr aus Scham, sondern aus Überzeugung.

Gesundheitlich wird unter diesem Aspekt Nieren- und Blasentätigkeit gefördert. Auch Hautkrankheiten werden günstig beeinflußt. Es hängt viel davon ab, ob die Sonne im Radix nach ihrer Position in Feldern, Zeichen und in Aspekten auf die Gesundheit determiniert ist.

Partnerschaften: In diesem Bereich vermag das Bedürfnis nach Harmonie sich am stärksten auszuwirken. Eine günstige Saturn-Venus-Verbindung, die im Radix vorliegt, sowie durch Direktionsaspekte gestützt wird, kann auch im Transit die glückliche Vertiefung einer Gefühlsbindung anzeigen. Als ein Aspekt der Einsicht, Reife und Güte erlaubt er vor allem Altersunterschiede in Partnerschaften zu überbrücken, da die Qualität der zwischenmenschlichen Beziehungen weniger vom Sexuellen, als vom Bedürfnis nach Harmonie und Ausgewogenheit insgesamt bestimmt wird. Es ist die tiefe, innige Freude, das unausgesprochene Verlangen nach Zärtlichkeit, dessen Realisierung durch ein Minimum an Gunstbeweisen beglücken wird. Ein liebes Wort, ein verständnisvoller oder mitfühlender Blick, eine sympathische Geste vermögen dann „stilles Glück“, Zufriedenheit, Freude zu schenken, was je nach Art der bestehenden Bindung zu entsprechenden Konsequenzen führt. In der Familie kommt man sich näher, findet zusammen, stellt das Gemeinsame heraus, in Liebe und Ehe vertieft sich der Wunsch nach treuer Hingabe, Fürsorge, Bedürfnis, dem anderen wohlzutun, zu helfen. Unter einem solchen Aspekt gedeihen Freundschaft, während Geselligkeit eine ernstere, besinnliche Note enthält. Der Wunsch nach einem Hobby festigt sich, die Beziehungen zur Öffentlichkeit werden durch Nachgiebigkeit und Bereitschaft zum Kompromiß getragen.

Materielles: Sicher lassen sich unter einem solchen Aspekt keine zu großen Erwartungen nach Mehrung des Besitzstandes oder Sicherung des Erreichten verwirklichen. Aber „kleines Glück“ wird möglich sein: Ausfüllen des Lebensrahmens, Ausschöpfen der Möglichkeiten, echte Freude an kleinen Dingen, wobei der Blick sich an der Realität schärft. Obwohl dieser Aspekt durchaus eine materielle Note hat, und somit für das Erwerbsleben günstig ist, würde Hoffnung auf Luxus ihn überschätzen.

Beruf: Arbeit wird gern getan, wobei sie häufig durch Beziehungen zum anderen Geschlecht gefördert wird. Nützlichkeitsüberlegungen treten an die Stelle von „Herz", das im Geschäftsleben ohnedies nichts zu suchen hat. Allerdings würden eine Fürsorgetätigkeit, Hilfs- oder Erziehungsmaßnahmen gefördert, also günstig für die Unterstützung Schwacher, für „Geschäfte", die keinen Gewinn abwerfen müssen. Unter einem positiven Saturnaspekt wird nur selten der Höhenflug warmherziger idealistischer Empfindungen vorkommen, eher eine nüchterne, behagliche, wenn auch nicht direkt erwärmende Situation vorgefunden.

♄ ☌, □, ☍ ♀

4 b) Saturn ungünstig zu Venus
(Konjunktion, Quadrat, Opposition) **191**

Charakter und Gesundheit: Alles, was Zuneigung, Wärme, Empfindungsfreude, Herzlichkeit ausmacht, wird unter einem negativen Saturnaspekt „vereist", eingeengt, bisweilen einem niedrigen Ziel geopfert. Besonders wenn die Planeten im Radix in kritischem Aspekt stehen, kann der Mensch sich nun vereinsamt oder frustriert fühlen. Je nach Veranlagung reagiert er darauf durch Resignation oder Fehlhandlungen, etwa Rachegefühle. Unter diesem Aspekt gedeihen Neid und als dessen besondere Form die Eifersucht. Das charakterliche Verhalten gegenüber anderen zeigt sich von einer unsympathischen Seite, egoistische Wesenszüge werden hervorgekehrt, die Bereitschaft zu Mildtätigkeit und Hilfe eingeschränkt. Gesundheitlich dürften vor allem Nieren, Blase und Drüsen mit innerer Sekretion anfällig sein, darüber hinaus ist die Gefahr einer Erkältung gegeben und jener Krankheiten der Zeichen des Tierkreises, auf die Venus durch ihre Stellung im Radixhoroskop disponiert ist.

Partnerschaften: Die traditionelle Aussage heißt Liebeskummer, Herzeleid, Unbefriedigtsein, Konflikt aus Eifersucht oder Neigung zu unsittlichen Handlungen, aber auch finanzielle Schwierigkeiten. Die Möglichkeit, sich nicht so zu geben, wie man möchte, Einschränkungen durch widrige äußere Umstände lassen Depressionen aufkommen, launisch sein und provozieren damit Bruch oder Trennung in Partnerschaften, Entfremdung in der Familie, ein Erkalten der Gefühle. Man lebt nebeneinander her, ist nicht bereit nachzugeben, Differenzen zu begraben und kann sich nicht zu freudigem Tun bekennen. Eine öffentliche Betätigung wird nicht die gewünschte Resonanz finden.

Materielles: Verluste ergeben sich vermutlich an Geld und Gut, denn es ist ein Aspekt der Unzufriedenheit, so daß der Wert materieller Güter zu hoch veranschlagt wird. Bei entsprechender Veranlagung kann versucht werden, aus Gefühlen Geld zu machen, oder es werden unmoralische Geschäfte getätigt. Wenn Venus Bezug auf den zweiten Sektor des Horoskops hat, dürften finanzielle Verluste nicht ausbleiben.

Beruf: Die Tendenz sich abzuschließen oder durch Fehlverhalten isoliert zu werden, macht es schwer, mit anderen harmonisch zusammenzuleben und zu arbeiten. Arbeit wird als Last oder drükkend empfunden, Unlustgefühle sind unverkennbar. Unter dem Gesichtspunkt der Zweckmäßigkeit eingegangene Verbindungen gehen auseinander, bzw. erweisen sich wirtschaftlich als ungünstig. ♄

♄ ☌ ♀

4 K) Die Konjunktion des Saturn mit Venus **192**

wird in der Regel am nachteiligsten zu beurteilen sein. Allerdings mag sie in seltenen Fällen, vor allem bei entsprechender Radixkonstellation eine gewisse Festigung, z. B. an Treue bringen, wobei ganz wissentlich ein Verzicht in Kauf genommen wird oder ein Opfer gebracht wird. In seltenen Fällen mag dies zu Zufriedenheit führen, wohl aber kaum zu echtem Glück.

♄ △, ✶ ♂

5 a) Saturn günstig zu Mars (Trigon, Sextil) 193

Die günstigen Entsprechungen sind Hartnäckigkeit, kämpferischer Einsatz und beträchtliche Willensleistung.

Charakter und Gesundheit: Die Zusammenstirnung des Willens- und Triebsymbols Mars mit dem Symbol für Konzentration und Zähigkeit wird bereits im Radixhoroskop gewisse Ansätze für Ausmaß und Ablauf von Willenshandlungen geben. Beide Grundprinzipien stehen in gegensätzlichem Verhältnis, doch kann ihre harmonische Kombination im Radix Voraussetzungen schaffen, daß ein Mensch zu großen Willensleistungen befähigt ist. Ein entsprechender Transit wird diese aufleben lassen. In solchen Zeiten ist der Mensch mutiger und tatkräftiger, rafft sich auch zu einer harten Entscheidung auf und wird in seinem ganzen Wesen selbstbewußter, „kantiger", wodurch er sich zwar besser durchsetzen kann, doch wird der Gebrauch der Ellenbogen immer in sozialer Hinsicht problematisch sein. Günstige Saturn-Mars-Winkel sind Transite der Potenz, wobei deren Richtung nicht unbedingt das Triebhafte sein muß, sondern je nach Position des Mars in Sektoren und Zeichen zu beurteilen ist. Bei Beziehungen auf den Asz., etwa einem aufgehenden Zeichen Widder oder Skorpion, bzw. Mars im ersten Sektor wird Charakterstärke die Voraussetzung für das Erreichen höchster Ziele sein. Ob diese das öffentliche Wirken betreffen, kann an den Verbindungen zum siebten Sektor abgelesen werden, ob sie sich beruflich nützen lassen, geht wesentlich aus Beziehungen zum zehnten Haus hervor. Aber selbst die günstigen Saturn-Mars-Konstellationen enthalten als Gefahrenmoment die Bereitschaft, alles zu riskieren, zum Abenteuer oder zu gewaltsamen Lösungen, bei denen die Vernunft ausgeschaltet ist.

Partnerschaften: Die Neigung zum Übermaß, zu überhöhten Forderungen, wie sie entstehen, wenn man sich über Wünsche und Bedürfnisse anderer radikal hinwegsetzt, kann auch im Falle eines positiven Aspektes riskant werden. Sicher wird man sich Respekt verschaffen, aber kann dabei das Empfinden anderer verletzen. Im Hinblick auf die Öffentlichkeitsarbeit schafft man sich selbst durch Erfolge Feinde, weil rigoroses Vorgehen nicht von jedermann verstanden wird.

Materielles: Riskante Unternehmungen, die unter diesem Aspekt begonnen werden, mögen zwar zunächst erfolgreich verlaufen, können aber, wenn später ein entsprechend negativer Transit auftritt, übel enden. Die Eroberung von Geld und Gut kann recht dramatisch erfolgen, wobei rascher Zugriff und berechnendes Handeln übereinstimmen.

Beruf: Die gewaltigen persönlichen Kräfte, die durch einen günstigen Saturn-Mars-Aspekt freigesetzt werden, können mitreißen, für Vorgesetzte entscheidende Maßnahmen bringen, ihnen Respekt verschaffen, lassen aber doch Einsicht bei der Menschenführung vermissen. Es geht bei Geschäften um Sein oder Nichtsein, wobei kritische Aspekte im Radix auch durch einen günstigen Transit ausgelöst werden können!

Besonderes: Selbst günstige Aspekte werden die Gefahr einer Überspannung der Kräfte bringen. ♄

♄ ☌, □, ☍ ♂

5 b) Saturn ungünstig zu Mars
(Konjunktion, Quadrat, Opposition) **194**

Die Potenzierung marsischer und saturnischer Kräfte erweist sich als Übel, was beiden Planeten in der Antike die Bezeichnung „Übeltäter" eintrug. Mißerfolg, Sturheit, Gewalt und Verzicht, Unfall oder Trauer sind die wichtigsten Merkworte.

Charakter und Gesundheit: Für triebhaft veranlagte Menschen, bei denen Mars im Horoskop eine besondere, charakteristische Position innehat, wird dieser Aspekt Jähzorn wecken, schlummernde aggressive Neigungen auslösen und kann dann Konflikte aus Eifersucht oder anderen Motiven bringen. Es ist häufig eine Zeit harter Selbstprüfung, in der die Neigung zu Affekthandlungen unterdrückt werden muß, um sich nicht schwer zu schaden. Man vermeide Entscheidungen, bei denen jene Charakterfehler, deren man sich bewußt ist oder die man immer wieder vorgehalten bekommt, eine Rolle spielen können. Gesundheitlich droht die Gefahr, selbstzerstörerischen Kräften nachzugeben, Koliken, Attacken oder Verletzungen, bzw. einen Unfall zu erleiden.

Partnerschaften: Ist der Transit auf das partnerschaftliche Verhalten zu beziehen (fünfter oder siebter Sektor, Asz., MC, elfter Sektor) kann es Streit oder Konflikte geben, Zerwürfnisse wegen Kleinigkeiten, kann Liebesbegehren zu Leid und Eifersucht werden, Haß, Zorn, Zwietracht jene Bindung zerstören, die entweder aus Herzens- oder Vernunftgründen geschlossen wurde. Öffentliches Auftreten in solcher Zeit kann mit Gefahren verbunden sein.

Materielles: Ein kritischer Saturn-Mars-Aspekt bringt häufig plötzliche und einschneidende Verluste an Geld und Gut und ist keine Voraussetzung für materiellen Erfolg, zumindest nicht auf ehrliche Art und Weise.

Beruf: Charakterfehler werden es schwer machen, mit anderen zusammenzuarbeiten. Man ist zu „kantig“, unbeherrscht, verlangt von sich und anderen zu viel, treibt Raubbau an den eigenen Kräften und schädigt damit die Aussicht auf eine gedeihliche Entwicklung. Große Verluste können eintreten.

Besonderes: Es lohnt sich, zurückzurechnen, wann und in welcher Weise Mars-Saturn (oder umgekehrt Saturn-Mars) Transite sich ausgewirkt haben. Man wird dann meistens feststellen, daß schon ein sehr „schlechtes“ Radix dazu gehört, um von einem „Katastrophenaspekt“ zu sprechen. Man sollte sich durch einen solchen Transit niemals ins Bockshorn jagen lassen oder gar kopflos werden. Wenn man in der fraglichen Zeit wichtige Entscheidungen verschiebt, sich bemüht, tolerant zu sein und die Unebenheiten des eigenen Naturells andere nicht spüren zu lassen, wird auch das Echo auf eine solche Konstellation nicht zu schwer sein.

♄ ☌ ♂

5 K) Die Konjunktion des Saturn mit Mars 195

muß in der Regel als kritisch angesehen werden, bzw. verheißt die am stärksten negative Auswirkung.

♄ △, ✶, ☌ ♃

6 a) Saturn günstig zu Jupiter
(Trigon, Sextil evtl. auch Konjunktion) **196**

Im günstigen Falle Konzentration, Einsicht, Geduld und langsamer Aufstieg.

Charakter und Gesundheit: In den Zeiten günstiger Transite vermag der Mensch durch Einsicht zu reifen, ist philosophischer Überlegungen zugänglich, wird über sich selbst und seine Handlungsweise reflektieren, darauf wahrscheinlich ernüchternde Schlüsse ziehen, die aber durchaus die Grundlage für eine Wandlung in Richtung auf Festigkeit des Wesensbildes hin sein können. Ist die Verbindung im Radix harmonisch, wird der Transit das Bestreben wecken, daß der Geborene seine Machtpositionen langsam aber sicher ausbaut, daß der soziale Aufstieg gelingt, wenn auch nicht mühelos und ohne Anstrengung, daß sich die finanziellen Erwartungen bessern. Zähigkeit und Hartnäckigkeit werden durch Würde und edle Motivation aufgewertet. Die Gesundheit kräftigt sich, es lohnt sich eine Behandlung mit Langzeit-Methoden. ♄

Partnerschaften: Vor allem kann eine Verbindung zwischen reifen Menschen jetzt gelingen. Die eigene Persönlichkeit zeigt sich so wie sie ist, wahr und echt, strebt aber bei einer Partnerschaft ebenfalls nach Verbindung mit solchen Qualitäten, so daß von vornherein Klarheit angestrebt wird.

Materielles: Für jegliche Art des Erwerbs, vor allem von Grundstücken, einer Wohnung, größeren Besitzes ist dieser Aspekt günstig. Hierbei kann die Hilfe von Behörden nützlich werden, man sollte auf den Rat erfahrener Leute hören oder ihn suchen. Spontane Entscheidungen in dieser Richtung haben selten Glück. Wenn die Gestirne im Radix keine kritische Position zueinander einnehmen, sind im Zeichen harmonischer Transite Investitionen, Käufe, Tätigkeiten, die dem sozialen Fortkommen dienen, und alle Arten juristischer Fragen günstig anzugehen.

Beruf: Die Unterstützung von Behörden, Klärung von Rechtsangelegenheiten, von Verträgen werden zu einer inneren Befriedigung führen. Allerdings sind kaum spektakuläre, plötzliche Entscheidungen zu erwarten, eher zeichnet sich der Erfolg lang andauernder Studien, guter Vorbereitung von Geschäften oder auch das Ergebnis harter Arbeit ab.

♄ □, ☍ ♃

6 b) Saturn ungünstig zu Jupiter (Quadrat, Opposition) **197**

Liegt eine schlechte Verbindung im Radix vor, werden Verluste und Sorgen, ernste Schwierigkeiten auftreten können.

Charakter und Gesundheit: Verbissenheit, Mangel an Jovialität, Durchsetzung um jeden Preis, auch unter Bruch von Verträgen, werden möglich, weil der Charakter in einer Krisensituation ist. Gesundheitlich kann sich das als Neigung zu chronischen Krankheiten ebenso äußern wie zu Diätfehlern, unerwünschter Fülle und dadurch bedingter Störungen.

Partnerschaften: Man verschafft sich in dieser Zeit selten Sympathie. Der Wunsch nach Expansion, nach einer Ausdehnung der persönlichen Beziehungen oder Kräfte stößt auf falsche Termine oder wird in nicht passender Form vorgenommen. Mißerfolge durch eigenes Verschulden sind ebenso möglich wie Verluste in Besitzangelegenheiten, in Grundstücks- oder Wohnungssachen. Das öffentliche Wirken ist beeinträchtigt.
In den Zeiten kritischer Saturn-Jupiter-Aspekte ist man unsicher, steckt voller Zweifel, sieht sich im sozialen Fortkommen beein-

trächtigt, oder ein Vertrag kann gelöst werden, familiäre Schwierigkeiten können auftauchen oder eine Liebesverbindung einer ernsten Belastungsprobe ausgesetzt sein.

Materielles: Es äußert sich dieser Aspekt in Verlustgefahr, ist kritisch für Behördenangelegenheiten, für Prozesse oder für Verhandlungen, bei denen es um Rechtsfragen geht. Man vermeide wirtschaftliche Expansion oder Entscheidungen.

Beruf: Schwierigkeiten mit Vorgesetzten, Kampf gegen Neider und notorische Störenfriede beeinträchtigen die Laune. Man sieht sich in den Bemühungen um Studienergebnisse um den Erfolg gebracht, ist durch Höhergestellte, durch Prüfer oder Vorgesetzte benachteiligt und muß Arbeiten verrichten, die einem nicht passen.

Besonderes: Saturn-Jupiter-Aspekte können sich über längere Zeiträume erstrecken und wenn andere Aspekte hinzutreten, zu einem sehr unbefriedigenden Ergebnis führen.

♄ ☌ ♃

♄

6 K) Die Einschätzung einer Transit-Konjunktion 198

ist von den Beziehungen der Planeten im Radix abhängig. Stehen diese in guter Verbindung, wird auch eine Konjunktion nicht übel sein. Man sollte aber Spekulationen vermeiden und nichts tun, was Unehre einbringt, gegen die Ordnung und gegen Traditionen verstößt. Die Gefahr, daß Fehler beträchtliche Nachwirkungen nach sich ziehen, ist immer gegeben. Im übrigen liefern die betroffenen Sektoren Aussagemöglichkeiten über die in Frage kommenden Lebensbereiche.

♄ △, ✳, ☌ ♄

7 a) Saturn günstig zu Saturn
(Trigon, Sextil, in der Regel Konjunktion) 199

Saturn in harmonischem Aspekt zum Radixort spiegelt selten ein direktes Ereignis, hat aber Einfluß auf die Gestaltung längerer Zeiträume.

Charakter und Gesundheit: Besonnenheit, Ernst und Geduld werden gefördert, damit auch jene Verhaltensweisen, die auf Dauer Erfolge versprechen. Gesundheitlich dürfte eine gewisse Besserung eintreten. Mit Geduld sind Hindernisse zu überwinden, unter einem günstigen Saturnaspekt beginnt man Unternehmungen von Dauer.

Partnerschaften: Innere Reife und Ausgewogenheit, die Furcht, andere durch Vorurteile zu schaden, machen umgänglicher und fördern Kontakte zu Älteren bzw. bringen entweder eine langersehnte Verbindung oder lassen solche von Dauer zustandekommen. Im Zusammenleben oder Zusammenarbeiten können Saturnaspekte besondere Einschnitte kennzeichnen, etwa das Beenden einer Lebensperiode durch kluge Einsicht oder dadurch, daß man sich in die Verhältnisse schickt. Meistens ist damit auch ein sorgfältig geplanter Neubeginn verbunden.

Materielles: Günstige Saturntransite fördern alle materiellen Unternehmungen, lassen zu Geld und Gut kommen, Wohnungsangelegenheiten gelingen oder Veränderungen nach einem Wechsel stabil werden. Man darf aber keine zu hohen Erwartungen hegen oder gar auf Spekulationen hoffen. Gefördert ist alles, was ein Ziel hat, konzentriert, methodisch, mit Ordnung angegangen wird und der Sicherung, besonders im Alter, dient. Begünstigt sind ferner materiell fundierte Beziehungen zu anderen Menschen.

Beruf: Eine sehr gute Zeit für ernste Studien, für größere Geschäfte oder für schwere Arbeiten. Man muß sich anstrengen, und das Ergebnis der Mühe entspricht nicht immer dem Aufwand, wird aber durch eine gewisse innere Befriedigung wettgemacht. Günstig für Tätigkeiten, die Grund und Boden betreffen, rein praktischer Art sind oder auch richtungweisend für die Zukunft.

♄ □, ☍ ♄

7 b) **Saturn ungünstig zu Saturn** (Quadrat, Opposition) 200

Verzögerung, Schwäche, Pessimismus, Krankheit, Verlust

Charakter und Gesundheit: Charakterfehler wie Neid, Mißgunst, Härte und Unbeugsamkeit, Uneinsichtigkeit, Intoleranz und Sturheit werden jetzt gefördert und können zu entsprechenden Verlusten führen. Gesundheitlich können Depressionen, Pessimismus, organische Folgen haben. Es besteht die Gefahr sich anzustecken, sich zu erkälten oder eine Stoffwechselstörung zu haben. Gicht, Rheuma, Erkrankungen der Gliedmaßen, besonders der Knie, sind möglich. Man hat keine Lust zu aktivem Handeln.

Partnerschaften: Egoistische Handlungsweise paßt nicht recht zu Liebe und Freundschaft und zu familiärem Glück. Vielfach gibt es auch Sorgen um Nahestehende, also durch äußere Schicksalsfügung. In der Öffentlichkeit wird man kaum Beliebtheitspunkte sammeln. Abschied oder Trennung, Verlust eines öffentlichen Amtes sind möglich.

Materielles: Hier ist eindeutig ein Trend zu Verlusten gegeben, Aufgabe von Besitz, Einengung der materiellen Möglichkeiten, Einschränkungen im Lebensstandard oder Verzögerung von Aktionen, die der materiellen Besserstellung dienen sollen. Ungünstig für Bautätigkeit, für Erwerb von Grund und Boden.

Beruf: Arbeit oder Geschäfte erweisen sich als falsch angelegt, die eigene Position wird unterminiert, es gibt Erschwernisse im Fortgang der Studien oder beim Abschluß eines Geschäfts.

Besonderes: Gerade die negativen Saturnaspekte, einschließlich der Übergang über den eigenen Platz im Radixhoroskop entsprechen den Rhythmen im Menschenleben, wie sie durch die Siebener-Jahresperiode bezeichnet werden. Der erstmalige Übergang über einen Aspektpunkt erweist sich in der Regel als nicht schwerwiegend, kann aber bereits Anzeichen einer künftigen Krise geben, die während der *Rückläufigkeit* des Planeten, wenn also der zweite Übergang erfolgt, sich voll auszuwirken vermag. Der dritte Übergang, wieder direktläufig, bringt entweder die volle Schwere der Auswirkung oder aber beendet die mehr oder weniger tragische Zeit. Damit bestimmt Saturn unter Umständen *für Monate* wesentlich den schicksalhaften Ablauf und kennzeichnet somit seelische und körperliche Entwicklungskrisen. Von entscheidender Beurteilung der Schwere eines Saturntransits ist die Schnelligkeit von dessen Lauf. Bewegt sich Saturn rasch durch den Tierkreis, geht er nur einmal über die fragliche Aspektstelle, wird seine Wirkung wesentlich geringer sein als bei langsamem Lauf, der mit einem Pendeln verbunden ist. Aber auch der Mensch als Einzelwesen reagiert ganz unterschiedlich auf saturnische Transite, weshalb die Klärung der Saturnposition im Radix auch unerläßlich ist. Besonders ein Saturn am MC und am Asz. kann sehr empfindlich für Transite sein. Ferner werden durch solche Saturntransite auch Radixkonstellationen berührt, die in der fraglichen Zeit nicht oder noch nicht exakt angesprochen werden. Man tut daher gut, die Wirksamkeit der Saturntransite nicht zu eng zu halten, sondern ihnen zeitlich einen größeren Spielraum einzuräumen.

♄ ☌ ♄

7 K) Die Konjunktion des laufenden Saturn **201**

mit seiner Radixposition wird nur dann eine besondere Auswirkung haben, wenn der Planet in wichtigen exakten Aspektverbindungen mit anderen Gestirnen oder mit „Ecken“ des Horoskops in Verbindung steht. Sie decken sich mit den großen Rhythmen im Lebensablauf. Saturnaspekte haben Langzeitwirkung. Vermag er auch in günstiger Transitstellung reifen zu lassen und Einsichten zu schenken, sind diese meistens, bei negativen Transiten immer die Frucht von schicksalhaften Geschehnissen, weshalb ihnen auch „karmische“ Bedeutung zukommt. Mancher wird gewogen und erst in späterer Zeit für zu leicht gefunden. Dann aber ist es zu spät, und das Schicksal nimmt seinen Lauf.

Den Transiten Saturns begegnet man nicht durch Widerstand, sondern durch Annahme des Unvermeidlichen und dadurch, daß man sich in die Gegebenheiten schickt, wie sie das Schicksal einem auferlegt.

♄ △, ✳ ♅

8 a) Saturn günstig zu Uranus (Trigon, Sextil) **202**

Beide Gestirne bewegen sich langsam, was sich auch in der Auswirkung der Transite spiegelt. Meistens kündigen Saturn-Uranus-Transite größere Umstellungen an, wenn Uranus im Radix in markanter Position ist, auch im Sinne einer plötzlichen Wendung.

Charakter und Gesundheit: Mehr Zähigkeit und Festigkeit, auch Unbeugsamkeit, und Härte gegen sich selbst, dabei die Fähigkeit, aus Erfahrungen (auch aus Erlittenem) zu schöpfen und Stehvermögen zu zeigen, das Krisen überwinden hilft. Gesundheitlich kann der Aspekt eine Langzeitbehandlung begünstigen oder aber Fortschritte durch moderne oder ungewöhnliche Heilmethoden bringen.

♄

Partnerschaften: Nur wenn Uranus auf den Asz., den fünften, siebten oder elften Sektor im Radix determiniert ist, darf man aus dem Transit entscheidende Einflüsse für Partnerschaften oder Freundschaften erwarten. Meistens realisieren sich dann langgehegte Absichten oder es verdichten sich Beziehungen, wobei, gerade bei Beziehungen zum anderen Geschlecht, ungewöhnliche Formen des Zusammenseins gefunden werden können. Für das Wirken in der Öffentlichkeit sind günstige Aspekte dieser Planeten helfend, weil sie zur Profilierung der Persönlichkeit beitragen.

Materielles: Es ist ein Aspekt der Reformen, weshalb Neuerungen Aussicht auf Verwirklichung haben, die gut abgesichert begonnen werden. Man wird die Bestimmung des richtigen Zeitpunkts des Beginns einer Handlung aber sorgfältig mit anderen Transitfaktoren abstimmen müssen, damit sich der optimale Einsatz an Energie lohnt.

Beruf: Vorzüglich geeignet für naturwissenschaftliche oder andere Studien, für Erfindungen auf technischem Gebiet, für Geschäfte mit der Technik oder für den Abschluß langer Verhandlungen.

Besonderes: Der eigentliche Lebensbereich, in dem der Aspekt sich auswirkt, wird durch die Position von Uranus im Radixhoroskop bestimmt.

♄ □, ☍ ♅

8 b) Saturn ungünstig zu Uranus (Quadrat, Opposition) 203
Gefahren, Krise, Verlust

Charakter und Gesundheit: Charakterfehler, die das soziale Fortkommen behindern, machen sich erschwerend geltend. Hemmungen und Sperrungen führen zu Fehlverhalten, das in Konflikt münden oder in übertragenem Sinn oder direkt zu einem Unfall führen kann. Verletzungen und Erkrankungen sind möglich, vor allem Gefahren durch Technik, Elektrizität oder durch Radikalkuren.

Partnerschaften: Muß der Transit auf einen zwischenmenschlichen Kontakt bezogen werden, dürfte dieser einer ernsteren Belastungsprobe ausgesetzt sein, die sich zu eine Krise ausweiten kann. Die lange andauernde Wirkung wird um so nachteiliger empfunden werden, je exponierter die Stellung des Uranus im Grundhoroskop ist. Im schlimmsten Fall kann es sich um einen harten Existenzkampf handeln, um Kummer und Leid, wie sie eine plötzliche Trennung mit sich bringen oder aber auch um ernstere Schwierigkeiten im öffentlichen Auftreten.

Materielles: Der Trend ist durchaus ähnlich wie oben erwähnt. Man sollte nichts riskieren, da die Verlustgefahr zu groß ist.

Beruf: Arbeiten und Geschäftsgang leiden unter negativen Saturn-Uranus-Aspekten erheblich. Studien kommen zu keinem günstigen Abschluß, man konzentriert sich auf das Ungewöhnliche, Exzentrische, das keine Verbindung zum wirklichen Leben hat, so daß Kraftvergeudung nur Schaden bringt.

♄ ☌ ♅

8 K) Die seltene Konjunktion des Saturn mit Uranus 204
wird wesentlich nach dem Radixverhältnis der Transitpartner zu beurteilen sein, doch sollte man in der Regel von einer kritischen Tendenz ausgehen, mindestens aber für diese Zeit Gefahren vermuten.

♄ △, ⚹ ♆

9 a) Saturn günstig zu Neptun (Trigon, Sextil) 205
Chance zur Verwirklichung geistiger Bemühungen. Der Wirkungsbereich einer günstigen Saturn-Neptun-Konstellation läßt sich nur unvollkommen auf bestimmte Lebensbereiche abgrenzen. Bei Menschen, in deren Radixhoroskop Neptun keine Rolle spielt, wird der Aspekt nicht viel bringen, denn nur sensible Naturen fühlen sich geistig angeregt, sind dadurch aber auch seelisch ausgeglichen und können durch Einsichten reifen. Deswegen begünstigt der Transit vor allem Partnerbeziehungen unter gereiften Menschen oder ist günstig für das öffentliche Auftreten. Sehr vorteilhaft ist er für Studien, da die Neigung besteht, sich mit Problemen zu beschäftigen, die „Tiefgang" haben. Die lang andauernde Wirkung der Konstellation wird selten äußere Ereignisse bringen, sondern mehr den Erlebnishintergrund und damit die Basis der Gesamtsituation beeinflussen.

♄ □, ☍ ♆

9 b) Saturn ungünstig zu Neptun (Quadrat, Opposition) 206
Aufreibende Lebensumstände können eine Neurose als Folge haben. Gesundheitlich dürfte der Aspekt quälenden Schmerz bringen oder

die ärztliche Diagnose über die Ursachen einer Krankheit erschweren. Die Position der Aspektpartner im Radix kann Hinweise geben, wie der Transit sich organisch auswirkt. Partnerschaften sind durch eine ungünstige Saturn-Neptun-Konstellation durch Unaufrichtigkeit bedroht. Man leidet unter Intrigen oder ist selbst unaufrichtig, wird das Opfer einer Illusion und leistet Verzicht. Die Konstellation betrifft weniger Materielles, kann dagegen Freundschaften beeinträchtigen. Seelische Komplikationen können das Verhältnis zu nahestehenden Personen wie zur Umwelt trüben, ja man setzt sich der Gefahr aus, in unerfreuliche Situationen verwickelt zu werden.

♄ ☌ ♆

9 K) **Die seltene Konjunktion des Saturn mit Neptun** 207

wird nach der Qualität des Aspekts der Transitpartner im Radix eingeschätzt werden müssen, doch kann man von einer überwiegend negativen Bewertung ausgehen.

♄ △, ✳ ♇

10 a) **Saturn günstig zu Pluto** (Trigon, Sextil) 208

Dieser sich sehr langsam abwickelnde Aspekt wird eher den Zeitcharakter färben als direkte einschneidende Erlebnisse plötzlich auslösen. Er kennzeichnet eine Lebensperiode, in der sich vieles schwieriger gestaltet oder mit Mühe verbunden ist als üblich, vielleicht, weil man selbst gerade in einer Entwicklungskrise steckt oder das Gefühl hat, es sich nicht zu leicht machen zu dürfen. Da während des langen Wirkungszeitraumes aber auch zahlreiche Konstellationen anderer Gestirne vorliegen werden, sollte man diesen mehr Beachtung schenken, der Saturn-Pluto-Verbindung aber lediglich einen modifizierenden Charakter beimessen. Sind die begleitenden Aspekte jedoch kritisch, so kann eine harmonische Radixverbindung der Gestirne, die durch Transit auflebt, Kraft zum Durchhalten bringen.

♄ ☌, □, ☍ ♇

10 b) Saturn ungünstig zu Pluto
(Konjunktion, Quadrat, Opposition) **209**

Ereignisse von Massencharakter können unerfreulichen Einfluß auf das persönliche Schicksal haben, eine Zeit größerer Risiken und Gefahren, vor allem wenn andere Aspekte dies ebenfalls anzeigen. Für sich genommen und ohne entsprechende Direktion wird diese Konstellation nicht zu fürchten sein.

♄ △, ✱ ☊

11 a) Saturn günstig zum Mondknoten (Trigon, Sextil) **210**

Man schließt sich enger an eine Gemeinschaft an, ist bereit, auf Sonderrechte zu verzichten, nimmt den Rat erfahrener oder älterer Personen an und strebt nach einem harmonischen Auskommen, das über den Tag hinausreicht. Allerdings sucht man sich auch im Rahmen der Gemeinschaft zu behaupten und zu profilieren. Das aber wird Zeit brauchen.

♄

♄ ☌, □, ☍ ☊

11 b) Saturn ungünstig zum Mondknoten
(Konjunktion, Quadrat, Opposition) **211**

Dieser Aspekt läßt Isolierung vermuten, man ist allein, fühlt sich verlassen oder aufgegeben, hat Schwierigkeiten, sich anderen anzuschließen oder ist Signal für einen Abschied, eine Trennung, für das Ausscheiden aus einer Gemeinschaft. In der Zeit dieses Transits sollte man nicht Herzlichkeit und Zuwendung durch andere erwarten.

♄ ☌ ☊

11 K) Der direkte Übergang des Saturn **212**

über den Ort des aufsteigenden Mondknotens muß als ungünstig angesehen werden, kann aber bei einer harmonischen Radixverbindung eine Besinnung auf Pflichten bringen. Zwar ein Abschied, aber je nach Charakterveranlagung, einer, bei dem man sich selbst treu bleibt.

♄ △, ✳ Asz

12 a) Saturn günstig zum Asz. (Trigon, Sextil) **213**

Charakter und Gesundheit: Nur wenn im Radix eine harmonische Verbindung zwischen Saturn und Asz. bzw. zwischen Saturn und dem Regenten des aufgehenden Zeichens gegeben ist, darf man eine merkbare stabilisierende Wirkung erhoffen. Man wird dann entschiedener und selbstloser handeln, seine Umwelt nüchterner beurteilen, auch die eigene Situation in dieser und die damit verbundenen Möglichkeiten. Es ist eine Konstellation des Realismus und der Zuverlässigkeit, sie fördert langsame Entwicklungen, vor allem in der reinen Persönlichkeitssphäre. In gewissem Maße werden diese günstigen Saturnaspekte auch der gesundheitlichen Stabilität zugutekommen.

Partnerschaften: Man hört auf den Einfluß anderer, will an bestehenden Verbindungen festhalten und bemüht sich um Selbstkritik. In der Regel werden familiäre Belange dadurch erfreulicher gestaltet, weil man enger zusammenrückt und Zusammengehörigkeitsgefühle entwickelt. Für Liebe und Freundschaft begünstigt dieser Aspekt Dauer. In ähnlicher Weise wird das Auftreten in der Öffentlichkeit gefördert werden.

Materielles: Für materielle Initiativen, Kapitalanlage oder für Fortschritte nach der Überwindung von Schwierigkeiten eine günstige Periode.

Beruf: Die Konstellation begünstigt ernste Studien, Geschäfte und Arbeit, die milieubezogen sind und erlaubt es, langsam den Einfluß auf die Umwelt zu steigern.

♄ □, ☍, Asz

12 b) Saturn ungünstig zum Asz. (Quadrat, Opposition, in der Regel auch der direkte Übergang, die Konjunktion) **214**

Ungünstige Saturnaspekte zum Asz. werden immer schwerer in der Auswirkung sein als harmonische. Vor allem, wenn der Planet langsamen Laufes ist oder über den Asz., bzw. die Aspektpunkte pendelt, ist eine ernste Zeit.

Charakter und Gesundheit: Ungünstige Charakteranlagen, die sich vor allem nachteilig auf das soziale Fortkommen auswirken, treten verstärkt auf. Mangel an der Bereitschaft zur Mitarbeit, Selbstmitleid, Unsicherheit, psychische Depressionen und gesundheitliche Störungen können von längerer Dauer sein. Man zweifelt am eigenen Leistungsvermögen, möchte Schlußstriche ziehen oder Neues beginnen (was bei einer günstigen Saturn-Asz.-Verbindung im Radix auch gelingen kann), kommt zu einer seelischen Haltung, die Sorgen, Kummer, Verzweiflung ausdrücken kann und vermißt fremde Hilfe. Aus dem Gefühl der Verlassenheit können Erbitterung und Härte erwachsen, aber auch Neid und Zorn. Die Ohnmächtigkeit des eigenen Handelns wird einem bewußt, man sieht sich dem Schicksal ausgeliefert, in seiner Vitalität und Potenz geschwächt.

♄ ☌ Asz

12 K) Der Aszendent **215**

ist der persönliche Punkt des Horoskops, daher gehört der Saturnübergang zu den am stärksten wirksamen Aspekten. Die negativen Seiten des Wesens werden stärker hervorgekehrt, Gemütsreaktionen laufen langsamer ab, auf der Seele lastet Druck, man leidet, ist gehemmt und mutlos. Zur Vereinsamung durch eigenes Verschulden kann auch Trennung von Nahestehenden durch Todesfälle eintreten. In einer Zeit, in der Saturn über den Asz. schreitet, sollte man nichts Neues planen und wichtige Entscheidungen verschieben. Allerdings ist nicht auszuschließen, daß eine neue Lebensperiode beginnt, doch würde sie exakt zu dieser Zeit gestartet, große Anfangsschwierigkeiten haben.

♄ △, ✳ MC

13 a) Saturn günstig zum MC (Trigon, Sextil) **216**
Ziele der Existenz sind meistens beruflicher Natur, aber auch Partnerschaftliches kann, wenn es zur Entscheidung ansteht, durch einen günstigen Saturnaspekt freundlich beeinflußt werden. Zunächst aber muß man daran denken, daß ein günstiger Aspekt des Saturn zum MC der Verwirklichung von Zielen dienlich ist, die seit langer Zeit gefaßt wurden. Mit Mühe werden Hindernisse und Schwierigkeiten überwunden, doch winkt der Endsieg. Die praktischen Ansichten setzen sich durch, es geht langsam, aber sicher, überschaubar vorwärts.

♄ □, ☍ MC

13 b) Saturn ungünstig zu MC (Quadrat, Opposition) **217**
Die kritischen Aspekte des Saturn bringen vor allem Verluste des Ansehens, Einschränkungen in der beruflichen Tätigkeit, Gefahr einer Kündigung oder Lösung eines Arbeitsverhältnisses, Beeinträchtigung des Kredits oder allgemeine sorgenvolle Entwicklung persönlich wichtiger Belange. Auch familiäre Ereignisse negativer Art sind möglich, etwa ein Todesfall oder Erkrankung von Familienmitgliedern.

♄ ☌ MC

13 K) Die Konjunktion des Saturn mit dem MC **218**

ist in der Regel kritisch zu bewerten und könnte Existenzkämpfe, Rückschläge, Sorgen und Verluste bringen, die ins Persönliche hineingehen oder, da das MC in Opposition zur Spitze des vierten Sektors reicht, auch den Begriff Heim, Heimat, Eltern berühren. Die Konjunktion ist nur in sehr seltenen Fällen günstig zu bewerten, wenn Saturn etwa im Radix ein Trigon dazu hat und harmonische Direktionen vorliegen. Dann allerdings könnte ein beruflicher Aufstieg nach Überwindung großer Schwierigkeiten endlich gelingen oder die Aussicht bringen, daß nunmehr etwas Endgültiges erreicht ist, das den persönlichen Lebensgang betrifft. Familiär aber wird die Situation unfreundlich zu beurteilen sein.

♅

Die Transite des Uranus

Als Transitor verkörpert Uranus den Zufall, das Prinzip des Plötzlichen, das unser Leben von Grund auf umgestalten kann.

Grundbedeutungen:

A) Typisch für die Auswirkungen von Uranustransiten ist das Überraschungsmoment. Urplötzlich neigt man zu Veränderungen, sieht sich sowohl von innen heraus als auch durch äußere Umstände veranlaßt, plötzlich Veränderungen vorzunehmen, die tiefgreifend und umwälzend sein können. Eben deshalb kommt auch den Rhythmen dieses Planeten, also den positiven, in stärkerem Maße noch negativen Aspekten zum Radixort eine einschneidende Wirkung zu. Da der Planet sehr langsam läuft, kann sich die Wirkungsdauer auf viele Monate erstrecken, somit Lebensphasen bezeichnen, die durch ihre Einmaligkeit auffallen. Uranustransite sind immer von großer Dynamik, nicht „schleichender" Art wie die des Saturns. Daher können sie in positivem Sinn einmalige Gelegenheiten zur Umstellung oder zum Aufstieg, also im Sinne des Erfolgs bedeuten. Der Streß, das freudige Erschrecken, der Zufall, den Fortuna uns zuspielt, die völlig neue und unerwartete Situation sind uranischer Natur. Wessen Uranus im Geburtshoroskop an bedeutsamer Stelle steht, etwa am Asz. oder MC, bzw. in glücklichen Aspektverbindungen mit wichtigen Gestirnen, wobei auch die Schnittpunkte eine Rolle spielen, kann sich auf die prompte Wirkung verlassen. Hier gilt Schillers: „Was Blindes Ungefähr uns dünkt, gerade das steigt aus den tiefsten Quellen."

B) Es liegt in der Natur uranischer Aspekte, daß sie im seelisch-geistigen wie körperlichen Bereich Spannungen schaffen. In der Regel werden Quadrate und Oppositionen, abgesehen von den direkten Übergängen, die ohnedies das meiste Gewicht tragen,

Brüche in der Lebensbahn anzeigen. Diese werden um so nachhaltiger sein, je mehr das Grundhoroskop oder Direktionen in diese Richtung weisen.

Ziel der Uranustransite ist es, bei entsprechender Veranlagung der eigentlichen Natur des Ich zum Durchbruch zu verhelfen. Dies kann eine befreiende Tat ebenso sein wie die Zerstörung des bisherigen Lebenswerkes, wobei man sich vor vorschnellen Urteilen hüten muß, ob ein Uranustransit „gut“ oder „böse“ zu beurteilen ist. Zumeist ist die Schaffung neuer Lebensbedingungen schwierig und erfordert den ganzen Einsatz, oft ein hohes Maß an Risikobereitschaft oder Abenteuerlust. Wenn alles auf eine Karte gesetzt wird, es auf Biegen oder Brechen geht, oder wenn etwas ganz exakt geplant, dann doch völlig unvermittelt anders abläuft, ist in der Regel ein Uranustransit am Werk. Durch die befreiende Tat kann Überholtes beseitigt werden, mag das zunächst auch schmerzlich sein. Das unterste wird nach oben gerührt. Reformen oder Revolutionen in der individuellen Entwicklung sind gewiß Störphasen im Lebensablauf, können aber nach „Aufarbeitung“ der besonderen Problematik auch den Weg zu Aufstieg, Ruhm und Glück öffnen. Der „Blitz aus heiterem Himmel“ kann zur Prüfung werden, insbesondere der Nerven, zu denen Uranus meistens astrologische Beziehungen hat, oder Krämpfe, bzw. Lähmung vor Schreck signalisieren.

Dauer: Mindestens wird man mit der Andauer des Transits rechnen können, solange der Planet einen Grad des Tierkreises durchläuft, in der Regel aber werden es mehrere Wochen sein, in denen die charakteristischen uranischen Eigentümlichkeiten im Schicksalsablauf hervortreten. Besonders wird dies der Fall sein, wenn Uranus über einen bestimmten Planetenort oder Aspektpunkt pendelt. Wie bei Saturn muß der erste Übergang noch keine besonderen Trends erkennen lassen, eher ist die *Rückläufigkeit* dasjenige Stadium, das Aufmerksamkeit erfordert. Wenn etwa gleichzeitig zu den Uranustransiten noch andere hinzutreten, die in eine ähnliche Richtung weisen, dürfte eine Umbruchsituation entstehen, die den Menschen monatelang beschäftigen kann.

♅ △, ⚹ ☉

1 a) Uranus günstig zu Sonne (Trigon, Sextil) **219**

Uranus hat Beziehungen zur Parapsychologie, repräsentiert auch die Astrologie, in der Seelenkunde jene tiefen Schichten, die uns unbewußt sind. Sein positiver Transit zur Sonne kann uns ganz eigentümliche Erfahrungen mit uns selbst machen lassen, sei es, daß man an sich Charaktereigentümlichkeiten feststellt, daß man sich Dinge zutraut, die man bisher nicht wagte, daß man über sich selbst hinauswächst, voller Trieb und Drang „nach den Sternen greift", daß vielleicht eine besondere Förderung in der geistigen Sphäre zu erwarten ist. Uranustransite können gewaltige innere Kräfte freisetzen, die zum Beispiel der Gesundung dienen, der Besserung der Lebenslage, eben weil man „ein anderer" geworden ist. Der Horizont weitet sich, man entdeckt Neuland und strebt diesem beherzt zu. Es ist die glückliche Aufregung, der Coup bei Veranlagung zu Spielerglück auch der entscheidende Lottotreffer, den der „Zufall" einem zuspielt. Man darf unter Uranuseinfluß keine harmonische Zeit und keinen gleichmäßigen Schicksalsablauf erwarten. Wer aber auf schöpferische Unruhe angewiesen ist, kann Großes vollbringen. Die Richtung liegt einmal in der Art, die durch das Feld bezeichnet wird, in dem die Sonne bei der Geburt stand, dann durch das Zeichen des Uranus, Wassermann, und im übrigen wird es sich um Organisationsbestrebungen handeln, die originell sind und Weitblick verraten, möglicherweise auch der Zeit voraus sind.

Charakter und Gesundheit: Die großen Umstellungen, die Uranus bewirkt, können das Wesen des Betroffenen zutiefst verändern. Vor allem wenn im Radix Uranus in Konjunktion mit der Sonne steht, werden die Sieben-Jahresperioden sich stärker ausprägen. Mit Macht wird dann jeweils ein größerer Freiheitsrahmen angestrebt, mehr Eigenwilligkeit entfaltet oder mit sicherer Intuition verfolgt, wonach es einen von innen heraus drängt. Gesundheitlich können die positiven Aspekte neue Heilmethoden bringen, das Nervensystem günstig beeinflussen, aber auch in Zusammenhang mit Verletzungen oder Operationen eine Linderung bringen.

Partnerschaften: Es ist die plötzliche Begegnung, der „Zufall“, der zwei Menschen zusammenführt, und wenn es nur für kurze Zeit ist. Selten werden unter Uranusaspekten begonnene Beziehungen über längere Zeit fortgeführt. Ist ein Horoskopeigner in der Öffentlichkeit tätig, kann Uranus ihn plötzlich in das Scheinwerferlicht stellen und aus der Masse herausheben.

Materielles: Eine Förderung im Finanziellen wird nur dann zu erwarten sein, wenn das Radixhoroskop (und die Direktionen) Glück durch Spiel und Spekulation versprechen. Technisches, Neuartiges, bieten Aussicht auf Erfolge. Es ist das Ungewöhnliche, das Reizvolle, noch nie Dagewesene, mit dem man etwas anfangen kann.

Beruf: Der Aspekt begünstigt parapsychologische Studien, die Beschäftigung mit dem Außergewöhnlichen, ja Exzentrischen. Geschäfte, die bisher stockten und nicht recht vorankamen, werden unter Uranustransiten sich rasch entwickeln, wobei der Arbeitsbereich Technik bevorzugt ist.

♅ □, ☍ ☉

1 b) Uranus ungünstig zu Sonne (Quadrat, Opposition, meistens auch der direkte Übergang, zugleich die nachhaltigste Form der Auswirkung) **220**

Uranustransite markieren Unfälle, Operationen, Schicksalsschläge, plötzliche kritische Wendungen, Aktionen, mit denen man nicht gerechnet hat. Es ist nicht das kalkulierte Risiko, sondern das unvermutete Abenteuer, mit dem man konfrontiert wird. Was als äußeres Schicksal erscheint, wurzelt vielfach in den tiefen Schichten der eigenen Seele. Ein Ereignis ist nur die dazu ,,passende“ Resonanz.

Charakter und Gesundheit: Es liegt auf der Hand, daß in sich gefestigte Menschen keineswegs frei sind von Einbrüchen in ihre Lebensbahn, ja daß sie durch diese noch schwerer erschüttert werden als anpassungsfähige Charaktere. In der Regel bringt vor allem der direkte Übergang große Aufregungen, Operationsgefahr, Krisenneigung, Sturz. Da die Sonne den Vater repräsentiert, können auch Generationsprobleme plötzlich aufbrechen. Der Bezug des Uranus zum Modernen, vor allem der Technik, läßt bei kritischen Aspekten zum Sonnenort an Unfälle mit modernen Verkehrsmitteln, vor allem in der Luftfahrt und mit Elektrizität, denken.

Partnerschaften: Unbeständige Menschen, vor allem wenn sie vom Schicksal gebeutelt werden oder zu gewissen Zeiten besonders anfällig für Veränderungen sind, eignen sich in der fraglichen Zeit sicher nicht als treue Partner. Deswegen kann Uranus im Spannungsaspekt auch Trennung, Scheidung oder Lösung einer Freundschaft anzeigen, was natürlich immer mit den entsprechenden Aufregungen verbunden ist. In der Öffentlichkeit bringt die Hinwendung zum Neuartigen, zu Reformen, auch zu einer revolutionären Gesinnung den Bruch mit Traditionalisten, denn das Experiment, das Abenteuer, das Neue reizt, wobei die Tendenz kritisch, oft selbstzerstörerisch ist.

Materielles: Ungünstige Uranusaspekte bringen plötzliche Verluste an Hab und Gut, besonders durch Spekulationen.

Beruf: Hier können unerfreuliche Zwangslagen Veränderungen auslösen. Der Betroffene kann seine Stellung verlieren, eine Existenzkrise erleben oder in einen Unfall verwickelt werden, der ihn beruflich zurückwirft. Bei Studien sollte man lieber dem Bewährten folgen als irgendwelchen „Eingebungen". Zusammenstöße mit Vorgesetzten werden zu Machtproben und gehen meistens ungünstig aus. ⛢

⛢ ☌ ☉

1 K) Der direkte Übergang des Uranus über den Sonnenort 221

wird in der Regel als sehr kritisch beurteilt, wenn aber das Radix Uranus in bestem Aspekt zur Sonne zeigt, kann auch ein positiver Effekt des Transits die Folge sein. Ohne Aufregungen wird es allerdings nicht abgehen.

⛢ △, ⚹ ☽

2 a) Uranus günstig zum Mond (Trigon, Sextil) 222

Das Plötzliche, Zufällige, Exzentrische betrifft den Gefühlsbereich.

Charakter und Gesundheit: Im positiven Fall steigert sich die seelische Erregbarkeit. Das Gefühlsleben besonders sensibler Personen wird zu heftigen Ausbrüchen neigen, wobei wiederum die Veranlagung den Ausschlag gibt, ob die Intuitionen, die man aufgreift, die Pläne, die man verfolgt, zu einem Ziel führen oder nur zu einem Ausbruchsversuch aus dem Üblichen werden. Ein solcher kann sich als plötzliche Reise darstellen, als Flirt oder Liebesbeziehung von kurzer Dauer, als Wechsel im Milieu, gesundheitlich in einer vermehrten Drüsentätigkeit, als neue Heilmethode oder als in einem Ansprechen auf weibliche Einflußnahme.

Partnerschaften: Heiße Leidenschaft, ungewöhnliche Kontakte, sowohl mit Personen, die nicht zum bisherigen Lebenskreis zählen oder zu denen ein Altersunterschied besteht, sind möglich, die Vernunft scheint bei der Verbindung ausgeschaltet. Es überwiegen plötzliche Reize, die im besten Falle dazu dienen können, einen neuen Anfang zu machen oder eine eingefahrene Verbindung zu beleben, etwa die „heilsame Wirkung" eines Seitensprunges, wobei durchaus eines nicht für alle gilt. Die unter diesem Aspekt auftretenden aufwühlenden Ereignisse sind letzten Endes doch übergroße Spannungen, die schlecht im Alltag unterzubringen sind, mag auch das Einzelerlebnis besonders beglücken. Ein günstiger Uranus-Mond-Transit kann zu Popularität in der Öffentlichkeit verhelfen.

Materielles: Man organisiert mit Glück sein Leben, geht neue Wege, spekuliert und erzielt bei entsprechender astrologischer Voraussetzung aus dem Radix auch Gewinne. Plötzlicher Zuwachs an Besitz, evtl. durch Erbschaft, Veränderung, Reise, Wechsel in den Lebensbedingungen, Hinwendung zum Neuen, aber auch eine leidenschaftlichere Anteilnahme daran. Man kommt zu einer wissenschaftlichen Erkenntnis, Geistesblitz, der häufig emotional bedingt ist.

Beruf: Der Transit signalisiert eine Wendung, eine Chance, einen neuen Trend. Das Gefühl für richtige Entscheidungen, der instinktiv gesteuerte plötzliche Zugriff. Günstig, wenn Zusammenarbeit mit dem anderen Geschlecht erfolgen soll. Hier wird unvermittelt Sympathiegewinn zu buchen sein. Eine Berufstätigkeit, die auf schöpferische Impulse angewiesen ist, bekommt Auftrieb. Es werden Aktionen gestartet, die schnell etwas bringen.

⛢ ☌, □, ☍ ☽

2 b) Uranus ungünstig zum Mond
(Konjunktion, Quadrat, Opposition) **223**

Das Plötzliche, Zufällige, Ungewöhnliche wird negativ in Gefühlsdingen wirksam.

Charakter und Gesundheit: Das Wesen ist reizbarer, was sich in Nervosität ausdrückt. Erregungszustände können zu Psychosen führen, innere Unruhe wird Ursache für Fehlhandlungen. Besonders sind dies seelische Ausbrüche. Zwar sind sie selten von langer Dauer, aber man schadet sich doch oft erheblich. Konflikte treten als seelische Auseinandersetzung auf, das Gemüt ist irritiert. Neues, das auf einen zukommt, kann nicht aufgenommen werden. Es mangelt an Reife, am Zeit haben können für etwas oder für jemanden. Wer an sich unstet oder sprunghaft veranlagt ist, etwa von den Zeichen Zwillingen oder Schütze her, ist in seinem seelischen Gleichgewicht besonders störanfällig. Wer sich jetzt spontan in eine Idee verrennt, sich vorschnell festlegt oder von einseitigen, heftigen Empfindungen leiten läßt, wird ein Mißgeschick erleben. Gesundheitliche Störungen können zu einer Operation führen.

Partnerschaften: Anstatt Harmonie und Ausgewogenheit in den Beziehungen, bringt der Aspekt Spannungen und Hektik. Gereiztheit ist durch plötzliche Unzufriedenheit bedingt. Launen aber schaffen kein gutes Klima in Zweisamkeit und Arbeitsgemeinschaft. Andere können sich schlecht auf einen einstellen, weil das Sprunghafte jede Planung zunichte macht. So gibt es leicht Streit und Aufregungen. Es kann zu einer plötzlichen Trennung kommen. Unter diesem Transit hat es keinen Sinn, eine neue Beziehung anzuknüpfen, sie wäre nicht von Dauer. Man nimmt dem Aspekt die Schärfe, wenn man Selbstzucht übt und an ursprünglichen Vorhaben festhält und sich nicht ablenken läßt.

Materielles: Wechsel und Veränderungen bringen keinen Erfolg, werden aber versucht. Verluste können schlagartig einsetzen, und zwar in jenem Lebensbereich, in dem sich der Radix-Mond befindet. Man überschaut künftige Entwicklungen nicht, läßt sich zu sehr von leidenschaftlichen Gefühlen oder Anteilnahme leiten, um objektiv urteilen zu können. Extravagantes wird bevorzugt, aber originelle Pläne oder Lösungen haben kaum Chancen, realisiert zu werden. Man sollte Vorhaben, die zu dieser Zeit aufkommen, reifen lassen und nicht vorschnell zu einem Ende bringen wollen. Es ist kein glücklicher Termin für Veränderung, Reise oder Neubeginn. Verluste durch Spekulation.

Beruf: Was eine Chance zu sein scheint, wird ein Fehlschlag. Pläne werden durchkreuzt, der Zufall mischt mit. Es kann zu einer Kündigung kommen, zu einem Verlust der Stellung oder zu einem nachteiligen Wechsel, der unvermittelt eintritt. Nervosität und seelische Überreizung sind der eigentliche Grund für das Versagen. Man hat kein harmonisches Verhältnis zu Mitarbeitern, Störungen in Verbindung mit dem anderen Geschlecht. Heftige Zuneigung oder leidenschaftliche Empfindungen beeinträchtigen die sachlichen Beziehungen. Ein seelischer Ausbruch kann die nüchtern-sachliche Kalkulation in Frage stellen. Um Erfolg zu haben, muß vor allem das innere Gleichgewicht hergestellt werden, was jetzt nur schwer gelingt.
Besonders die Konjunktion wird von kräftiger Wirkung sein. Störungen zeichnen sich bei Damen und im familiären Bereich stärker ab. Der direkte Übergang bringt in der Regel eine einschneidende Veränderung, die immer aufregt, nur ganz selten günstig verläuft.

⛢ △, ⚹, ☌ ☿

3 a) Uranus günstig zu Merkur

(Trigon, Sextil, häufig auch die Konjunktion) **224**

Uranus, oft als eine höhere Oktave des Merkur bezeichnet, bringt im transitären Zusammenwirken vor allem Aufgeschlossenheit und Originalität.

Charakter und Gesundheit: Das Ungewöhnliche reizt, schlägt sich nieder als Suche nach neuen Wegen, daher Erfindungen, aber auch Drang nach Abwechslung, Auflockerung eines festen Wesensgefüges, weil vom Intellekt her Anstöße kommen. Die plötzlich einsetzende geistige Beweglichkeit verlangt nach Nahrung, Wechsel im Aufenthaltsort, in menschlichen Begegnungen, Reisen. Gesundheitlich zwar positive Spannungen, die aber das Nervensystem nicht unbedingt günstig beeinflussen.

Partnerschaften: Herzensbindungen werden nur so weit betroffen, wie die geistige Wellenlänge vorhanden ist, auf der man sich begegnet. Das Ungewöhnliche, aus dem Rahmen fallende, Originelle, hat in jedem Fall den Vorzug vor üblichen Bindungen. Allerdings bleibt die Dauer fraglich.

Materielles: Vorteile durch Wechsel, Reisen, Technik, neuartige ⛢
Methoden, ungewöhnliche Geschäfte, auch durch Risiken, sofern das Geburtshoroskop solches nicht als nachteilig charakterisiert.

Beruf: Techniker, Erfinder, Werbefachleute, Menschen, die auf neue Ideen angewiesen sind, Journalisten, aber auch Vermittler aller Art werden in den Zeiten glücklicher Transite gute Gedanken haben, wie sie ihre Arbeit voranbringen können. Es kann sein, daß ein Geschäftsmann ein Unternehmen projektiert, das von den Zeitgenossen nicht verstanden wird, obwohl es gar nicht unrealistisch sein muß. Die Verlockung, eine Chance beim Schopf zu ergreifen, mit dem Augenblick ein Geschäft abzuschließen, ist groß, doch verhindern die Vielfalt und Sprunghaftigkeit den Dauererfolg.

⛢ □, ☍, ☌ ☿

3 b) Uranus ungünstig zu Merkur
(Quadrat, Opposition, evtl. Konjunktion) 225

Charakter und Gesundheit: Wer innerlich zerrissen ist oder durch Probleme in Situationen kommt, in denen er kühl Entscheidungen treffen muß, wird unter diesem Aspekt leicht das Falsche tun. Trotz Geschicks zu Verhandlungen wird der direkte, weil schnellere Weg, bevorzugt, Diplomatie außer acht gelassen, und damit ein Wesensbild nach außen gezeigt, das wenig verläßlich und solide erscheint. Gesundheitlich drohen Nervosität, Krämpfe, Nervenkrankheiten oder Unfälle technischer Art.

Partnerschaften: Reizbarkeit, Launen, innere Erregung, die von anderen nicht verstanden und gebilligt wird, beeinträchtigen die Harmonie und können zu einem Bruch führen. Im gleichen Sinne ist öffentliches Wirken nachteilig.

Materielles: Es ist besser, allein und ohne andere zu handeln, als sich zu sehr auf das Team zu verlassen, mit anderen Geschäfte zu machen oder sich materiell festzulegen. Es könnte aus Begeisterung oder Zwang in der falschen Richtung erfolgen.

Beruf: Unkonzentriertes Verhalten oder unsachliche, zu subjektive Betrachtung beeinträchtigen vor allem wissenschaftliche Tätigkeiten und verhindern den gedeihlichen Abschluß eines Geschäftes. Das Originelle, nicht Alltägliche erweist sich als schädlich, es ist besser, auf bekannten Wegen zu bleiben, als Neuland zu betreten.

⛢ ☌ ☿

3 K) Die Konjunktion des Uranus mit Merkur 226
ist wesentlich abhängig von der Radixverbindung, wenn diese zwischen Uranus und Merkur nicht schlecht ist, wird man die positive Bedeutung heranziehen können.

⛢ △, ⚹ ♀

4 a) Uranus günstig zu Venus (Trigon, Sextil) **227**

Wird Venus als Symbol der selbsteigenen Harmonie durch Uranustransit plötzlich angeregt, kann diese eine heftige Steigerung des triebhaften Verlangens bedeuten, rasches Verliebtsein, Liebe auf den ersten Blick, gesteigerte Erwartungen.

Charakter und Gesundheit: Zurückhaltende Menschen werden geselliger, erotisch weniger ansprechbare tauen auf und bedürfen eines Partners, um zu sich selbst zu finden. Künstlerische Talente, die im Verborgenen schlummern, werden geweckt, kultivierte Lebensformen plötzlich als Bedürfnis empfunden, es hängt viel von Bildung und persönlicher Verfassung ab, in welcher Weise die Erfüllung der verstärkten triebhaften Forderungen geschieht, ob direkt oder indirekt, also verfeinert, sublimiert, als künstlerisches Erlebnis, wobei der Charakter des Plötzlichen im Vordergrund steht. Gesundheitlich werden die Organe, die durch die Aspektpartner bezeichnet werden, evtl. angeregt, doch sollte man hier das Gesamthoroskop sehen.

Partnerschaften: Es ist das bevorzugte Wirkungsfeld des Aspektes, der vor allem Herzensbindungen schafft, vertieft, ohne dabei an Dauer zu denken. Gegenüber der Öffentlichkeit wirkt das Verlangen nach Geselligkeit, gesellschaftlicher Betätigung fördernd, Teilnahme an Party, weniger Steifheit, Sinn für Kunst und ein größeres Verlangen, aus sich herauszugehen, sind immer positive Voraussetzungen, Sympathie zu erwerben. ⛢

Materielles: Venus als „kleines Glück“, durch Uranus im Transit angesprochen, ermöglicht den Einkauf von Luxusgütern, läßt nach einem angenehmeren Leben trachten und Geld auf eine Weise ausgeben, die Freude macht. Im Rahmen der Möglichkeiten wird der Geborene sich großzügig zeigen, aber nicht sparsam oder zurückhaltend sein.

Beruf: Vor allem profitieren Künstler und jene von dem Aspekt, die auf neuartige Gedanken angewiesen sind, die zur Berufsausübung Geschmack, Einfühlungsgabe, Inspiration brauchen.

♅ □, ☍ ♀

4 b) Uranus ungünstig zu Venus (Quadrat, Opposition) **228**
Die Steigerung in den Gefühlen kann das normale Maß überschreiten und damit zu Spannungen führen.

Charakter und Gesundheit: Eigenwilligkeiten, soweit sie sich auf die Erfüllung der Triebwünsche beschränken, werden sichtbar, absonderliche Neigungen treten auf, Launen beeinträchtigen das solide Verhalten. Gesundheitlich können Krämpfe, Drüsenstörungen, Nieren- oder Blasenleiden verstärkt werden.

Partnerschaften: Die absonderlichen Neigungen und die Gefahr sich treiben zu lassen, erschweren es, mit dem Partner einen befriedigenden harmonischen Zusammenklang zu erreichen. Deswegen bringt diese Konstellation häufig Untreue, Trennung, auch die Gefahr sexueller Vergewaltigung oder eine Auswirkung im Sexuellen, die mit der gängigen moralischen Auffassung nicht in Einklang zu bringen ist. Solches Verhalten kann in der Öffentlichkeit zu Skandalgeschichten führen.

Materielles: Spekulationen mißlingen, es wird zu viel ausgegeben, die Wünsche sind größer als die Realität es erlaubt, daher Unzufriedenheit, Fehlhandlungen, für Geld Dinge zu tun, die man sonst für unmoralisch hält.

Beruf: Zweifelhafte Beziehungen und zu starke erotische Wünsche erschweren das Zusammenarbeiten in einem Team, wo es auf Ernsthaftigkeit und Sachlichkeit ankommt. Entgleisungen, wozu Neid (Eifersucht) gehören, beeinträchtigen das harmonische Auskommen, lenken von Studien ab oder sind Kennzeichen für Geldverluste.

Besonderes: Man darf diesen Aspekt nie zu eng fassen, sondern muß die Grundbedeutung entsprechend der jeweiligen Situation, in welcher der Betroffene lebt, variieren.

♅ ☌ ♀

4 K) Die Konjunktion des Uranus mit Venus **229**

wird in der Regel ungünstig sein, da das Triebhafte sich zu stark meldet und die nüchterne Überlegung darunter leiden kann. Impulsive Handlungen, die der Konvention zuwiderlaufen, werden gerade unter dem stärksten Spannungsaspekt zwischen Uranus und Venus auch die meiste Kraft haben.

♅ △, ✳ ♂

5 a) Uranus günstig zu Mars (Trigon, Sextil) **230**

Ein Aspekt der Initiative, des Antriebs, der Dynamik.

Charakter und Gesundheit: Kräfte des Selbstbewußten werden freigesetzt, der Drang vorwärtszukommen läßt Schwierigkeiten nicht achten, so daß der Unterschied vom energischen, durchsetzungsfreudigen Handeln zum risikoreichen Abenteuer nicht groß ist. Vorhandene Umweltgegebenheiten werden als zu eng empfunden, großer Freiheitsdrang läßt expandieren, jedoch nicht wie bei Jupiter harmonisch, ausgewogen, sondern spontan, voller Eifer, der über das Ziel hinausschießen kann. An die Selbstbeherrschung werden Anforderungen gestellt. Gesundheitlich bewirken die inneren und äußeren Spannungen nervöse Impulshandlungen, die häufig nicht zum guten ausschlagen. ♅

Partnerschaften: Es mangelt an entsprechender Rücksichtnahme, der Zugriff ist zu fordernd, man will dem Partner den Willen aufzwingen, was dann gelingt, wenn dieser anpassungsfreudig ist. Die Durchsetzung des eigenen Standpunktes kann Vernunftgründe mißachten. Der Gebrauch der Ellenbogen mag in der Öffentlichkeit im einen oder anderen Fall zweckdienlich sein, kann für den Moment auch Erleichterungen schaffen oder ein Abenteuer bestehen lassen, wird aber letzten Endes als unfreundlicher Akt registriert werden.

Materielles: Es steht vieles auf dem Spiel, und unbedenklich wird es angegangen. Es scheint kein Hindernis zu hoch, kein Weg zu weit, keine Schwierigkeit zu groß, um nicht im Sturmangriff genommen zu werden. Berufe oder Geschäfte, bei denen es auf eine solche Handlungsweise ankommt, können unter dieser Transitwirkung profitieren. Zu denken ist dabei auch an sportliche Aktionen, vor allem Motorsport. Bei Studien liegt es ebenfalls am entsprechenden Bereich, ob das hastig Drängende, technisch Interessierte, Originelle zum Zuge kommt. Für stille Forschungsarbeiten wird der Aspekt sich nicht eignen.

♅ □, ☍ ♂

5 b) Uranus ungünstig zu Mars (Quadrat, Opposition) **231**
Unfallkonstellation, Zusammenstöße, plötzliche Schwierigkeiten.

Charakter und Gesundheit: Die besondere Dynamik des Aspektes kann Situationen schaffen, in denen der einzelne es nicht fertigbringt, sich zu beherrschen, bei entsprechender Veranlagung brutal reagiert, so daß Selbstverletzungen möglich werden. Es ist eine typische Unfallkonstellation, wobei Häufigkeit und Schwere aus der Radix- bzw. Direktionskonstellation abzulesen ist.

Partnerschaften: Das unvorsichtige Handeln, die Neigung sich übereilt einen Freiheitsraum zu schaffen, kann zu Zusammenstößen selbst mit gutwilligem Partner führen. Sofern dieser nicht Sinn für die starken seelischen Erregungen, für die hochgradige Nervosität aufbringt, den Zorn zu mäßigen versteht, der anscheinend grundlos ausbricht, kann das Bestehen einer Partnerbeziehung arg gefährdet werden. Zusammenstöße ergeben sich natürlich auch mit der Öffentlichkeit, wenn das Radix Vermutungen in dieser Hinsicht rechtfertigt.

Materielles: Die Neigung zu unbeherrschten, impulsiven Handlungen gefährden den Besitz an Geld und Gut und können plötzliche Verluste bringen. Man handelt unter Zwang, muß sich von Besitz trennen oder erleidet Schaden durch Maschinen, durch Technik, gerät an Feinde und ist Gewalttätigkeiten ausgesetzt.

Beruf: Der ungenaue Einsatz an Energie, Überschätzung der eigenen Möglichkeiten oder die Durchsetzung eigenwilliger Vorstellungen sind keine erfolgverheißenden Grundlagen für Geschäfte, für Zusammenarbeit oder erschweren es, objektive Studien durchzuführen. Vorurteile und vorgefaßte Meinungen sind Quelle für Fehler, irrtümliche Handlungsweise, wobei auf stur geschaltet wird, anstatt tolerant zu sein und zu prüfen.

Besonderes: Sehr vieles hängt davon ab, in welcher Situation sich ein Horoskopeigner befindet, ob er beruflich oder durch die Zeitumstände in Gefahren ist, dann würde dieser Transit vermutlich eine unerfreuliche Auslösung bringen.

♅ ☌ ♂

5 K) Der direkte Übergang des Uranus über den Marsort **232**
muß in jedem Fall als kritisch angesehen werden, da selbst eine harmonische Verbindung zwischen Uranus und Mars im Radix problematisch ist.

♅

♅ △, ⚹ ♃

6 a) Uranus günstig zu Jupiter (Trigon, Sextil) **233**
Wenn man sich vorstellt, daß die Radixposition Jupiters die glücklichen Möglichkeiten eines Menschen anzeigt, wird man den Transit eines „Unsterns", bzw. des Planetensymbols für Spannungen richtig einschätzen.

Charakter und Gesundheit: Durch die Beziehungen von Uranus zur Intuition, zum instinktiven Erfassen künftigen Geschehens kann ein Glücksaspekt Chancen „wittern" lassen. Es ist, als würde sich die gesamte innere Verfassung auf ein unterschwellig ahnbares künftiges Glück einzustellen wissen. Daher erscheint das Verhalten situationsgerecht, und zwar bezogen auf das Künftige. Es ist, als entwickelte der Mensch eine Art sechsten Sinn für Erfolge, die dann realisierbar werden, wenn sie im Radix angezeigt sind. So sehr die Vernunft gebietet, den Aspekt wesentlich auf eine plötzliche glückliche Umstimmung der Wesenseigentümlichkeiten zu beziehen, kann man doch immer wieder beobachten, daß unvermittelt *von außen* herangetragene Ereignisse den Charakter einer Glücksperiode ausmachen. Bei näherem Hinsehen wird allerdings Organisationstalent sich bewähren können, werden Verbindungen geknüpft oder plötzlich Anerkennung und Erfolge errungen werden, die im Sinne einer Belohnung für Leistung zu verstehen sind oder Befreiung aus beengten Verhältnissen bringen. In übertragenem Sinn mag das auch gesundheitlich gelten, etwa Spontanheilung oder Gesundung durch Außenseiter-Methoden der Medizin. Aber auch die moderne Technik bietet Voraussetzungen für eine Heilung.

Partnerschaften: Es sind plötzliche Begegnungen, meistens nicht von langer Dauer, die unter diesem Aspekt zustandekommen oder Kontakte mit außergewöhnlichen Menschen, evtl. weil besondere glückliche Einfälle vorliegen oder Ideen beflügeln, einem die unvermittelte Anerkennung durch andere zuteil wird. Derartiges kann Intimbeziehungen ebenso festigen, weil der Horoskopeigner eine eigenartige Faszination ausübt, die auch in die Öffentlichkeit ausstrahlt.

Materielles: Der Erwerb von Geld und Gut scheint von einem Glücksfall abhängig zu sein. Worauf man vorher warten mußte, erledigt sich jetzt von selbst, bzw. kommt der Anstoß aus einer ganz unvermuteten Richtung. Typisch sind Gewinne, geglückte Spekulationen, Anlagen, die sich rasch amortisieren oder Vorteile durch Technik, Motoren, Maschinen.

Beruf: Ein außerordentlich günstiger Aspekt für den Abschluß von Studien. Aber auch Rechtsangelegenheiten, Klärung zwischenmenschlicher Beziehungen, die religiös bedingt sind oder Behördenangelegenheiten werden unter diesem Aspekt gelingen.

Besonderes: Wenn die Radix keine harmonische Uranus-Jupiter-Verbindung aufweist und in den Direktionen kein entsprechender Aspekt vorliegt, darf die Bewertung des Aspektes nicht zu hoch veranschlagt werden.

♅ □, ☍ ♃

6 b) Uranus ungünstig zu Jupiter (Quadrat, Opposition) **234**
Mißgeschicke, die den Horoskopeigner plötzlich treffen.

Charakter und Gesundheit: Abenteurernaturen, Menschen, die einen Hang zum Risiko haben, Spieler, Spekulanten, werden diesen Aspekt stärker verspüren, weil er ihren unsteten Neigungen entspricht. Vor allem muß man mit Aufregungen rechnen, die konstitutionell ihren Niederschlag finden, bei entsprechender Besetzung des Zeichens Krebs z. B. Aufregungen, die auf den Magen schlagen, bei Bezug zum Zeichen Löwe Kreislauf- oder Herzstörungen etc.

Partnerschaften: Es drohen Auseinandersetzungen wegen Verträgen, Scheidung, Trennung im Geschäftsleben oder auch privat. Je materieller sich die Verbindung anläßt, je mehr Nutzeffekt bei ihrem Zustandekommen die Parteien im Auge gehabt haben, um so sicherer ist die Verlusttendenz. Das Wirken in der Öffentlichkeit kann durch Risiken aller Art belastet werden. ♅

Materielles: Geld und Gut wird durch Spekulation verloren, keine günstige Zeit, um Geld anzulegen, um Verträge abzuschließen, einen Prozeß zu beginnen oder Rechte einzuklagen. Man hat nicht das richtige Augenmaß für Zeit und Umfang der erforderlichen Handlungsweise.

Beruf: Geschäfte platzen oder kommen nicht zustande, es gibt technische oder rechtliche Schwierigkeiten, unvermutet auftauchende Hindernisse oder bisher verborgene Mängel, die sichtbar werden. Geschäftspartner erweisen sich als widerspenstig, man selbst mag sich auch nicht fremden Ansichten beugen, Großzügigkeit wird übertrieben und führt zur Pleite.

Besonderes: Die ungünstigen Transite sind in der Regel spürbarer als die günstigen.

♅ ☌ ♃

6 K) Die Konjunktion von Uranus mit Jupiter 235
ist von der Stellung der beiden Transitpartner im Radix abhängig, wird aber in der Regel ungünstig beurteilt werden müssen, da es zu den Eigenheiten des uranischen Prinzips gehört, unbeugsam zu sein, was sich im Umgang als Intoleranz äußert oder als Mangel an Anpassungsfähigkeit, durch den Auseinandersetzungen begünstigt werden. In seltenen Fällen kann aber auch ein totaler Umschwung nach der glücklichen Seite hin eintreten.

♅ △, ✳ ♄

7 a) Uranus günstig zu Saturn (Trigon, Sextil) 236
Der langsame Lauf beider Gestirne bedingt, daß viele Menschen des gleichen Jahrgangs diese Konstellation im Horoskop haben. Sie wird daher für den einzelnen vor allem dann wichtig werden, wenn andere Aspektpartner hinzutreten oder wenn sie im Radix an den Ecken (Asz., MC) anknüpfen. Der Natur nach drückt dieser Aspekt eine starke Konzentration aus, wobei es offen bleibt, ob das beharrende, geduldige, auf lange Zeit hinzielende Moment stärker ist als die Spontaneität oder Originalität, das Exzentrische, wie es Uranus darstellt.

Charakter und Gesundheit: In jedem Falle fördert ein harmonischer Transit die Anlagen zu Festigkeit, Geduld und Ausdauer, auch zu Unbeugsamkeit und Härte, sowohl gegen sich selbst wie gegen andere. Menschen mit dieser Konstellation im Radix werden bei entsprechendem Transit auch hochgesteckte Ziele zu erreichen vermögen, den Ehrgeiz befriedigen und zu Ansehen gelangen können. Gesundheitlich dürfte die Konstitution gestärkt werden, doch ist eher der negative Aspekt interessant.

Partnerschaften: Soweit der Aspekt auf Kontakte Bezug hat, werden sie tiefgründend und für die Dauer angelegt sein. Ehrenämter in der Öffentlichkeit oder Vertrauensstellungen sind zu erlangen, das Handeln wird entschieden, der Horoskopeigner ist jeder Lage gewachsen und unermüdlich dabei, Reformpläne zur Tat werden zu lassen.

Materielles: Für den Umgang mit Geld und Gut kommen die Neigungen zu Entschiedenheit und Ausdauer gelegen. Große Projekte, die längere Zeit zur Verwirklichung benötigen und sorgsam geplant werden wollen, können angegangen werden, wobei aus den gemachten Erfahrungen gelernt wird und neuartige Pläne eingearbeitet werden.

Beruf: Ganz vorzüglich eignet sich dieser Aspekt für Studien und entsprechende Abschlüsse, für ernste Geschäfte, für solche, bei denen es um Grund und Boden geht, um feste Werte oder aber auch um Rohstoffangelegenheiten. Ortsveränderungen, Berufswechsel werden möglich, alte Wunschträume, sofern für sie eine realistische Grundlage gegeben ist, greifbar.

⛢ □, ☍, ☌ ♄

7 b) Uranus ungünstig zu Saturn ⛢

(Quadrat, Opposition, Konjunktion) **237**

Auch in diesem Fall gilt die Beziehung der Aspektpartner im Radix sowie der Hinweis, daß es sich um einen Generationsaspekt handelt, der im Einzelfall vor allem dann überragend an Bedeutung gewinnt, wenn er mit weiteren Aspektpartnern, etwa Sonne und Mond verbunden ist oder Bezug zu den Ecken des Horoskops hat.

Charakter und Gesundheit: Die negativen Aspekte weisen auf eine kritische Rhythmenlage, auf eine ernste Lebensperiode, in der Zwischenfälle, abbauende oder zerstörende Kräfte das Erreichte in Frage stellen. Wo die entsprechenden Anlagen vorhanden sind, wird man auch Gewalttätigkeiten vermuten müssen, die böse enden.

Gesundheitlich kann der Aspekt vor allem chronische Krankheiten wieder aufleben lassen oder wird Belastungen durch eine Verschlimmerung der Lage bringen. Nervosität, schicksalhafte Trennung und ihre seelischen Folgen können sich körperlich auswirken.

Partnerschaften: Hier muß man an eine Trennung denken oder aber an eine Untergrabung des Rufes in der Öffentlichkeit, an Skandal, Angriffe auf die Freiheit oder Einengung in der Lebenshaltung. Die Nachwirkung begangener Fehler rächt sich und kann für längere Zeit Fortschritte etwa hinsichtlich des sozialen Aufstiegs unterbinden.

Materielles: Verluste an Geld und Gut liegen auf der Hand, es kann sich um eine Trennung, Erbauseinandersetzung, um einen Prozeß oder um andere Folgen von Streitigkeiten handeln, bei denen Verluste eintreten. Es ist ungünstig, in den Zeiten dieser Transite auf eine Besserung zu hoffen oder gar materielle Risiken einzugehen.

Beruf: Studien verlaufen unbefriedigend, Arbeit mißrät und Geschäfte haben keine Aussicht zu gelingen. Kennzeichnend für den Aspekt ist einmal die Schwere oder der Gesamtumfang des Lebens, den die Konstellation ausmacht, zum anderen die Plötzlichkeit des Eintretens, wie sie Uranus signalisiert.

Besonderes: In jedem Falle wird eine Kraftanstrengung diesen Aspekt begleiten oder kann auf eine langwierige Zerreißprobe hinauslaufen.

♅ ☌ ♄

7 K) Die Konjunktion des Uranus mit Saturn 238

wird in der Regel Entfremdung, Trennung und einen schwierigen Existenzkampf bringen, evtl. auch schicksalhaftes Geschehen als Antwort auf eine Herausforderung.

♅ △, ✳ ♅

8 a) Uranus günstig zu Uranus (Trigon, Sextil) **239**

Es scheint, als ob bei Uranus-Uranus-Transiten sich die „Kraft“ des Planeten am reinsten entfaltete: plötzliche, nicht vorhersehbare, tiefgreifende Umstellungen oder „Zufälle“.

Charakter und Gesundheit: Vor allem im Geistigen werden Wesenszüge schicksalsbestimmend, die bisher ohne Einfluß auf die Existenz waren. Daher ist eine völlige geistige Neuorientierung möglich, die zu gleicher Zeit einen neuen Lebensabschnitt einleiten kann. Gesundheitlich hat der Aspekt Bezug auf das Nervensystem, kann aber auch Wendungen zum Besseren im Allgemeinzustand oder durch neue Heilmethoden bringen. Insbesondere ist dabei an nicht übliche Verfahren von medizinischen Außenseitern zu denken, aber auch an den Einsatz von modernstem medizinischem Gerät.

Partnerschaften: Für den Aspekt ist typisch, daß nicht nur der innere Drang nach Veränderung besteht, sondern daß auch von außen her sich unvermittelt Gelegenheit bietet, dem Leben eine neue Richtung zu geben. Dabei können Partnerschaften eine entscheidende Rolle spielen. Ebenso kann man beobachten, daß die Stellung in der Öffentlichkeit eine andere wird, daß hier neue Wege gefunden werden, die den Horoskopeigner in den Mittelpunkt eines weiteren Interesses stellen, was das Selbstwertgefühl anspornt und sich als echte Chance erweist, aus der gegebenen Situation etwas zu machen, weil neue Gesichtspunkte hinzutreten. ♅

Materielles: Man wird aus der Position von Uranus im Radix erschließen können, ob und in welchem Maße materielle Bezüge gegeben sind. Es ist durchaus möglich, daß unter einem glücklichen Uranusaspekt auch eine sehr gründliche Verbesserung der finanziellen Lage geschieht. Es kann sich z. B. um eine geglückte Spekulation handeln, wodurch eine neue Lebensperiode eingeleitet wird.

Beruf: Es entspricht der Natur des Aspekts, daß eine Lebenswendung auch durch Berufswechsel oder durch eine völlig andersartige Tätigkeit, als sie bisher ausgeübt wurde, bewirkt wird. Es gibt kein Hindernis, das die Unternehmungslust einengen könnte. Neue Interessen werden wachgerufen, ein Hobby kann zum Beruf werden, plötzliche Möglichkeiten zu großen Geschäften tauchen auf, vor allem aber ist es ein idealer Aspekt, um Studien zu beginnen oder abzuschließen.

♅ □, ☍ ♅

8 b) Uranus ungünstig zu Uranus (Quadrat, Opposition) **240**

Wie die Rhythmenlage durch positive Einflüsse besonders verändert werden kann, geschieht dies auch durch Spannungsaspekte. Bei einer Umlaufzeit von 84 Jahren fällt die Opposition etwa in das 42./43. Jahr, die Quadrate aber werden um das 21. bzw. 63. spürbar, seit alters her Lebenszeiten, in denen sich der Mensch wandelt oder besondere Entwicklungen durchmacht. Man muß daher kritische Uranusaspekte (ebenso natürlich die positiven) vor allem als entscheidende Einschnitte im Sinne von Rhythmen ansehen. Darüber hinaus entspricht es der Natur des Planeten, daß die veränderte Situation durch plötzliche Ereignisse einem bewußt wird.

Charakter und Gesundheit: Verkrampfung, plötzliche Resignation oder Krisen in der Persönlichkeitsentfaltung, bzw. „Ich-Werdung" sind zumeist mit einer Rechenschaftslegung vor sich selbst verbunden, die je nach Lebensalter Bereitschaft zu neuen Aktivitäten wecken können oder aber im „Abschalten" enden. So kann es sein, daß die kritischen Konstellationen auch ernste Zwischenfälle bezeichnen, weil innerliche Unausgewogenheit dafür Anlaß bietet. Sie äußern sich als Unfälle oder Zusammenstöße.

Partnerschaften: Vielfach ist der äußere Anlaß für eine Persönlichkeitskrise eine Schwierigkeit im Zusammenleben, die sich angestaut hat und nunmehr in ein entscheidendes Stadium tritt, in dem Gegensätze unüberbrückbar werden. Dies kann dann zu einer harten

Auseinandersetzung, zu einer Trennung oder auch zu Gewalttätigkeiten führen. Wenn Uranus die Sonne im Radix verletzt, kann auch selbstzerstörerische Gewalt freigesetzt werden, die mehr ist, als nur Raubbau an der eigenen Gesundheit. In solchen Zeiten werden es die Betroffenen schwer haben, Anschluß zu finden, weil sie nicht wissen, was sie im einzelnen eigentlich wollen, nur so viel steht für sie fest, daß es wie bisher nicht weitergehen kann. Hinzu kommen äußere Zwangslagen, die die Freiheit des Betroffenen einschränken. Soweit das Wirken in die Öffentlichkeit hinaus betroffen ist, wird die innere Unsicherheit zu einem plötzlichen Vertrauensschwund führen, Verlust von Ehrenämtern oder einer entsprechenden Wirkungsmöglichkeit nach sich ziehen.

Materielles: Das Mißgeschick, der „Zufall", die plötzliche geistig-seelische Überspannung oder die anderen Erscheinungsformen des Aspekts richten sich auch gegen das materielle Fundament der Existenz, können geldliche Verluste anzeigen, plötzliche Einschränkungen in der Lebenshaltung bringen oder die Reserven angreifen.

Beruf: Hier erscheint gerade die Opposition, vor allem wenn sie durch andere negative Aspekte von Bedeutung zeitlich unterstützt wird, kritisch für die Fortführung der bisherigen Tätigkeit. Es kann sich um eine Kündigung oder um einen erzwungenen Wechsel, einen plötzlichen Stellenverlust handeln, man ist genötigt, beruflich anders zu disponieren als man wollte, die „Krise in den mittleren Jahren des Lebens" findet hier eine treffende Entsprechung. ♅

♅ ☌ ♅

8 K) Die Konjunktion **241**

wird mit 84 Jahren nur einmal erlebt und trifft den Menschen im Greisenalter, in dem er ohnedies für lebensbedrohende Krisen anfällig ist.

♅ △, ✶ ♆

9 a) Uranus günstig zu Neptun (Trigon, Sextil) **242**

Charakter und Gesundheit: Ein Aspekt, der vor allem die geistige-seelische Ebene betrifft, wird den Lebensernst fördern, zum Nachdenken und damit auch zur Selbstfindung beitragen, wobei die Phantasie besonders angesprochen wird. In den Tiefen der Persönlichkeit schlummernde Kräfte, etwa parapsychische Fähigkeiten, Ahnungen, Vorauswissen können angesprochen werden, man bemüht sich, das Übersinnliche rational zu erfassen, sei es auch nur, um Erträumtes (vielleicht besonders innig Gewünschtes) zu verwirklichen. Die Gesundheit ist unter diesem Aspekt eher widerstandsfähig, weil der Lebenswille gestärkt wird. Es mögen religiöse Überzeugungen dabei anklingen, weil der Wert des Lebens positiv eingeschätzt wird.

Partnerschaften: Sie erfahren eine Vertiefung, man bemüht sich um geistige Übereinstimmung, sucht Verständnis für die Situation des Partners und wird daher vor allem ernsten Überlegungen zugänglich sein.

Materielles: Hier zeichnen sich Erfolge nur ab, soweit es sich um weit vorausschauende Planung handelt, möglicherweise aber auch um Beziehungen zum Ausland oder „zur Ferne“. Hoffnungen auf materielles Glück müssen schon sehr fundiert sein, um durch diese Konstellation einen Auftrieb zu erhalten.

Beruf: Vor allem profitieren Studien durch diesen Transit. Was Geschäfte anbelangt, handelt es sich unter dieser Konstellation nicht um solche aus dem Alltag, dazu ist die Dauer des Transits, der ja den Zeitcharakter über Monate bestimmen kann, zu langwierig.

Besonderes: Das Besondere ist durch die lange Wirksamkeit gegeben. Es ist mehr oder weniger eine Art „Hintergrundaspekt“, vor dem das andere Lebensschicksal abrollt, wie es durch vielfältige Transite bezeichnet wird.

♅ □, ☍ ♆

9 b) Uranus ungünstig zu Neptun (Quadrat, Opposition) **243**
Ein Aspekt der Täuschung und Schädigung.

Charakter und Gesundheit: Schaden durch Geheimniskrämerei, Intrigen, üble Nachrede, lösen ein Verhalten aus, das darauf die „rechte Antwort" geben soll, im Grund aber falsch ist, denn Lüge darf nicht mit Lüge und Betrug nicht mit Unaufrichtigkeiten beantwortet werden. Charakterschwächen werden in der Zeit der Wirksamkeit dieses Aspektes sichtbar. Gesundheitlich sind es langwierige, ansteckende, auch chronische Krankheiten, vor allem Vergiftungen, die drohen. Sie verlangen eine mäßige und möglichst gesunde Lebensweise.

Partnerschaften: Man täuscht sich selbst und andere, übersieht die wirklichen Werte einer Zweisamkeit oder Zusammenarbeit, bietet Anlaß für Angriffe aus dem Hinterhalt, so daß sich selbst harmonische Kontakte lockern können und eine Entfremdung eintritt. In der Öffentlichkeit kann es Skandal, Verleumdung, üble Nachrede oder ein Mißlingen auf lange Sicht geben. Es kann an merkwürdigen „Zufällen" liegen, daß Verluste eintreten, Schaden an Geld und Gut eintritt oder Geschäfte, die sich über Monate hinziehen, auch mit Ausländern mißlingen. Als „Hintergrundaspekt" kann eine solche Konstellation die viel kürzer wirkenden glücklichen Transite z. B. von Jupiter in ihrer Wirksamkeit stark beeinträchtigen.

♅ ☌ ♆

9 K) Die Konjunktion des Uranus mit Neptun **244**
muß als der kräftigste Transit angenommen werden, wobei die Beziehung der Aspektpartner im Radix darüber entscheidet, ob man eine positive oder negative Auslösung zu erwarten hat. Es liegt in der Natur der Konstellation, daß das Irreale, Ausschweifende, Negative stärker zur Geltung kommen wird.

⛢ △, ✱ ☊

11 a) Uranus günstig zum Mondknoten (Trigon, Sextil) **245**

Alle Gesichtspunkte, unter denen dieser Transit beurteilt werden kann, betreffen das Gemeinschaftsleben. Immer handelt es sich hierbei um plötzliches Zusammenkommen mit anderen oder mit ungewöhnlichen Menschen, freilich selten von langer Dauer. Es kann sich um eine Bekanntschaft handeln, um Belebung eines Flirts, Vertiefung einer Familienbeziehung oder auch um günstige Vorbedingungen für sachliche Zusammenarbeit, die letzten Endes materiellen Nutzen bringen. Für sich allein wird der Aspekt selten stärker wirksam werden.

⛢ □, ☍ ☊

11 b) Uranus ungünstig zum Mondknoten
(Quadrat, Opposition) **246**

Wie bei der positiven Beurteilung handelt es sich hier um Gemeinschaftsfragen, allerdings müssen diese weniger fördernd beurteilt werden. Isolation, Trennung, Schwierigkeiten in der Zusammenarbeit erlauben entsprechende Rückschlüsse auf die Partnerschaft selbst, können aber auch Auswirkungen in den Beruf haben oder materielle Dinge betreffen.

⛢ ☌ ☊

11 K) Uranus in Konjunktion mit dem Mondknoten **247**

wird einen plötzlichen Zwischenfall im Gemeinschaftsleben anzeigen und ist negativ zu beurteilen.

♅ △, ⚹ ♇

10 a) Uranus günstig zu Pluto (Trigon, Sextil) **248**

Eine Differenzierung dieses Aspektes nach Lebensproblemen scheint wenig sinnvoll, doch bedeutet die Konstellation in jedem Fall einen Kraftzuwachs, Ausrichtung auf das Neue, die Durchsetzung von Machtansprüchen durch Rastlosigkeit und Fanatismus. Eine gewisse Einseitigkeit in der Veranlagung kann im positiven Sinn erlauben, alle Kräfte auf ein Ziel zu konzentrieren. Einseitigkeit schließt andererseits aber auch die Möglichkeit aus, Anregungen aufzugreifen, so daß der Mensch in der Zeit dieser Transite unzugänglicher wird. Sinngemäß bezogen kann dies Durchsetzung in Partnerschaften bringen, bei materiellen Unternehmungen zum Siege führen, vorausgesetzt daß die eingeschlagene Richtung stimmt (was an Direktionen und an anderen gleichzeitig wirksam werdenden Transiten abgelesen werden kann) und kann auch Arbeitsverhältnisse betreffen. Begünstigt sind u. a. Studien wie alles, in das man sich mächtig „hineinknieen“ muß, um zu Erfolgen zu kommen.

♅ □, ☍ ♇

10 b) Uranus ungünstig zu Pluto (Quadrat, Opposition) **249**

Wenn auch der Aspekt für sich allein und ohne Direktionen nicht viel mehr als Belastungen bringt, die ein normales Maß nicht überschreiten, so kann, besonders wenn kritische Saturntransite hinzukommen, eine ernsthafte Existenzkrise nicht auszuschließen sein. Sie betrifft Körperliches wie Berufliches, kann Besitzverluste anzeigen und Situationen begünstigen, in denen der Betroffene sich entscheiden muß, ohne recht zu wissen, nach welcher Seite hin dies zu geschehen hat. Die Folge sind innere Spannungen, die zur Zerreißprobe werden können. Entsprechend dem Stichwort „Macht und Masse“ für Pluto kann der Aspekt auch Teilnahme an Massenkatastrophen oder an einem Massenschicksal sein bzw. den einzelnen mit „höherer Macht“ konfrontieren und vor Augen führen, wie ohnmächtig man im Grunde den wirklich schicksalsgestaltenden Kräften ausgeliefert ist.

♅ ☌ ♇

10 K) Die Konjunktion des Uranus mit Pluto 250

wird als der übelste Aspekt aufgefaßt werden müssen, hat Bedeutung für ganze Generationen, für den einzelnen wohl nur, wenn entsprechend genaue Aspektverbindungen zu anderen Planeten vorliegen bzw. wenn die Konjunktion Verbindung zum Asz. hat oder am MC anknüpft.

♅ △, ⚹ Asz

12 a) Uranus günstig zum Asz. (Trigon, Sextil) 251

Charakter und Gesundheit: Bereits einige Zeit vor der Wirksamkeit dieses Aspektes, die außerordentlich sein kann, wird der Wunsch bestehen, sich Neuem zu eröffnen, sich von Traditionen loszusagen, Veränderungen im Milieu herbeizuführen, die letzten Endes auf eine Umstellung im Charakterlichen zurückgehen. Gewisse radikale Haltungen werden nicht toleranter und nachgiebiger stimmen, sondern dem Selbstbewußtsein Auftrieb geben. Es ist keine Zeit der Harmonie, sondern es treten innere und äußere Spannungen auf, die, wenn sie geschickt bewältigt werden, auch größte Erfolge möglich machen. Gesundheitlich kann der Aspekt eine Wende bringen.

Partnerschaften: Hier sind es plötzliche, unverhoffte Begegnungen, die Liebe auf den ersten Blick oder das Zusammentreffen mit außergewöhnlichen Persönlichkeiten, die eine Neuorientierung möglich machen. Unter solchem Transit ist man seiner Zeit voraus, plant für die Zukunft, hat auch hinreichend Mut zur Aktivität und achtet Gefahren gering. Das öffentliche Wirken wird begünstigt.

Materielles: Hier kann es sich um eine plötzliche Chance handeln, materielle Vorteile wahrzunehmen, oder aber Wohnort zu wechseln, umzuziehen, eine Reise vorzunehmen.

Beruf: Für das Arbeits- und Geschäftsleben wird ein glücklicher Uranustransit zum Asz. immer eine wirksame Hilfe durch unvermittelte Glücksumstände bringen.

♅ □, ☍ Asz

12 b) Uranus ungünstig zum Asz. (Quadrat, Opposition) **252**
meistens auch Konjunktion.

Unruhe und Spannung in allen persönlichen Angelegenheiten bestimmen den Zeitcharakter, können Zwang zur Umstellung bringen und schicksalhaftes Geschehen möglich machen.

Charakter und Gesundheit: Es ist in übertragenem Sinn eine „Unfallkonstellation", die sich körperlich äußern kann, aber auch „zufällige" Mißgeschicke signalisiert. Alles läuft glänzend und entwickelt sich prächtig, bis dieser Transit, der auch als Einzelkonstellation sehr wirksam ist, „alles" zerstört, daher entmutigt, enttäuscht, einen aus der Bahn wirft oder verzagen läßt. Es fällt schwer, sich nach neuen Gesichtspunkten zu orientieren, die Beherrschung zu bewahren, vor allem innerhalb des Milieus.

Partnerschaften: Soweit andere Personen Einfluß auf das persönliche Schicksal haben, muß mit plötzlicher Entfremdung oder Trennung gerechnet werden, mit Nachteilen durch diese, aber auch ein Zwang durch die Umstände, die Situation zu wechseln.

Materielles: Soweit sich Hoffnungen und Wünsche auf einen materiellen Aufstieg richten, soziales Prestige im Auge haben oder weitreichende Pläne angehen, die weit in die Zukunft reichen, wird ein Durchkreuzen derselben, ein Mißgeschick oder Fehlschlag möglich werden. Damit treten Verluste ein, die man nicht so ohne weiteres verkraften kann.

Beruf: Auch in diesem Lebensbereich gibt es Abbrüche, Wendungen, Unvermutetes, Schwierigkeiten und Nachteile, zum Teil über Monate sich hinziehend.

♅ ☌ Asz

12 K) Der direkte Übergang des Uranus über den Asz. 253
wird in der Regel als äußerst kritisch anzusehen sein. Er wird bereits spürbar, wenn der Planet ♅ noch drei, vier oder sogar bis zu fünf Bogengrade vom genauen Aszendenten entfernt ist. Wenn jedoch Uranus im Geburtshoroskop günstig mit dem Asz. verbunden ist, kann die Konjunktion auch die Realisierung dieser Grundtendenz und damit ein glückliches Schicksal bedeuten. Sicher aber verläuft es nicht ruhig (im Sinne von harmonisch) bzw. gleichmäßig, sondern wird aus Aufregungen und Spannungen geboren.

♅ △, ⚹ MC

13 a) Uranus günstig zum MC (Trigon, Sextil) 254
Charakter und Gesundheit: Da das MC erbbezüglich ist, werden vererbte Wesenseigentümlichkeiten, die bisher nicht zur Gestaltung des Schicksals beitragen konnten, auf dieses größeren Einfluß gewinnen. Gesundheitlich kann eine Wendung zum Besseren eintreten.

Partnerschaften: Vor allem solche Beziehungen, die für den sozialen Aufstieg bedeutsam sind, berufliche Bedeutung haben oder Beziehungen zur Öffentlichkeit haben, lassen sich unvermittelt vorteilhaft an.

Materielles: Eine akute Wende tritt ein, neue Wege werden sichtbar und beschritten, die Zeichen der Zeit stehen auf Veränderung.

Beruf: Es ist die eigentliche Domäne dieses Transits und kann daher Berufs- oder Ortswechsel bringen, der mit einer Veränderung der äußeren Tätigkeit zu tun hat. Ehrgeizige Ziele lassen sich verwirklichen, sozialer Aufstieg wird durch Glücksumstände begünstigt, neue Ideen werden zum Treibsatz für einen evtl. raketenhaften Aufstieg oder für einen glücklichen Umbruch in den Verhältnissen, die als Beruf oder als Berufung aufzufassen sind.

♅□, ☍ MC

13 b) Uranus ungünstig zum MC (Quadrat, Opposition) **255**
Unruhe und Spannung betreffen hier die Stellung im Beruf, das Äußere, die Existenz. Es mag scheinen, als ob List und Tücke sich mit dem „Zufall" verschworen hätten, den Lebensweg zu stören, Planungsvorhaben zunichte zu machen, einen Sturz aus der Höhe zu begünstigen. Zwischenfälle werden durch unzeitgemäße Handlungsweise, durch Spontaneität ausgelöst, man kann nicht abwarten, will eigene Wege gehen, setzt eigene Freiheiten gegen notwendige Bindung, wechselt damit auch das Lebensziel und riskiert Beruf, Existenz, Partnerschaft. Nach der Tradition hat das MC auch Bezug auf die Mutter. Meistens handelt es sich hierbei nicht um ein einmaliges, nur kurze Zeit bestimmendes Ereignis, sondern um einen ausgesprochenen Trend, der über Wochen, u. U. Monate wirksam ist. Löst er kein bestimmtes Ereignis aus, vielleicht weil die Direktionen oder die Radixverfassung von Uranus nicht danach sind, so bleibt das Gefühl der Unsicherheit, Unzufriedenheit, eines inneren offensichtlichen Zwanges, so und nicht anders zu handeln.

♅ ☌ MC

13 K) Der direkte Übergang des Uranus über das MC **256**
muß als kritisch angesehen werden, es sei, daß aus dem Radix eine beste Verbindung des Uranus zum MC zu ersehen ist, gestützt vielleicht noch durch andere glückliche Aspektverbindungen. In diesem Fall kann ein glückhafter Wechsel, wie unter 13 a) bezeichnet, stattfinden. Man muß aber immer im Auge haben, daß ein direkter Übergang des Uranus über das MC zugleich die Opposition zum IC bedeutet, der Spitze des vierten Sektors, aus dem man über Elternhaus (früher auch den Vater oder Lehrer), Familie, Alterssicherung urteilt. Möglicherweise wird also beruflich oder in den Belangen der rein persönlichen Existenz ein überdurchschnittlicher Vorteil erzielt werden können, aber auf Kosten der Familie.

Es kann sich auch um die Loslösung von den Eltern oder um eine entsprechende Trennung, bzw. einen Trauerfall handeln.

Besonderes: Man sollte die langzeitlich wirksamen Uranustransite nie für sich selbst sehen, sondern beachten, daß eine Modifizierung durch andere Konstellationen sehr wohl möglich ist. Äußere Vorsichtsmaßnahmen gegen die Wechselfälle des Lebens werden sich bei Uranustransiten kaum lohnen, da die „Gefahr" meistens aus einer Richtung kommt, aus der man sie nicht vermutet. Aber man kann sich innerlich auf eine Periode des Umschwungs einstellen, nicht durch Sperrung oder gewaltsames Entgegenstemmen, sondern durch Annahme des Schicksals, vergleichbar einem Schwimmer, der sich von den Wellen tragen läßt.
Vielleicht in noch größerem Maße als Saturn kann Uranus sich als „der große Versucher" erweisen, weil seine Transite Möglichkeiten signalisieren, die auch häufig den Charakter einer Sowohl-als-auch-Entscheidung tragen. Zwar wird das „Gegensteuern" schwieriger sein, aber die Einsicht in das Unabänderliche kann auch den kritischen Uranus-Transiten die verwundbare Spitze nehmen.

♆

Die Transite des Neptun

Als Transitor verkörpert Neptun Inspiration, Einfühlung, Empfänglichkeit, stellt eine höhere Oktave von Venus dar, also Harmonie und umfassende Menschenliebe, damit auch das Prinzip des Feingeistigen; im negativen Sinn aber auch Illusion, Täuschung, Schwäche.
Ob Neptun in einem Geburtshoroskop positiv oder negativ einzuschätzen ist, hängt wesentlich von den Aspekten ab, die er empfängt: eine Konjunktion mit Jupiter (♃) wertet auf, ein Quadrat zu Merkur (☿) muß ungünstig beurteilt werden. Ein im Radix positiver Neptun wird auch als Transitor harmonisieren, ist er im Radix stark negativ, werden auch seine harmonischen Transite nicht viel bringen.

Grundbedeutungen:
A) Besonders bei sensiblen Menschen wird die Empfindsamkeit verstärkt, das Gemüthafte verfeinert, die innere Antenne für seelisch-geistige Schwingungen, die oft entscheidend für den mitmenschlichen Umgang sind, auf Empfang gestellt, bei entsprechender medialer Veranlagung können Inspiration, „Ahnungen", Unbewußtes, Meinungsbildung oder Entscheidungen beeinflussen. Wahrträume, phantasievolle, geistige Anregungen werden vor allem von künstlerisch veranlagten Menschen empfunden und verwertet werden können. Es wird die Grenze des Realen, Bewußten überschritten, es sind Aspekte der Sehnsucht in die Ferne, im örtlichen wie geistigen Sinn, selten bringen sie einen materiellen Nutzen.

B) Seelische Überempfindlichkeit begünstigt Täuschung und Selbsttäuschung, Verwirrung, Lüge, Betrug, Intrige, körperliche Schwäche, Anfälligkeit für Gifte, labiles körperliches Verhalten, Süchte. Wuchernde Phantasie, „blauer Dunst".

Bewertung: Wichtig ist vor allem die Konjunktion, also der *direkte Übergang* über einen Planetenort oder das MC bzw. Asz., in zweiter Linie Quadrate und Oppositionen, schwächer wirksam sind die Trigone, während Sextile kaum den Trend der Zeit beeinflussen.

Ziel: Sofern Transite einen Einfluß auf Strukturveränderungen in der Persönlichkeit haben, vollzieht sich ein Wandel langsam, schleichend, ist verbunden mit Verzögerungen. Im günstigen Sinn werden Ahnungen zur Wirklichkeit, veredeln das Wesen, im ungünstigen Fall wird die berufliche, soziale oder materielle Situation des Horoskopeigners unterminiert, geschädigt, oder indirekt kann z. B. körperlicher Verfall seine Ursachen im seelischen Versagen haben.

Dauer: Mehrere Wochen, bis zu drei Monaten. Besonders wirksam ist die stationäre Stellung. Gemäß der langsamen Bewegung im Tierkreis kann das Pendeln über einen bestimmten Planetenort bis zu 2 Jahren andauern.

♆ △ ⚹ ☉

1 a) Neptun günstig zu Sonne (Trigon, Sextil) **257**
Charakter und Gesundheit: Sofern das Radix Hinweise auf entsprechende Entfaltungsmöglichkeiten gibt, dürfte eine Veredelung der Wesenszüge erfolgen, moralisches Handeln, Empfindsamkeit, Harmonieverlangen, die Bereitschaft geistig, seelisch, religiös oder sozial Anregungen aufzugreifen, sich innerlich umzustimmen, Verzichtleistungen in positivem Sinne, für sich selbst erkennen, „was die Welt im Innersten zusammenhält", Besserung des körperlichen Zustandes über das seelische Befinden, Bereitwilligkeit zum Kompromiß, Verständnis für den anderen haben, kulturelle, künstlerische Interessen aufgrund von Talenten, die evtl. jetzt erst entdeckt werden. Ererbtes wird sichtbar, reflektieren über sich, insofern Erleichterung im Übergang zu einer neuen Lebensphase.

Partnerschaften: Einfühlung oder Einstimmung, Anlehnungsbedürfnis, Seelenverwandtschaft, ähnliche Gefühle und Empfindungen entdecken, Fürsorge, Mitleid, Bereitschaft zu humanitären Aktionen, Hinwendung zu Glaubensgemeinschaften, für Künstler Stilisierung von Beziehungen, einer glücklichen Illusion folgen.

Materielles: Nur über das Geistig-Seelische kann materielles Geschehen beeinflußt werden. Sehnsucht in die Weite ist nicht nur geistig zu verstehen, sondern kann Bezug zu großen Reisen, Ausland, Beziehung zu Ausländern haben. Ein Expansionsaspekt, der im wesentlichen nicht-materieller Art ist.

Beruf: Günstig für das Anknüpfen oder für die Vertiefung von persönlichen Kontakten, wobei unausgesprochene Sympathie die Grundlage der Übereinstimmung ist. Daraus können sich Protektionsmöglichkeiten ergeben, vor allem Beziehungen zu Ausländern, oder zu jenem, was einem bisher eigentlich „fern“ lag. Künstler profitieren von dieser Konstellation, sehen sich zu neuem Schaffen angeregt, entwickeln neue Auffassungen, gelangen zu Erkenntnissen, vermögen auf andere Weise als bisher Gefühle zu sublimieren oder auf ganz persönliche Art und Weise darzustellen und auszuleben; ein „Musenkuß“.

Besonderes: Selten sind Neptunaspekte am Tage der exakten Fälligkeit als „Ereignis“ wirksam. Vielmehr muß man sie als eine Art Hintergrundfärbung des fraglichen Zeitraumes begreifen.

♆ ☌, □, ☍ ☉

1 b) Neptun ungünstig zur Sonne
(Konjunktion, Quadrat, Opposition) 258

Die negativen Transite Neptuns, besonders der direkte Übergang werden auch von weniger sensiblen Menschen empfunden, ja sie können sich sogar grob-materialistisch auswirken, wenn auch auf indirektem Wege, also über psychisches oder moralisches Fehlverhalten.

Charakter und Gesundheit: Bei vorhandener Neigung zu Unaufrichtigkeit, Vernebelung, Täuschung, Unzuverlässigkeit, wird in der Zeit dieses Transits der Geborene sowohl dazu neigen zu lügen, wie belogen zu werden, zu betrügen wie auch selbst hintergangen zu werden. Weil es an Realitätssinn fehlt, werden Pflichten vernachlässigt. Der Transit begünstigt schuldhaftes Verhalten, weil es an innerer Disziplin fehlt. Ein Mangel an Selbstbeherrschung kann von anerzogenen Verhaltensnormen abweichen lassen, so daß Unordnung oder Ungesetzliches möglich wird. Intrigieren gegen andere, Verleumdung, Unehrlichkeit, aber auch Suchtgefahren. Menschen und Sachverhalte, vor allem soweit damit das eigene Macht- und Geltungsstreben verbunden ist, werden falsch eingeschätzt, was Nachteile durch Bequemlichkeit, sich Gehenlassen mit sich bringt. Charakterschwächen treten offen zutage und führen zu Schwierigkeiten, Verfolgung, Verwirrung von Verhältnissen, zu gesundheitlicher Schwäche. Nicht nur im übertragenen Sinn sind „Vergiftungen" möglich, auch direkter Schaden durch Gifteinwirkung. Vorsicht im Umgang mit medizinischen Giften, streng die ärztliche Anweisung beachten, sofern z. B. auf besondere Medikamente nicht verzichtet werden kann.

Partnerschaften: Unaufrichtigkeit und Täuschung können Depression begünstigen, Zweifel an Treue, Eifersucht, Verwicklungen, man täuscht sich und andere, wird aber auch selbst beschwindelt oder hintergangen. Heimlichkeiten können in der Folge aufgedeckt werden und zu Skandalaffären führen. Mißverständnisse beeinträchtigen die Harmonie in Partnerschaften, die Arbeit in der Öffentlichkeit ist erschwert.

Materielles: An der Realität vorbeiplanen, Fehlinvestition, Spekulationsverlust oder Einbuße durch Betrug, Machenschaften der Konkurrenz. Vertrauenseinbuße kann sich indirekt auswirken.

Beruf: Untergrabung der Position, schlecht für die Zusammenarbeit, Verzögerung einer wichtigen Entscheidung durch nicht vorhersehbare Hindernisse, Erschwerung des Aufstiegs, der Beförderung, Beeinträchtigung des Ansehens, Respekt, Schwächung der Macht und der Beziehungen zu Vorgesetzten oder Untergebenen.

Besonderes: Die lang andauernden negativen Neptuntransite werden für sich allein selten eine Katastrophe bringen, können aber im Zusammenwirken vor allem mit negativen Saturn-Uranus- oder Mars-Aspekten wirksam werden.

♆ △, ✶ ☽

2 a) Neptun günstig zum Mond (Trigon, Sextil) 259

Dieser Transit bringt eine Intensivierung des Gefühlslebens, weil die Phantasie angeregt wird, oder die Sensibilität gesteigert ist. Das vegetative Nervensystem ist angeregt, Organfunktionen, die nicht vom Willen abhängig sind, werden positiv gesteuert. Ein Aspekt, der Entkrampfung ermöglicht, der es erlaubt, sich zu lösen, wie es für bestimmte therapeutische Maßnahmen erforderlich ist.

Partnerschaften: Man sieht die Beziehung zu anderen unter idealen Gesichtspunkten oder übersieht reale Schwierigkeiten, ohne daß dadurch der Kontakt selbst beeinträchtigt würde. Romantische Neigungen, innigere Liebesbeziehung, mehr Rücksichtnahme üben und erleben, günstig für Kontakte zu Ausländern.

Materielles: Weite Reisen oder Wechsel im Aufenthaltsort können indirekt materielle Belange fördern.

Beruf: Für Künstler oder Menschen, die beruflich ihre Phantasie verwenden, bringt der Aspekt Anregungen, Inspiration, Ermunterung zu besonderen Leistungen, die aus dem Unbewußten stammen. ♆
Gute Zeit für Wechsel und Veränderungen, Reisetätigkeit.

♆ ☌, □, ☍ ☽

2 b) Neptun ungünstig zum Mond
(Konjunktion, Quadrat, Opposition) 260

Mehr noch als der Übergang über den Sonnenort wird *im Horoskop einer Dame* die Konjunktion Neptuns mit dem Mond verspürt werden.

Charakter und Gesundheit: Charakterschwächen können Nahrung erhalten. Das eigene Verhalten, vor allem im Gefühlsbereich, wird nicht hinreichend kontrolliert. Was für eine Erweiterung des geistigen Horizontes angesehen wird, ist eigentlich eine Blickverengung, weil es an Objektivität mangelt. Gefahr von Neurosen, eingebildeten Krankheiten, Störungen in der Funktion der Drüsen, der Magentätigkeit und Anfälligkeit gegen jene Krankheiten, die durch die Position des Mondes nach Tierkreiszeichen oder Sektoren bezeichnet wird.

Partnerschaften: Unaufrichtigkeit, Heimlichkeit, Verwicklung durch zu viele Gefühle, eine allzu romantische Verstiegenheit kann mögliche Realisierungstendenzen in Frage stellen, ungesunde Erotik, Schwierigkeiten in Freundschaften, beim Wechsel einer Partnerschaft, Skandal in der Öffentlichkeit, weil man zu gutgläubig ist, „ein zu gutes Herz hat", zu nachgiebig gegen sich und andere ist.

Materielles: Nachteile durch Reisen, Positionsveränderung, Auslandsbeziehungen, Ausländer. Man täuscht sich in jenem, was einem geistig oder räumlich „fernliegt". Der Aspekt könnte in herzlichem Einvernehmen getroffene Abmachungen stören, er ist Geschäften nicht förderlich.

Beruf: Künstler oder Menschen, die ihre Phantasie beruflich nützen, setzen diese falsche ein: Aufgeblasene Ansichten, Extravaganzen, Ausschweifungen, Unannehmlichkeiten.

Besonderes: Transite Neptuns zum Mond lassen sich unauffälliger an, können aber z. B. Trennungen unterstützen oder die Gefahr von Ansteckungen bringen, so daß der Effekt nicht sogleich erkannt wird.

♆ △, ✱ ☿

3 a) Neptun günstig zu Merkur (Trigon, Sextil) 261

Charakter und Gesundheit: Zur Schärfe des Intellekts, dem „klaren Denken“, kommt Sensitivität, die Fähigkeit, sich durch Einfühlung zur richtigen Zeit und am richtigen Ort zu entscheiden. Begünstigung jener Verhaltenseigenschaften, die der Kommunikation, dem Gedankenaustausch dienen. Gesundheitlich günstig für die Nervenfunktionen oder für Behandlung von nervösen Störungen.

Partnerschaften: Feinste und tiefste Zusammenhänge werden erkannt, auch soweit sie in einer Intimbindung vorliegen. Günstig für geschäftliche Verhandlungen, für weite Reisen, Umgang mit Gesinnungsfreunden, für weit vorausschauende Planung. Ein direkter geschäftlicher Ertrag ist von einer solchen Partnerschaft in der Regel jedoch nicht abzuleiten. Für Öffentlichkeitsarbeit vorteilhaft.

Materielles: Nutzen durch Vermittlung, Handel, Intensivierung von Kontakten, Gesprächen, Reisen. Gespür für künftige Entwicklungen. Besetzung des Hauses und des Zeichens durch Merkur geben den Ausschlag in der Entwicklungsrichtung.

Beruf: Umstellungen, Veränderungen auf weite Sicht, besonders günstig für Betätigung in Rede und Schrift, für Verhandlungen, bei denen es auf Fingerspitzengefühl ankommt. Erfolge in Studien. Neue Erkenntnisse durch Verarbeitung seelischer Eindrücke oder unbewußter Regungen. Förderung durch Gleichgesinnte.

♆ ☌, □, ☍ ☿

3 b) Neptun ungünstig zu Merkur
(Konjunktion, Quadrat, Opposition) **262**

Die Grundbedeutung ist eine Verwirrung im Denken.

Charakter und Gesundheit: Betroffen sind von dem Aspekt jene Teilbereiche des Wesens, die mit dem aktiven Denken und den Handlungen zu tun haben. Es mangelt an Konzentration. Phantasie und Intuition gehen von falschen Gegebenheiten aus, die Abstraktionsfähigkeit ist gemindert, ehrgeizige Ziele sind umnebelt. Die Aufmerksamkeit läßt zu wünschen übrig, weil vielfältige Eindrücke realitätsbezogene Vorstellungen überwuchern. Es fällt schwer, im Denken zu vereinfachen, Sachverhalten auf den Grund zu gehen, zu rationalisieren. Anstatt auf das Wesentliche bedacht zu sein, wird abgeschweift, es ist nicht möglich, erworbenes Wissen sinnvoll einzusetzen. Vergeßlichkeit, schlechter Schlaf, Neigung zu Neurose, Rausch, Verhaltensstörungen wie Onanie, weil die Kontrolle der Vernunft fehlt, bis zur Kleptomanie oder krankhaft bedingtem Lügen.

Partnerschaften: Das Verhältnis zu nahen Verwandten, Freunden, Bekannten, Nachbarn, zum Intimpartner wie zur Öffentlichkeit leidet unter Unaufrichtigkeit, Schwindelei, Lüge, Betrug. Dem Partner werden Absichten unterstellt, die dieser nicht hat, Mißtrauen erschwert die Beziehungen zum sozialen Umfeld, Freundschaften oder Sachkontakte, die eine Verbindung stören können, werden geheim gehalten oder vertuscht, das Mitteilungsbedürfnis ist zwar stark, verfolgt aber egoistische Absichten. Von außen wird die Verwicklung in peinliche Beziehungen möglich werden.

Materielles: Unter negativem Neptuntransit wird der Umgang mit materiellen Sachverhalten benachteiligt. Gleichgültigkeit und Vernachlässigung des Wesentlichen führt zu Verlusten. Man täuscht sich wie auch andere über materielle Absichten, was bei entsprechender Veranlagung bis zur Kriminalität gehen kann. Das konstante Verhalten im finanziellen Bereich ist eingeschränkt.

Beruf: Desinteresse und Fehlinterpretation im praktischen Leben führen zu Mißverständnissen in der Zusammenarbeit, vor allem bei Geschäften, wenn es darum geht, ökonomisch, rationalisierend zu verfahren. Es stimmt weder die große Linie der Planung noch das Detail. Korrekturen werden hingepfuscht, Bilanzen verschleiert. Zerstreutheit oder Gewissenlosigkeit bewirken Sympathie- bzw. Kreditverlust. Entscheidungen zögern sich hinaus, werden verschleppt, bzw. entstehen Nachteile durch Intrigen anderer.

♆ △, ✳ ♀

4 a) Neptun günstig zu Venus (Trigon, Sextil) **263**

Angenehme seelische Erlebnisse, Freude, Sehnsucht, Schwärmerei, verstärktes Harmonieverlangen.

Charakter und Gesundheit: Die allgemeine Dynamik wird sensibler, die Bereitschaft sich heiter, froh und zufrieden zu geben größer, Konflikte entspannen sich, Aggressivität läßt nach, weil der Wunsch nach friedlicher Daseinsgestaltung Hemmungen löst. Es wächst der Wille zur Anpassung, besonders auch die Genußfähigkeit, was auf eine Steigerung der Phantasie zurückgeht. Romantische Neigungen werden bei jenen möglich, die zu ästhetischen Betrachtungen fähig sind.
Die seelische Aufgeschlossenheit ermöglicht Lösung von Verkrampfungen, Heilung durch Zuwendung und Liebe.

Partnerschaften: Im Intimbereich wird bei Bindungen vielfach erotische Phantasie eine Rolle spielen, daneben auch allgemeines Harmoniebedürfnis, Einfühlung oder eine Erwartungshaltung, die der Anknüpfung von Kontakten förderlich ist. Unternehmungen sind selten zielgerichtet oder zweckbetont, hängen vielfach von der Laune, der jeweiligen Verfassung, dem seelischen „In-Form-sein“ ab. Spielerische Elemente kommen ebenso zum Tragen wie romantische, sehnsuchtsvolles Hoffen, Freude an der Schönheit, Überhöhung, bzw. Vertiefung rein sexueller Beziehungen zu genußvoller Erotik, anstatt bewußter Einsatz von Techniken und Liebespraktiken, Steigerung der Impulse durch innige Gefühle, Ausschöpfen aller Möglichkeiten, die durch Phantasie gegeben sind.

Materielles: Großzügiger Umgang mit Geld, um genießen zu können, Ausgaben für Luxusgüter, kulturelle Aufwendung, Reiselust, bewußtes Aufnehmen von Eindrücken, die vor allem von Künstlern genützt werden können.

Beruf: Berufliche Interessen werden mit dem Herzen gesucht, angenehme Umgangsformen erleichtern die Zusammenarbeit, günstig für Berufe, bei denen es auf guten Geschmack und Eleganz ankommt. Wenig Sinn für Methode, aber intuitiv richtige Einstellung auf andere.

Besonderes: Bei vorzüglichen Beziehungen von Neptun und Venus im Radix kann auch der direkte Übergang günstig ausfallen.

♆ ☌, □, ☍ ♀

4 b) Neptun ungünstig zu Venus
(Konjunktion, Quadrat, Opposition) 264

Spontaneität erwächst aus Launen, wie überhaupt kein Bedürfnis nach Kontrolle bzw. Selbstdisziplin besteht. Triebhafte Impulse stammen aus einer Grundhaltung, die nicht normal (im Sinne von üblich) ist, daher Neigung zu Perversität, Passivität, bei entsprechender Veranlagung masochistische Tendenz, Lust durch Leid, in mildester Form Selbstmitleid. Verführt-werden-Können, Mangel an Hemmungen, Bereitschaft zum Leid, Neurosen.

Partnerschaften: Die Beziehungen zum anderen Geschlecht sind gestört, erotische Wünsche und Sehnsüchte erweisen sich als unerfüllbar oder übersteigert. Eifersucht, Untreue, zwischenmenschliche Konflikte durch beabsichtigte oder unbeabsichtigte Täuschung, Intrige, Verleumdung, Lüge, Trennung.
Willensmenschen werden die inneren Spannungen dieses Transits aufzuarbeiten vermögen; sofern sie künstlerische Ambitionen haben, kann auch durch den Spannungsaspekt die Kreativität gefördert werden. Im allgemeinen aber muß man auf Situationen im Partnerbereich (und in der Öffentlichkeit) schließen, die unbefriedigend sind, auch zu einem Skandal führen, weil erotische Beziehungen nicht typisch verlaufen.

Materielles: Vernachlässigung von Geld und Gut, wenig Interesse an der materiellen Sicherung der Existenz, Verluste durch zu großzügiges Geldausgeben für Luxusartikel, für Genüsse, aber auch unerklärliches „Pech haben“.

Beruf: Die soziale Eingliederung und Anpassung macht Schwierigkeiten, Anregungen werden mißverstanden, Arbeitsverhältnisse beengen, man kommt nicht so zum Zuge, wie Hoffnungen und Wünsche es als erreichbar erscheinen lassen. Es trügt der Schein. Enttäuschung durch Mitarbeiter und Vorgesetzte, Unsicherheit der sozialen Position.

♆ △, ✱ ♂

5 a) Neptun günstig zu Mars (Trigon, Sextil) **265**

Aufwertung des Temperaments und der Stimmungen, sofern der Aspekt überhaupt spürbar wird. Willensimpulse stammen aus dem Gefühlsbereich, die Durchsetzung erfolgt weniger durch Krafteinsatz, sondern durch lockere Anpassung an die Gegebenheiten, wobei Intuition ein guter Ratgeber sein kann (nur bei harmonischer Radixverbindung zwischen beiden Planeten!). Das Auftreten im Milieu ist angepaßt, entspricht den Erwartungen der anderen, doch kommt es weniger durch Anstrengung zu Erfolgen als durch geschicktes Ausnützen der Gunst der Stunde. Das Denkverhalten zeigt Originalität, wurzelt in verdeckten Anlagen, ein „neuer Mensch“ kann sich aus Einsicht in größere Zusammenhänge entwickeln. Selbständigkeit im Denken äußert sich weniger in der strikten Durchsetzung von Geltungswünschen, sondern in einer Hebung des Niveaus, in einer Öffnung gegenüber Strömungen aus dem Unbewußten, bzw. im Aufgreifen weiter Interessen.

Partnerschaften: Neue Kontakte im Intimbereich, Verbindung mit Menschen, die gleich fühlen und empfinden, Möglichkeiten der Realisierung von Kontaktwünschen, nicht durch Zufälle, sondern weil die Zeit herangereift ist. Im Erotischen werden an den Partner Forderungen gestellt, die von ihm akzeptiert werden, weil auch er „instinktiv“ sich dazu gedrängt fühlt. Erotische Beziehungen, die sich ohne äußeres Dazutun entwickelt haben, reifen heran, werden den Partnern bewußt und können zur Erfüllung führen. Im Hinblick auf die Öffentlichkeit werden im sozialen Umfeld Aktionen durchgeführt, die den gegebenen Bedingungen entsprechen.

Materielles: Daraus können eigenartige Forderungen erwachsen, Sehnsüchte, die erfüllt werden wollen, unterstützt durch Querverbindungen zu anderen Gebieten. So ergeben sich bisweilen überraschende Erfolge, die zu einer Aufwertung der eigenen Position führen, was indirekt materiell begünstigt. Der Blick auf die Wirklichkeit erfolgt nicht aus intellektueller Sicht, sondern durch intuitiv richtige Einschätzung der Sachlage.

Beruf: Eine soziale Position kann erreicht werden, „weil es sich so fügt", Leitbilder werden entdeckt oder aus innerer Überzeugung angestrebt, gute Zusammenarbeit bei Wahrung individueller Bedürfnisse.

♆ ☌, □, ☍ ♂

5 b) Neptun ungünstig zu Mars

(Konjunktion, Quadrat, Opposition) **266**

Besonders bei Vorliegen kritischer Radixbeziehungen zwischen den Gestirnen ein böser Aspekt. Unzufriedenheit kann die Wurzel für Störungen in der Dynamik sein, aber auch für Aggressionen oder innere Widerstände, die in asoziales Verhalten umschlagen: Rachsucht, Gemeinheit, Heimtücke, mindestens unfaire Aktionen. Auch Schicksalsschläge sind beim direkten Übergang möglich, herausgefordert durch wühlende Stimmungen oder unbewußte Spannungen. Einschränkung der Vitalität durch Anfälligkeit, Ansteckung, Gefahr durch Gifte.

Partnerschaften: Störungen im Triebverhalten, Perversion, Kontaktstörungen, Konflikte, Nachrede mit dem Ziel einer Trennung.

Materielles: Falsche Vorstellungen von dem, was machbar ist, beeinträchtigen den Erfolg, man täuscht sich und andere über die Möglichkeiten, im Falle eigener Aktivität Verluste durch Abenteuerliches, durch zu große Risiken, Schwierigkeiten in der Rationalisierung, Abschweifen vom Wesentlichen, heimliche Verluste.

Beruf: Mißtrauen, Mißerfolge, Handlungen wider die Vernunft und aus Irrtum, Überschätzung der eigenen Möglichkeiten, Schwierigkeiten, die soziale Position zu halten, unfair in Zusammenarbeit mit anderen, keine Ellenbogentaktik, aber mittels Falschheit oder Intrige eigene Machtansprüche durchsetzen wollen — und dabei scheitern.

♆ △, ⚹ ♃

6 a) Neptun günstig zu Jupiter (Trigon, Sextil) **267**

Die Beurteilung der *Konjunktion* ist problematisch. Sie richtet sich im wesentlichen nach der Position beider Gestirne im Geburtshoroskop. Hierbei ist schon bei einem Aufenthalt der Planeten in verwandten Zeichen eine positive Beurteilung möglich, doch wird es selten das „wahre Glück“ sein, sondern eines „mit Häkchen“.

Charakter und Gesundheit: Der Aspekt ist selten stark wirksam, kann aber eine Mäßigung im Temperament bringen, einen Ausgleich der Impulsivität und eine Einsicht in die Notwendigkeit. Egozentrisches Verhalten kann zugunsten humanitärer, altruistischer Einstellungen abgebaut werden. Das Wesen gewinnt an Tiefe, es ist möglich, schicksalhaftes Geschehen innerlich aufzuarbeiten. Die Vitalität kann gefördert werden, jedoch nur durch natürliche Heilmethoden. Die Anwendung von Giften bleibt sehr problematisch.

Partnerschaften: Verständnis, Einfühlung, Ausdehnung durch seelisch-geistige Kontakte, durch Sympathie. Gemeinsames Hoffen, dem zwar momentan die Erfüllung der Wünsche versagt bleiben kann, weckt aber Vorfreude, läßt die angenehmsten Seiten des Wesens hervortreten, so daß eine Intimbeziehung veredelnd wirken kann. Kontakte werden durch nicht-ökonomische Gesichtspunkte bestimmt, großzügiges, tolerantes Verhalten stärkt die Gefühle füreinander. Günstig für Öffentlichkeitsarbeit, besonders für Auslandsbeziehungen.

Materielles: Eventuell Spekulationserfolge, weil das Gefühl für den richtigen Expansionszeitpunkt gekommen ist. Es müssen aber andere helfende, direkt materiell bedeutsame Aspekte hinzutreten, um die Erfolgsmöglichkeiten auszuschöpfen. Günstig für weite Reisen, Beziehungen zu Ausländern oder Annahme von Impulsen, die eine innere Umstellung möglich machen, deren Früchte evtl. auch materieller Natur sein können.

Beruf: Für eine Idee eintreten, die man aus „Berufung" verwirklichen möchte. Philosophische Orientierung des Lebens, religiöse Studien, optimistische Grundhaltung aufgrund inneren Harmoniegefühls, weitgespannte Interessen, die einer (mystischen) Phantasie entspringen können. Anerkennung und Erfolge durch sozial Höherstehende, Vorgesetzte oder durch Menschen, mit denen man sich geistig verbunden fühlt, so daß die Respektierung als besondere Wertschätzung aufgefaßt wird. Im sozialen Umfeld können sich Wirkungsmöglichkeiten ergeben, wobei Recht, Gesetz, Ordnung, Religion, soziales Mitgefühl eine Rolle spielen. Besonders günstig für Auslandsaufenthalte.

♆ □, ☍ ♃

6 b) Neptun ungünstig zu Jupiter (Quadrat, Opposition) **268**

Ist zwischen Neptun und Jupiter im Radix ein ausgesprochener Spannungsaspekt vorhanden, wird der direkte Übergang kaum positiv beurteilt werden können.

Charakter und Gesundheit: Menschen in kritischen Phasen ihres Lebens werden unter diesem Aspekt an ihrer Identität zweifeln, erleben ein Nachlassen der Vitalität, lenken den Ehrgeiz in eine falsche Richtung oder haben Schwierigkeiten bei der Selbstbehauptung, da es an Klarheit über den eigenen Lebensweg und die eigenen Lebensziele mangelt. Äußeren Zwängen gegenüber wird ausgewichen, die Sorge, gestellten Anforderungen nicht gerecht werden zu können, deprimiert und beeinträchtigt dann wirklich das Leistungsvermögen. „Glückssuche" geht falsche Wege, Illusionen werden für Wirklichkeit genommen, blauer Dunst für eine reale Basis gehalten. Spätfolgen des Aspektes sind Ernüchterung, Enttäuschung, auch Verluste im Hinblick auf Geld, Vertrag, Rechtssachen. Gesundheitlich werden Depressionen möglich sein, eine Anfälligkeit gegen Ansteckung oder Verführung, zu Rausch oder Sucht auftreten können.

Partnerschaften: Unterschwellig wirksame Störungen werden aufgedeckt, Unwahrhaftigkeit stört das Einvernehmen, (finanzielle) Unregelmäßigkeiten beeinträchtigen die Harmonie, Störungen im Zusammenarbeiten oder in Verträgen. Verbindungen werden untergraben, Verleumdung kann seelisch bedrücken.

Materielles: Schaden durch Lüge, Betrug, Fehlspekulation, zu sorgloser Umgang mit Geld und Gut, Vertrauensschwund in die materielle Basis der Existenz, keine günstige Zeit für „Sicherheit".

Beruf: Erwartungen, die sich nicht an der Realität orientieren, erfüllen sich nicht. Angriff auf die Position durch Nachrede, Neider, Herabsetzung des Ansehens, Verlust an sozialem Prestige, Vertrauensmißbrauch, Verzögerung einer Beförderung, Täuschung über den wahren Sachverhalt innerhalb einer Arbeitsgemeinschaft.

♆ △, ⚹ ♄

7 a) Neptun günstig zu Saturn (Trigon, Sextil) **269** ♆

Charakter und Gesundheit: Einschränkung der Lebendigkeit des Temperaments, weniger impulsiv sein, dafür aber starker Zug zur Verinnerlichung.

Gesundheit: Kaum bedeutungsvoll, doch können Einsicht in die Verhältnisse, Annahme des Schicksals beruhigende Voraussetzungen schaffen, die Heilungsprozesse erleichtern.

Partnerbeziehungen: Vertiefung von Kontakten durch stärkeres Streben nach Gemeinsamkeiten, Besinnung auf Pflicht und Verantwortung, Berücksichtigung gemeinsam gemachter Erfahrungen, der Wille zum Zusammenhalt wird durch innere Überzeugungen motiviert.

Materielles: Vorteile in Angelegenheiten auf lange Sicht, die Grund und Boden betreffen, Besitzstandsregelung durch eine Planung, deren Methode weniger rational einsichtig, als intuitiv verständlich ist. Günstig für weite Reisen, Bezug zum Ausland.

Beruf: Sofern die berufliche Tätigkeit ein besonderes seelisch-geistiges Überzeugtsein zur Voraussetzung hat, wird Zufriedenheit in der Tätigkeit zu erlangen sein. Eine Förderung kann durch Umstände eintreten, die weder offen zutage liegen, noch überhaupt erkannt werden können.

♆ ☌, □, ☍ ♄

7 b) Neptun ungünstig zu Saturn
(Konjunktion, Quadrat, Opposition) 270

Vor allem der direkte Übergang kann schicksalhaftes Geschehen bezeichnen, das über einen längeren Zeitraum hin wirksam wird.

Charakter und Gesundheit: Sich dem Schicksal ausgeliefert fühlen, resignieren, Schwächung der Vitalität, Mangel an Impulsen und Spontaneität, Komplexe, falscher Ehrgeiz, der von vornherein durch Mangel an Überzeugtsein nicht zum Ziele führt oder Kompensationsformen sucht, die unbefriedigend sind. Zermürbende Zustände können seelisch bedrücken, über das Nervensystem zu organischen Leiden führen.

Partnerschaften: Trennung, Abschied, Tränen, Verzicht, mindestens Schwierigkeiten in zwischenmenschlichem Verhalten, Konflikte, die sich langsam anbahnen und zur Entfremdung führen. Zweifel, Mißtrauen, Verzagtheit, Unglauben, Eifersucht, sich isoliert oder zurückgesetzt fühlen.

Materielles: Abbröckeln der sicheren Position, Unterminierung einer Vertrauensstellung, Unaufrichtigkeit, Verzichtleistungen oder Opfer.

Beruf: Schwierigkeiten oder Hemmnisse auf längere Zeit, Verlust von Position, Vertrauen, Mißerfolg durch unrealistische Planung, vor eine Entscheidung gestellt sein und diese vor sich herschieben oder apathisch reagieren.

♆ △, ⚹ ⛢

8 a) Neptun günstig zu Uranus (Trigon, Sextil) **271**

Charakter und Gesundheit: Evtl. neue Lebensphase durch Einsichten, die aufgrund von Überzeugungen, Anregungen oder intensiver geistiger Auseinandersetzung gewonnen wurden. Ein Aspekt der Vertiefung, der vor allem Inspiration und Intuition ins Spiel bringt, daher bei sensibel veranlagten Personen wirksam sein kann. Gesundheitlich kaum von Bedeutung, am ehesten noch erfolgreiche Anwendung von Außenseitermethoden der Medizin.

Partnerschaften: Echtes Verstehen kann zur Grundlage oder zu einer Intensivierung im Zusammenleben führen, vielfach wird der Aspekt nicht wahrgenommen.

Materielles: Eine verstärkte Wunschkraft, die sich aber weniger auf vordergründig-materielle Ziele richtet, sondern ethischen Charakter haben kann, begünstigt den Aufstieg, wenn zur Ausübung der Tätigkeit ein gewisser Reifeprozeß erforderlich ist.

♆ ☌, □, ☍ ⛢

8 b) Neptun ungünstig zu Uranus
(Konjunktion, Quadrat, Opposition) **272**

Der direkte Übergang kann einschneidende Lebenskrisen anzeigen, die sich über Jahre erstrecken. Eine Identitätskrise läßt an sich selbst zweifeln, beeinträchtigt die Hinwendung zu neuen, realistischen Zielen und schafft Voraussetzungen für Fehlverhalten, das Skandale möglich macht.

Partnerschaften: Verworrene Zustände, Unklarheiten, Verführung, Vergiftung der Atmosphäre, denkbar schlechte Voraussetzungen, um sich anderen Menschen oder einem Partner zu eröffnen, an seinem Leben Anteil nehmen, wie sein Mitempfinden anzuregen. Häufig signalisiert der Transit das Auseinandergehen von Bindungen.

Materielles: Verluste durch Verleumdung, Mißtrauen, Mangel an Steh- und Durchsetzungsvermögen, Ängstlichkeit, Schwäche.

Beruf: Verlust der Stellung, Intrige, Verschleppung von Entscheidungen, Störungen in der Zusammenarbeit, Heimlichkeiten, Aufgabe von Positionen.

♆ △, ⚹ ♆

9 a) Neptun günstig zu Neptun (Trigon, Sextil) **273**

Die *Konjunktion* ist unmöglich, die Aspekte selbst werden im günstigen Fall seelische Erkenntnisse fördern, wobei der (erotischen) Phantasie eine besondere Bedeutung beigemessen werden kann. Spürbare Ereignisse sind kaum zu erwarten. Der Aspekt begünstigt Reisen, Auslandsbeziehungen, Kontakte auf geistiger Grundlage.

♆ □, ☍ ♆

9 b) Neptun ungünstig zu Neptun (Quadrat, Opposition) **274**

Beeinträchtigung der seelischen Empfindsamkeit, Täuschung, dadurch Verstärkung etwa gleichzeitig vorkommender negativer Transite, evtl. im Sinne einer Lebenskrise.

♆ ⚹ ♇

10 a) Neptun günstig zu Pluto (Sextil) **275**
Der Reiz des Ungewöhnlichen und Absonderlichen begünstigt Verhaltensweisen, die aus der Menge herausheben, evtl. auf besonderen Wegen zu Macht und Einfluß kommen lassen.

♆ ☌, □, ♇

10 b) Neptun ungünstig zu Pluto (Konjunktion, Quadrat) **276**
Störung in der Machtsphäre, seelische Zustände oder Ideen beeinträchtigen ungewöhnliche Versuche, sich durchzusetzen. Neigung zu Krankheiten und Verlusten.

♆ △, ⚹ ☊

11 a) Neptun günstig zum Mondknoten (Trigon, Sextil) **277**
Bei guter Radixverbindung kann auch der direkte Übergang harmonisch beurteilt werden. Die Konstellation hat nur Bedeutung für Partnerbeziehungen und das Gemeinschaftsleben. Sie stärkt das seelische Zusammengehörigkeitsgefühl, bringt den Anschluß an Menschen, die ähnlich denken und handeln oder an Gemeinschaften mit besonderer Zielsetzung. Ein unterstützender Aspekt für Herzensverbindungen aller Art. Er fördert auch Kontakte zu Ausländern.

♆ □, ☍, ☌ ☊

♆

11 b) Neptun ungünstig zum Mondknoten (Quadrat, Opposition, in der Regel auch die Konjunktion) **278**
Untergrabung von Verbindungen, man ist inmitten anderer isoliert, fühlt sich ausgeschlossen, unverstanden, es scheitern die Bemühungen um Zusammenarbeit, weil sich die persönlichen geistig-seelischen Interessen nicht mit denen der Partner decken. Ungünstig für Auslandskontakte in Liebe oder Freundschaft, Entfremdung, Mißtrauen, Eifersucht, Trennung.

♆ △, ⚹ Asz

12 a) Neptun günstig zum Asz. (Trigon, Sextil) 279

Positive Aspekte Neptuns zum Asz., dem „individuellen Punkt" des Horoskops, weisen auf einen Trend zur Auflockerung des streng geschlossenen Persönlichkeitsgefüges. Geistige Bedürfnisse treten stärker hervor, es werden Pläne geschmiedet, die vielfach mit einer Milieuveränderung zusammenhängen. Der Horoskopeigner und seine Umwelt stehen in einer gesunden Wechselbeziehung, die es ihm möglich macht, geistig-seelischen Anregungen nachzugehen, vor allem Verbindungen zu knüpfen, wobei unterschwellig wirksame Wünsche und Bedürfnisse motivierend sind.

♆ □, ☍ Asz

12 b) Neptun in ungünstigem Aspekt zum Asz.
(Quadrat, Opposition; letztere kann vor allem Ehe und Öffentlichkeit betreffen) 280

Selbsttäuschung, Verworrenheit und Chaos in den Umweltbeziehungen schwächen die Position im Milieu, Hintergehung, geheime Anfeindung können dem Ruf abträglich sein, Nervenstörungen, Anfälligkeit für Ansteckung und Krankheiten sind wahrscheinlich.

♆ ☌ Asz

12 K) Neptun in Konjunktion zum Asz. 281

Die Beurteilung des direkten Übergangs hängt wesentlich davon ab, wie die Position Neptuns im Radix zu beurteilen ist, vor allem ob er mit dem Asz. in einem Aspekt steht.

Charakter und Gesundheit: Die Sensibilität ist gesteigert, das Gedankenleben unruhig und Schwankungen unterworfen, die durch die schweifende Phantasie ausgelöst werden. Temperament und Stimmungen können aktiviert werden, doch ist dies selten von Bestand. Hinsichtlich der Dynamik des Handelns ist es eher ein Aspekt der Schwäche, des Sich-Treibenlassens, selten genug verbunden mit einer Leistungssteigerung. Das Straffe, Zielstrebige, Geordnete einer Persönlichkeit wird aufgeweicht, das Bedürfnis nach Harmonie und Liebe ist stark, aber von Illusionen bestimmt. Da der Aspekt über viele Monate hin wirksam sein kann, wird ein Mangel an Realitätssinn nur durch glückliche Umstände ausgeglichen werden können, sonst ist mit Enttäuschungen zu rechnen. Die schwankende Gemütshaltung begünstigt Gemütsleiden, Gefahren durch Sucht, Betäubungsmittel, Ansteckung, Schwächung der Vitalität.

Partnerbeziehungen: Man macht sich falsche Vorstellungen von der Wirkung auf andere, neigt dazu, sich zu vernachlässigen und kann sich durch andere unverstanden fühlen. Äußere Übereinstimmung oder solche in materiellen Fragen werden unwesentlich. Vertrauensmißbrauch, Gefahr durch Betrug und Verleumdung und Unaufrichtigkeit machen einen negativen Schicksalsverlauf möglich, für den anderen die Schuld gegeben wird, da es an Selbstkritik mangelt. Unter diesem Transit geschlossene Partnerschaften enden meistens enttäuschend, da sie von falschen Voraussetzungen ausgehen.

Materielles: Verluste, besonders durch Spekulation, aber auch Betrug, Unaufrichtigkeit.

Beruf: Beeinträchtigung der Handlungsbereitschaft kann Verluste an Ansehen und Respekt bringen.

♆ △, ✶ MC

13 a) Neptun günstig zum MC (Trigon, Sextil) **282**

Geistige Anregungen für den Beruf, Förderung unbewußter Kräfte, rege Phantasietätigkeit, besonders vorteilhaft für künstlerisch tätige Personen. In materieller Hinsicht ist die Konstellation ohne Gewicht.

♆ □, ☍ MC

13 b) Neptun ungünstig zum MC (Quadrat, Opposition) **283**
Täuschung, beruflicher Fehlschlag, Verlust oder Beeinträchtigung des Ansehens, irrtümliche Auffassung. Die Einbuße an Prestige kann eine negative Auswirkung auf das Familienleben haben.

♆ ☌ MC

13 K) Neptun in Konjunktion mit dem MC **284**
Der direkte Übergang Neptuns über den Meridian bringt in der Regel eine verschärfte negative Tendenz oder, wenn im Radix ein günstiger Aspekt zum MC vorgegeben ist, Ablauf einer Lebensphase, in welcher der Mensch Ansichten und Motive seines Handelns ändert, was von Mitarbeitern oder Vorgesetzten nicht verstanden und von der Familie nicht akzeptiert wird. Unklarheiten über Berufs- und Lebensziele können eine Existenzkrise auslösen, im günstigsten Falle eine Veränderung in der beruflichen Position anzeigen. Sie wird mindestens anfangs mit Nachteilen verknüpft sein. In der Zeit dieses Transits ist es geraten, sich an die Wirklichkeit zu halten, es bei kleinen Schritten bewenden zu lassen und nicht weitreichende Pläne zu schmieden, vor allem nicht im Hinblick auf das Ausland, Auswanderung u. dergl. m.

♇

Die Transite des Pluto

Als Transitor ist Pluto mit den Stichworten Macht und Masse und höhere Gewalt zu erfassen.
Pluto wurde erst 1930 entdeckt. Seither ist er für die Ausdeutung einer Geburtskonstellation ein Faktor geworden, auf den man nicht mehr verzichten kann und für den zutreffende Erfahrungen vorliegen. Bei der Ausdeutung der Transite kann man sich noch nicht auf ein allzu reichhaltiges Deutungsmaterial stützen, wie bei den seit langer Zeit bekannten Planeten, hat aber doch einige prinzipielle Einsichten in die Zusammenhänge gewonnen.
Erstens sei festgestellt, daß Pluto offensichtlich bei vielen Menschen als Transitor *keine* „Wirkungen" auslöst, was vor allem dann zu erwarten ist, wenn der Planet *im Radix unauffällig* ist. Steht er aber in einem Radix am Asz. oder MC und hebt den Eigner des Horoskops somit aus der „Masse" heraus, weist er auf einen unruhigen, kampfreichen Lebensverlauf mit Durchsetzungskrisen der Persönlichkeit entweder im Milieu oder im beruflichen Wirken, bzw. hat Pluto *genaue* Aspekte zur Sonne und dem Mond, wird man auf ihn als Transitor sehr achten müssen.
Zweitens sind Beobachter der Meinung, daß der Planet auf seinem Lauf durch den Tierkreis in jene Lebensbereiche des einzelnen Menschen hineinwirkt, in dessen Horoskophaus er sich aufhält.
Als sonnenfernster Planet mit einer Umlaufzeit von fast 249 Jahren kann er naturgemäß zu seinem Radixort nur wenige Aspekte bilden.

♇

Grundbedeutungen:

A) Wer unter Plutoeinfluß gerät, wird immer *mit höherer Gewalt* konfrontiert werden, selbst wenn dies in positivem Sinn geschieht. Wer aus der Masse herausragt, etwa in dem Sinn, daß das Radix einen „programmierten Aufstieg" erkennen läßt, kann zwar höchste Höhen erleben, zu Reichtum, Macht, Ansehen kommen, wird aber auch viele Neider und Feinde auf den Plan rufen und ihnen Angriffsflächen bieten. Daher werden *Spätfolgen* plutonischer Glückskonstellationen für den Horoskopeigner auch *große Gefahren* bringen können, wenn nicht das Radix entsprechende Chancen zu harmonischem Ausgleich bietet. Plutos Transite ähneln denen des Mars, sind aber viel kräftiger, im günstigen Falle *Wille und Streben nach Macht und Einfluß,* Härte in der Durchsetzung, Popularität im Sinne von Beherrschung der Massen, wobei das Radix bereits den prinzipiellen Trend erkennen läßt. Pluto bringt die Auseinandersetzung oder Spannung im Verhältnis zu den Mitmenschen, zum Staat oder zu Institutionen, von denen der einzelne total abhängig ist. Im besten Falle setzt sich der Betroffene durch, gewinnt Popularität im Sinne von Einfluß auf die Massen, sei es als Prominenter, als Star, als Politiker oder Wissenschaftler.

B) Als „höhere Oktave" des Mars bringen negative Plutotransite Neigung zur *Gewaltausübung, zu Fanatismus,* rücksichtsloser Intensivierung eigener Bestrebungen auf Kosten anderer, aber auch aufwühlende, *leidenschaftliche Gefühle,* den Griff nach der Macht, Aggressionen, die sich gegen andere oder sich selbst richten können, daher auch entscheidende Krisen im Zusammenleben.

Ziel: Wer unter markanten Plutokonstellationen geboren wird, scheint dazu ausersehen zu sein, sich mit der *Unerbittlichkeit des Schicksals* auseinandersetzen zu müssen, jedoch auf andere Art als dies bei Saturn, Uranus, Neptun oder Jupiter geschieht. Durch Transite aus der Latenz gehoben, bleibt die plutonische Veranlagung immer hart, aggressiv, unbeugsam und nachhaltig. Besonders die markanten Plutotransite bezeichnen die Zeiten der großen Selbstprüfung und Bewährung im Menschenleben.

Dauer: Dem langsamen Lauf des Planeten ist es zuzuschreiben, daß die Wirkung über viele Monate andauert, wobei sich gleichzeitig anfallende Transite anderer schicksalbestimmender Gestirne abschwächen oder verstärken können.

♇ △, ⚹ ☉

1 a) Pluto günstig zur Sonne (Trigon, Sextil) **285**

Charakter und Gesundheit: Die Art und Weise plutonischer Dynamik wird vor allem dort ansetzen können, wo Temperament und Stimmung vom Willen her beeinflußt werden. Also Steigerung der Impulsivität, Zähigkeit, im Gefühlsbereich starke Impulse von der Triebseite her, Aggressionen, Auseinandersetzung mit Widerständen, Geltungsverlangen. Die Vitalität ist gesteigert, es wird nicht locker gelassen, ehrgeizige Ziele zu verfolgen, wobei egoistische Motive stärker in den Vordergrund treten können. Als Reaktion auf einen Schicksalsschlag werden neue Anstrengungen unternommen. Der Aspekt begünstigt technisch Veranlagte, aber auch jene, die aus Intuition schöpfen, im Denken vereinfachen, um einen hohen Rationalisierungseffekt zu erzielen. Gesundheitlich wird eine Intensivierung des Lebenswillens möglich werden, evtl. ungewöhnliche Heilungsprozesse fördern.

Partnerbeziehungen: Besonders Kontakte zum anderen Geschlecht werden intensiver gestaltet werden, wobei die totale Eroberung des Partners als Ziel vorgegeben ist. Leidenschaften reißen empor und können bei Intimbeziehungen alle vernünftigen Überlegungen über den Haufen werfen. Allerdings wird dies nur dann zu vermuten sein, wenn die Sonnenstellung im Grundhoroskop auf Partnerschaften zu beziehen ist. Soweit es sich um eine sachliche Begegnung handelt, wird der Geborene sich unter Gleichrangigen durchsetzen und seine Vorstellungen durchdrücken.

Materielles: Reichtum oder Wohlstand sind Früchte harten Ringens, außergewöhnlicher Methoden, aber auch glücklicher Fügung. Es scheinen sich die persönlichen Wünsche und Vorstellungen mit Bedürfnissen und Meinungen der „Massen“ zu decken, so daß der Horoskopeigner von diesen getragen wird. ♇

Beruf: Es kann eine entscheidende Phase in der beruflichen Laufbahn sein, die die endgültige Anerkennung oder Respektierung der Persönlichkeit bringt, Gewinn an Ansehen, sozialem Prestige oder Einfluß.

♇ ☌, □, ☍ ☉

1 b) Pluto ungünstig zur Sonne
(Konjunktion, Quadrat, Opposition) **286**

In unangenehmer Weise kann der einzelne über sich selbst hinauswachsen, für sich und andere zur Gefahr werden, weil er sein Temperament und seine Stimmungen nicht beherrscht, den zu weiten Wurf wagt und sich von Affekten hinreißen läßt. Triebe lassen Vernunft außer acht, der Wille peitscht auf, läßt gegen Hindernisse anrennen, so daß eine Verkrampfung im Gefühl zu Perversionen ausarten kann. Mit Ellenbogen oder Tücke, bewußt gegen äußere Umstände ankämpfend, kann *bei dem direkten Übergang* Plutos es um „Alles oder Nichts" gehen. Tief im Unbewußten wirkende Kräfte übernehmen die Steuerung der Handlungen. Der Gesundheit schadet sich der Horoskopeigner durch Überbeanspruchung, Verausgabung der letzten Reserven, Einbuße an Widerstandskraft. Unfalleignung, plötzliche Operationen oder Zusammenbrüche sind möglich, vor allem wenn entsprechende Direktionen darauf hindeuten. Die Anforderungen an den Partner sind zu groß, eine latente Krise kann aufbrechen und zum Bruch führen. Selten wird eine Lösung in gutem Einvernehmen möglich werden, höhere Gewalt kann ins Spiel kommen und persönliche Verluste möglich machen.

Materielles: Es kann um Kopf und Kragen gehen, wenn ein riskantes Spiel gewagt wird. Bei dem hohen Einsatz ist der Verlust entsprechend, er kann Geld und Gut ebenso betreffen wie andere Grundlagen der wirtschaftlichen Existenz. Auch Auseinandersetzung mit der Staatsgewalt, ein Prozeß u. dergl. wurden schon beobachtet.

Beruf: Das Gegenteil von Aufstieg: Sturz, Verlust von Respekt, einem Ehrenamt, Zurücksetzung, keine Zeit für Experimente oder für eine Weichenstellung, die dem sozialen Aufstieg dienen soll.

Besonderes: Bei der Schwere, die Plutoaspekte bedeuten, sollte man vor der Prognose immer rückrechnend prüfen, ob Pluto bei dem Horoskopeigner in vergangenen Jahren überhaupt wirksam war.

♇ △, ✳ ☽

2 a) Pluto günstig zum Mond (Trigon, Sextil) **287**

Charakter und Gesundheit: Sensible Menschen wachsen über sich hinaus, labile werfen alle Gefühle in eine Waagschale, Triebe wekken Leidenschaften. Gesundheitlich ist die Aktivierung der Lebenskräfte über Erfolgserlebnisse im Gefühlsbereich möglich.

Partnerbeziehungen: Aus einem unverbindlichen Flirt kann heiße leidenschaftliche Liebe werden, eine oberflächliche Verbindung wird sich intensiv gestalten, es ergeben sich ungewöhnliche Möglichkeiten der Realisierung von Kontakten, erotische Beziehungen dienen der Befriedigung des Genusses, laufen einspurig ab, Vernunft scheint ausgeschaltet oder besonders raffiniert eingesetzt.

Materielles: Der Mond als Symbol des Wechsels signalisiert, durch Pluto angesprochen, große Umstellungen, Reise, Wechsel im Ort, in individuellen Lebensumständen, kann besonderes Glück durch Popularität bringen, damit verbunden auch Geld, Anerkennung, Befriedigung materiellen Ehrgeizes.

♇

Beruf: Das Arbeitsverhalten wird von mächtigen Gefühlen bestimmt, ist weniger methodisch als auf eine stoßweise Expansivität gerichtet, das Verhältnis zu Mitarbeitern, Untergebenen oder Vorgesetzten wird wichtig genommen und soll durch entsprechenden Gefühlsaufwand in eine bestimmte günstige Richtung gelenkt werden.

♇ ☌, □, ☍ ☽

2 b) Pluto ungünstig zum Mond
(Konjunktion, Quadrat, Opposition) **288**

Charakter und Gesundheit: Erschütterungen im seelischen Bereich begünstigen Kurzschlußhandlungen, aggressives Verhalten, Überbewertung des Sexuellen, Schädigung der Vitalität durch Übermaß, allzu heftiges Verlangen nach Genüssen, Gefühlsabenteuer, gekränkte Eitelkeit oder Verletzung des Ehrgefühls. Die Gefahr eines seelischen Zusammenbruchs, auch durch Trennung und Trauer kann gesundheitliche Folgen durch psychische Störungen haben.

Partnerbeziehungen: Leidenschaften kennen kein Maß, Gefühlsausbrüche können zu Eifersucht, häuslichen Szenen, die bis zur Gewalt gehen, zur Trennung führen.

Materielles: Eine sehr ungünstige Zeit für Wechsel und Umstellung, für Neubeginn, der zu Geld und Einfluß verhelfen, einen Wechsel im Aufenthaltsort bringen soll, wobei Risiken die Existenzgrundlage gefährden können.

Beruf: Berufskrise, unsichere Verhältnisse, sofern in dieser Zeit Experimente versucht werden.

Besonderes: Man beachte die Häuserstellung von Mond und Pluto, um den Schwerpunkt einer möglichen Auswirkung des Transits abschätzen zu können.

♇ △, ⚹ ☿

3 a) Pluto günstig zu Merkur (Trigon, Sextil) **289**

Charakter und Gesundheit: Begabungen, die das Denkverhalten betreffen, können sich schicksalhaft auswirken. Kluges, geschicktes, aber unerbittliches Taktieren ist die Grundlage für Erfolge, die eine

Verbesserung der Position im Leben zum Ziel haben. Gesundheitlich können Störungen, die das Denkverhalten angehen, behoben werden, da ein Zug zur Konzentration, der Blick auf das Wesentliche, das völlige Interessiertsein für störende Nebeneinflüsse unempfindlich machen.

Partnerbeziehungen: Selbst die Phantasie wird in das Interesse von Kontaktbemühungen gestellt, die ganz mit der Vernunft angegangen werden. Sachlich-nüchterne Kontakte können durch Einsatz erzwungen werden, Anpassung ist Mittel zum Zweck, scharfe Beobachtung der Schwächen eines Partners reizt, diese zum eigenen Vorteil auszunützen: das Dominieren in zwischenmenschlichen Kontakten begünstigt den materiellen Erfolg, der sich in Geldgewinn ebenso äußern kann wie in öffentlicher Anerkennung oder als Erfolge in Rede und Schrift, in Verträgen, bei Verhandlungen. Nachgegeben wird dabei nur, wenn dies das Ziel um so sicherer erreichen läßt. Günstig für Reisen, größere Geschäfte, für ökonomische Verfahrensweisen, auch für riskante Unternehmungen, bei denen es darauf ankommt, durchzuhalten, eine Durststrecke zu überwinden, um etwas zu gelten.

Beruf: Eine kämpferische Einstellung paart sich mit kritischem Denken, scharfer Beobachtungsgabe, so daß im Berufs- und Arbeitsleben der Erfolgspfad eingeschlagen werden kann und zum Aufstieg führt. Gute Geschäfte, tiefgründende Studien, erfolgreicher Abschluß von Prüfungen.

♇ □, ☍ ☿

3 b) Pluto ungünstig zu Merkur
(Quadrat, Opposition; evtl. auch Konjunktion) **290**

Charakter und Gesundheit: Sinn für Originalität, für reales Denken. Produktivität und Beobachtung werden bewußt angewendet, um sich eigennützig Vorteile zu verschaffen, daher kann durch eigenes Verschulden, das in Charakterfehlern begründet liegt, eine

Krise ausbrechen, die Verlust bringt. Gesundheitlich sind Nervenstörungen möglich.

Partnerbeziehungen: Hochstapelei, mehr scheinen wollen als man darstellen kann, gefährliche Tricks versuchen, ganz bewußt und gezielt lügen oder durch Übereifer sich Verluste einhandeln. Eine Abmachung wird gebrochen, Verhandlungen scheitern, es ist keine Übereinkunft zu erzielen, Schwierigkeiten auf einer Reise, es gelingt nicht, die beabsichtigten neuen Eindrücke zu gewinnen, bzw. innerlich zu verarbeiten. Störungen im Sozialverhalten.

Materielles: Übereifer oder Überschätzung der Kräfte sind Ursache für Verluste. Man „wirbt" falsch für sich, setzt geschäftliche Akzente nicht richtig, ist in einer schlechten Verhandlungsposition oder empfindet einen Mangel an geschäftlichen Möglichkeiten. Indirekt sind materielle Einbußen auch durch gestörte zwischenmenschliche Beziehungen zu erwarten.

Beruf: Man wird durch Vorgesetzte, Geschäftspartner, Mitarbeiter falsch eingeschätzt, ist „zu schlau", setzt aufs falsche Pferd oder beschäftigt sich mit Studien, die nicht recht vorangehen. Nervenbelastung, Störungen im Teamverhalten, Rückschlag bei beruflichen Erwartungen, schlechter Verlauf von Geschäftsreisen, ungünstig für Wechsel.

♇ ☌ ☿

3 K) Pluto in Konjunktion mit Merkur 291

Die Konstellation ist sicher problematisch und wird in der Regel besonders kritisch beurteilt werden müssen. Vermeidet man Risiken, bemüht man sich um konkretes, wirklichkeitsnahes Denken, hält man die geschäftlichen Bestrebungen in Grenzen, kann bei diesem Aspekt gut gegengesteuert werden.

♇ △, ✳ ♀

4 a) Pluto günstig zu Venus (Trigon, Sextil) **292**

Charakter und Gesundheit: Der Transit berührt jene Wesenszüge, die Beziehung zum Eros und zum Harmoniebedürfnis haben. Ein kräftiges Triebverlangen läßt Wünsche nach intensiven Gefühlsbindungen aufkommen, kann unterdrückte oder verdeckte leidenschaftliche Züge stärker hervortreten lassen, die vom Leben mehr Genüsse erwarten. Weniger Bereitschaft zur Hingabe als Anforderung und Begehrlichkeit. Phantasie und Intuition werden in den Dienst heftiger Wünsche gestellt, Harmonie nur als Basis, nicht als Ziel gelten gelassen. Der Aggressionstrieb spiegelt sich in der Lust auf Eroberungen. Soweit Venus im Gebursthoroskop auf die Gesundheit determiniert ist, kann eine Steigerung der Drüsentätigkeit wie der Hormonausschüttung erwartet werden.

Partnerbeziehungen: Es liegt auf der Hand, daß eine Pluto-Venus-Verbindung mit Ausstrahlung auf das andere Geschlecht verbunden sein wird, daß sie einem gesteigerten sexuellen Bedürfnis entspricht, aber auch durchaus „die große Liebe" bedeuten kann, weil man sich *einem inneren Zwang folgend* einem Intimpartner zuwendet. Die unter solchem Aspekt geschlossenen Verbindungen sind intensiv, können Dämme der Konvention niederreißen und wollen, wenn überhaupt, nach eigenen Maßstäben bewertet werden. Das überdurchschnittliche, Unnormale in der Partnerbegegnung findet selten die Zustimmung anderer Beteiligter, weil ihnen das Zwanghafte verborgen bleibt. Am besten gelingt es künstlerisch veranlagten Menschen, die Impulse eines solchen Transits aufzugreifen und ihrem Schaffen dienstbar zu machen.

Materielles: Mehr Freude am Luxus, am Lebensgenuß, dafür mehr ausgeben, bis zur Neige ausschöpfen wollen, was das Dasein bietet. Im aufbauenden Sinn aber auch Zuwachs an Geld, Sicherung der Existenz durch Zuwachs an materiellen Werten, doch nicht langsam und stetig, sondern unter großem Energieeinsatz.

Beruf: Ein Leistungsaspekt erster Ordnung für Künstler oder Menschen mit Venus-Berufen, sei es Mode-, Ausstattungsindustrie, Versorgungs- oder Unterhaltungsbranche usw.

♇ ☌, □, ☍ ♀

4 b) Pluto ungünstig zu Venus
(Konjunktion, Quadrat, Opposition) 293

Charakter und Gesundheit: Die an sich positive, zu erwartende Triebsteigerung kann so stark sein, daß eine bisher geübte Zurückhaltung aufgegeben wird, daß leidenschaftliches Verlangen aufkommt, das zu Komplikationen führt, die sich leidvoll auswirken. Gesundheitlich negativ für Blase, Nieren, Drüsensekretion und Hormonhaushalt. Die Vitalität wird durch Überbeanspruchung belastet.

Partnerbeziehungen: Erotische Beziehungen geraten in eine Krise, Eifersucht, Verbitterung, Gewaltlösungen, aber auch Demütigung, Niederlage, Verlust, Trennung, wobei die Nachwirkung Monate dauern kann.

Materielles: Größere Verluste durch Leichtsinn, Verschwendung, ein übersteigertes Luxusbedürfnis, Überbeanspruchung von Reserven, Skandalaffären, Kreditverlust.

Beruf: Zwar eine ungeeignete Zeit, um Aktionen zu starten, bei denen zwischenmenschliche Beziehungen eine bedeutende Rolle spielen, aber bei entsprechender Disziplin können die durch den Aspekt angezeigten Spannungen im Erosfeld, den geeigneten Beruf vorausgesetzt, Anregungen oder Impulse bringen. Allerdings kann der Einbruch höherer Gewalt das Verlangen nach Zufriedenheit stören.

♇ ☌ ♀

4 K) Pluto in Konjunktion mit Venus **294**

Der direkte Übergang kann eine Torschlußpanik oder ein besonderes Liebesabenteuer bedeuten, aber auch ein ungewöhnliches Liebesschicksal anzeigen, das von den Beteiligten als sensationell empfunden wird, da Menschen zueinander finden, die man sich üblicherweise nicht als Partner vorstellen kann. Stehen Pluto und Venus im Radix im besten Abstand, kann der Trend des Aspektes günstig sein, wird aber dennoch ein völlig unübliches erotisches Verhalten anzeigen, das entweder in Zusammenhang mit dem Stichwort „Masse" gesehen werden muß oder gleichsam durch höhere Gewalt berührt wird.

♇ △, ✳ ♂

5 a) Pluto günstig zu Mars (Trigon, Sextil) **295**

Charakter und Gesundheit: Härte und Unbeugsamkeit, ausgreifende Dynamik im Wollen und Handeln, gesteigerte Impulsivität und innerer Zwang zur Durchsetzung der eigenen Interessen sind gesteigert. Selbst bei günstigen Aspekten besteht die Gefahr, sich und andere zu überfordern, Kräfte zu verschleißen, zu viel Lebenskraft zu verbrauchen. Kein glücklicher Termin für entscheidende Operationen, da beide Planeten nach Auffassung der Tradition als „Übeltäter" anzusehen sind.

Materielles: Lust zum Abenteuer, große Bereitschaft zum Risiko, alles auf eine Karte setzen, mit einem Schlag oder einer gewaltigen Anstrengung das Ziel erreichen. Ist die Radixverbindung ungünstig, wird der Transit Verlust bringen. ♇

Partnerbeziehungen: Sturheit, Rücksichtslosigkeit; Verwirklichung eigener Interessen um jeden Preis schaffen keine guten Voraussetzungen für harmonisches Zusammenwirken.

Beruf: Höchstleistungen sind möglich, Vorsicht wird außer acht gelassen, ein Risiko kann nicht schrecken, die eigenen Kräfte werden so hoch veranschlagt, daß jedes Ziel erreichbar scheint.

♇ ☌, □, ☍ ♂

5 b) Pluto ungünstig zu Mars
(Konjunktion, Quadrat, Opposition) **296**

Der Spannungsaspekt bringt eine Potenzierung der Gewalt, daher Aufbrechen diesbezüglicher Wesenszüge, Zusammenstoß der Meinungen mit anderen, Intoleranz, Härte, Bruch von Vereinbarung, Gefährdung, große Verlustmöglichkeiten, mindestens aber auch Überanstrengung, Arbeitswut, Mangel an Beherrschung. Ein schwierig zu meisternder Aspekt, der gesundheitlich für Operationen nicht günstig ist. In den verschiedenen Lebensbereichen, auf die der Transit im persönlichen Horoskop bezogen werden muß, drohen Niederlage, Verlust, Sturz.

♇ △, ✳ ♃

6 a) Pluto günstig zu Jupiter (Trigon, Sextil) **297**

Die Konstellation wird um so wirksamer sein, je genauer eine Aspektverbindung zwischen Pluto und Jupiter im Radix vorliegt.

Charakter und Gesundheit: Temperament und Stimmung gewinnen an Breite und Tiefe, ein Expansionsaspekt, der auf Entfaltung von Organisationsgabe, Vitalität und Ehrgeiz zurückgeht. Macht-, Geltungs- und Leistungsstreben werden belohnt, die Verbindung von „Gewalt" und Jovialität kann zu größten Anstrengungen führen, die belohnt werden. Das glückliche Verhältnis zwischen Potenz und Leistung, die Durchsetzung von Selbständigkeit erlaubt die Verwertung erworbener Kenntnisse, oder bringt Nutzen aus dem Milieu. Für die Gesundheit förderlich und stabilisierend.

Partnerbeziehungen: Glückliche Gestaltung des Intimlebens durch Respektierung fester Grundsätze, für sachliche Arbeit oder Wirken in der Öffentlichkeit, Gewinn an sozialem Prestige, Anerkennung der eigenen Persönlichkeit durch andere, zur Führung gelangen.

Materielles: Große Ansprüche an das Leben stellen, sie aber auch befriedigen können. Geldzufluß, Reichtum, aus dem vollen schöpfen können, Kapitalanlage, sich auf der Höhe des Erreichten halten können, Anerkennung, Belohnung, Aufstieg. Ausdehnung des Wirkungsfeldes.

Beruf: Beförderung, an die Spitze gelangen, Verantwortung übernehmen, Reformen organisieren. Die Wünsche und Bedürfnisse breiter Schichten erkennen und durch selbständige Tätigkeit zum eigenen Vorteil verwenden. Wichtiger Aspekt der Eigeninitiative.

♇ □, ☍ ♃

6 b) Pluto ungünstig zu Jupiter (Quadrat, Opposition) **298**

Das Potential an Vitalität, Wille und Dynamik geht über die vorgefundene Situation hinaus, wird übersteigert zu blindem Eifer und riskantem Aktionsverhalten, wo Mut zu Übermut und zu Abenteuerlust wird. Krasse Einseitigkeit im Wünschen und Denken bedeuten Intoleranz und bringen Konfliktgefahren. Körperliche Strapazen beeinträchtigen die Gesundheit, schaden durch Gewalteinwirkung.

Partnerbeziehungen: Unterjochung des anderen, sich über Recht und Ordnung, über Tradition und über Verhaltensnormen hinwegsetzen, daran scheitern, Trennung, Abbruch von Beziehungen. Kritisch für Prozesse, Auseinandersetzungen mit der Staatsgewalt.

Materielles: Abenteuer und Risiken bringen Verluste größeren Ausmaßes, eine ungünstige Zeit für wichtige Geschäfte, Abschlüsse, Vertragsangelegenheiten, soziale Belange.

Beruf: Einschränkung, Herabsetzung, Kündigung, Einfluß von höherer Gewalt, Schwierigkeiten mit Behörden und Institutionen.

♇ ☌ ♃

6 K) Pluto Konjunktion Jupiter 299

In der Regel ein sehr kritisch zu beurteilender Aspekt, der die negativen Tendenzen besonders deutlich hervortreten läßt. In diesem Fall auch Machtmißbrauch, Existenzverlust.
Ist die Radixverbindung zwischen Pluto und Jupiter günstig, oder haben zurückliegende Transite zwischen den Aspektpartnern (auch Halbsextil) sich fördernd ausgewirkt, kann der direkte Übergang den *Glückstreffer* bringen, den endgültigen Durchbruch, die entscheidende Aufwertung der Persönlichkeit oder deren Aufstieg.

♇ △, ⚹ ♄

7 a) Pluto günstig zu Saturn (Trigon, Sextil) 300

Man wird von diesem Aspekt nicht viel Förderung erwarten können, im besten Fall harter Einsatz, dessen Ergebnis nicht der aufgewendeten Mühe entspricht. In den Zeiten schwankender Verhältnisse kann der Transit jedoch eine Stabilisierung bringen.

♇ ☌, □, ☍ ♄

7 b) Pluto ungünstig zu Saturn
(Konjunktion, Quadrat, Opposition) 301

Der Spannungsaspekt gilt für alle Lebensgebiete kritisch. Er wird vor allem andere negative Aspekte verstärken oder für deren „Auswirkung" den entsprechenden Erlebnishintergrund liefern.

Besonderes: Infolge des langsamen Laufes beider Planeten wird der Transit von sehr vielen Personen des gleichen Jahrgangs wahrgenommen, hat demnach mehr die Bedeutung eines Generationsaspektes als einer individuellen Konstellation. Sie wird jedoch in voller Härte spürbar werden, wenn dieser Transit zugleich andere Aspektpartner oder MC bzw. Asz. im individuellen Meßbild berührt.

♇ △, ✶ ♅

8 a) Pluto günstig zu Uranus (Trigon, Sextil) **302**

Ungeheure Anstrengungen werden plötzlich vom Horoskopeigner aufgebracht. Ein Aspekt der Selbstbehauptung, der die Durchsetzung begünstigt, aber auch voller Gefahren ist. Dies gilt besonders bei einem Neubeginn, bei wichtigen Umstellungen und Entscheidungen in Lebensfragen.
Die Gesundheit wird meistens zu stark beansprucht, so daß die Konstellation für diesen Sektor kaum günstig ist.

Besonderes: Infolge des langsamen Laufes beider Gestirne ist es ein Generationsaspekt, den viele Geborene eines Jahrgangs mehr oder weniger verspüren. In welchem Umfang dies der Fall ist, hängt davon ab, ob die Planetenpositionen im Radix isoliert oder in die Gesamtanlage des Horoskops einbezogen sind.

♇ ☌, □, ☍ ♅

8 b) Pluto ungünstig zu Uranus
(Konjunktion, Quadrat, Opposition) **303**

Vor allem wird es der direkte Übergang sein, der schwerste Krisensituationen schaffen kann, die sich über Monate hinziehen. Gewalttätige Unternehmungen oder Aufregungen gefährden die physische, psychische oder wirtschaftliche Existenz, sehr ungünstig für Menschen, deren Lebenswerk Reformen sind, die unter diesem Aspekt meistens zusammenbrechen.

Besonderes: Je nach Stellung der Planeten im Radix wird die Schwere der Krise bezeichnet sein, wobei die langsame Bewegung Plutos für Gründlichkeit sorgt. Es ist aber auch entschieden ein Generationsaspekt, der, fällt er in die kritischen Stufenjahre des Menschenlebens, eine besondere Breitenwirkung haben kann.

♇ △, ⚹ ♆

9 a) Pluto günstig zu Neptun (Trigon, Sextil) 304

Man sollte diesen Aspekt nie allein bewerten, da der langsame Lauf sonst ein falsches Bild des herrschenden Trends abgäbe. Sind die Aspektpartner im Radix in markanter Position, wird eine weitgehende Verfeinerung des Seelenlebens erfolgen, der Transit die Phantasie anreizen, Illusionen wecken, Hoffnungen fördern und das Streben nach einem unpersönlichen Glück wie den humanitären Einsatz fördern.

♇ ☌, □, ☍ ♆

9 b) Pluto ungünstig zu Neptun
(Konjunktion, Quadrat, Opposition) 305

Intrigen oder Sturz, Untergrabung der Position, Existenzkrise, langsam, aber zunehmend unter höherer Gewalt leiden, Heimtücke ausgesetzt sein, Besessenheit, Suchtgefahren.

Besonderes: Je langsamer die Gestirne sich bewegen, um so mehr Menschen eines Jahrganges werden davon betroffen sein. Daher hat diese Konstellation Einfluß auf die Stellung ganzer Jahrgänge zu Fragen der Zeit, sei es in Kultur, Kunst, Politik. Entscheidend für das Einzelhoroskop ist die Position nach Feldern und die Anbindung an Asz. und MC.

♇ ⚹, ⚺ ♇

10 a) Pluto günstig zu Pluto (Sextil, Halbsextil) 306

Als Erlebnishintergrund ein positiver Trend, der die Stabilisierung in der jeweiligen Lebensphase fördert. Betroffen sind die Lebensbereiche entsprechend der Zuständigkeit der Sektoren des Horoskops.

♇ □, ∟ ♇

10 b) Pluto ungünstig zu Pluto (Quadrat, Halbquadrat) **306 a**
Gefährdungen durch Gewalt, Ausgeliefertsein an „höhere Mächte“, ungünstige Einflußnahme des Staates oder jener Institutionen, die der einzelne zu fürchten hat; dadurch Störungen im Lebensablauf sowohl körperlich wie geistig, seelisch, in wirtschaftlichen und beruflichen Belangen und in den Beziehungen zu anderen.

Besonderes: Plutoaspekte sind sehr wenig erforscht. Ihre Auslegung stützt sich auf noch ein zu geringes Beobachtungsmaterial, da die lange Andauer der Konstellationen von vielen Monaten es verhindert, den Aspekt *für sich* zu beurteilen, denn die anderen Konstellationen spielen dabei mit.

♇ △, ✶ ☊

11 a) Pluto günstig zum Mondknoten (Sextil, Trigon) **307**
Der Transit begünstigt alle Arten von Gemeinschaftsbestrebungen, Zusammenarbeit, Bündnisse oder Auftreten in der Öffentlichkeit.

♇ ☌, □, ☍ ☊

11 b) Pluto ungünstig zum Mondknoten **307 a**
(Konjunktion, Quadrat, Opposition)
Aufhebung von Beziehungen, Entfremdung, Trennung, Kontaktschwierigkeiten, sich inmitten anderer isoliert fühlen, keinen Anschluß finden, von Freunden verlassen werden, Unverständnis anderer gegenüber eigenen Belangen. Ungünstige Teilhabe an einem Massenschicksal.

♇ △, ⚹ Asz

12 a) Pluto günstig zum Asz. (Trigon, Sextil) **308**

Dieser Transit fördert die Durchsetzung der Persönlichkeit im Milieu, stärkt jene Wesenszüge, durch die der einzelne sich von anderen unterscheidet. Fällt die Konstellation in kritische Lebensperioden, kann ein erfolgreicher Neubeginn nach einer Lebenswendung vermutet werden. Stärkung der Gesundheit, der geistigen Verfassung, günstige Beeinflussung der wirtschaftlichen Existenz.

♇ □, ☍ Asz

12 b) Pluto ungünstig zum Asz. (Quadrat, Opposition) **309**

Höhere Gewalten, einflußreiche Personen oder mächtige Instanzen beeinträchtigen das Vorwärtskommen, die Respektierung der Persönlichkeit und können Existenzkrisen durch Scheidung, Trennung, Mißachtung seitens der Öffentlichkeit bewirken.

♇ ☌ Asz

12 K) Pluto in Konjunktion mit dem Asz. **310**

In den meisten Fällen eine Lebens- oder Existenzkrise, die den einzelnen erschüttern kann. Es kann sich auch um einen erzwungenen Wechsel im Aufenthaltsort handeln, um Freiheitsentzug oder höhere Gewalt, Bedrohung des Lebens.

In wenigen Fällen, wenn Pluto im Radix günstig mit dem Asz. verbunden war, wurde beobachtet, daß der *direkte Übergang* Plutos über den Asz. den Geborenen in eine neue Umgebung und damit in völlig andere Lebensverhältnisse brachte. Sie ermöglichten es ihm, „ein anderer Mensch zu werden", ehrgeizige Ziele zu realisieren, die bisher niemand bei ihm vermutet hatte.

Für die Ehe ist der Übergang über den Asz. meistens ungünstig und Anzeichen für eine Trennung.

♇ △, ⚹ MC

13 a) Pluto günstig zum MC (Trigon, Sextil) **311**

Beruf und Familie; öffentliches Ansehen und Respektierung im heimatlichen Bereich werden durch diese Konstellation möglich. Eine im Radix angegebene günstige Aspektverbindung kann hier den Durchbruch zu neuen Taten, in eine neue berufliche Sphäre oder in einen Wirkungskreis bringen, der dem Horoskopeigner den Weg nach oben eröffnet.

♇ □, ☍ MC

13 b) Pluto ungünstig zum MC (Quadrat, Opposition) **312**

Gefährdung der beruflichen Existenz, Verlust des Ansehens, „Sturz" nach heftigen Kämpfen. Diese Spannungen bleiben nicht ohne Einwirkung auf Elternhaus, Heimat, eigene Familie.

♇ ☌ MC

13 K) Pluto Konjunktion MC **313**

In den meisten Fällen muß die kritische Bewertung berücksichtigt werden, die mindestens harte Arbeit, Existenzsorgen oder aufregende Ereignisse ankündigt, die den einzelnen betreffen. In wenigen Fällen erfüllt der direkte Übergang Plutos über das MC aber auch sehr weitgehende Wünsche nach Macht und Geltung.

☊

Die Transite des Mondknotens

Der aufsteigende Mondknoten (☊), früher „Drachenkopf“ genannt, bezeichnet den Schnittpunkt der Mondbahn mit der Ekliptik. Er wird von manchen Astrologen vernachlässigt, hat sich aber doch als *Symbol für gemeinsame Unternehmungen mit anderen zusammen* bewährt.

Grundbedeutungen:
A) Verbindung, Kontakte, Zusammengehörigkeitsgefühl, Anpassung.
B) Schwierigkeiten in Anpassung und Zusammenarbeit, Trennung.

Bewertung: Transite des Mondknotens können nur schwach bewertet werden, zumal wenn man von der Überlegung ausgeht, daß er selbst kein Gestirn darstellt.

Dauer: In etwa 3 Wochen durchwandert der Mondknoten rückläufig einen Grad des Tierkreises. Etwa so lange kann sein Einfluß dauern.

☊ △, ✶ ☉

1 a) Mondknoten günstig zur Sonne
(Konjunktion, Trigon, Sextil) **314** ☊

Ein Aspekt, der Kontakte und Verbindungen begünstigt, im Horoskop einer Dame mit dem Gatten, im Horoskop eines Herrn mit der Öffentlichkeit.

☊ □, ☍ ☉

1 b) Mondknoten ungünstig zur Sonne (Quadrat, Opposition) **315**
Anpassungsschwierigkeiten, Mangel an Zusammenarbeit, Entfremdung oder Trennung, besonders von männlicher Person.

☊ ☌, △, ⚹ ☽

2 a) Mondknoten günstig zum Mond
(Konjunktion, Trigon, Sextil) **316**
Verbindungstendenz, die seelischer oder gemüthafter Natur ist. Günstig für Wechsel in neue Lebensumstände, für Verbindungen zu weiblichen Personen.

☊ □, ☍ ☽

2 b) Mondknoten ungünstig zum Mond
(Quadrat, Opposition) **317**
Unklarheiten in den seelischen Kontakten zur anderen Person, Mangel an Anpassung, Trennung von einer Dame.

☊ ☌, △, ⚹ ☿

3 a) Mondknoten günstig zu Merkur
(Konjunktion, Trigon, Sextil) **318**
Bekanntschaft, Diskussion, Gedankenaustausch, geschäftliche Verbindung.

☊ □, ☍ ☿

3 b) Mondknoten ungünstig zu Merkur (Quadrat, Opposition) **319**
Schwierigkeiten bei Geschäften und Abmachungen, Zusammenarbeit mit anderen, gemeinsamen Studien, Trennung von einem Mitarbeiter.

☊ ☌, △, ✱ ♀

4 a) Mondknoten günstig zu Venus
(Konjunktion, Trigon, Sextil) **320**
Sympathie ausstrahlen, sich an jemanden anschließen, eine Gemeinschaft begründen, Zuneigung fassen.

☊ □, ☍ ♀

4 b) Mondknoten ungünstig zu Venus (Quadrat, Opposition) **321**
Spannungen in einer Partnerbeziehung, Entfremdung, Trennung, Abschied.

☊ △, ✱ ♂

5 a) Mondknoten günstig zu Mars (Trigon, Sextil) **322**
Aktive Zusammenarbeit, Kameradschaft, triebhafte Verbindung.

☊ ☌, □, ☍ ♂

5 b) Mondknoten ungünstig zu Mars
(Konjunktion, Quadrat, Opposition) **323**
Streit, Spannungen, Differenzen, die zu einer Trennung führen, gewaltsame Lösung einer Verbindung.

☊ ☌, △, ✱ ♃

6 a) Mondknoten günstig zu Jupiter
(Konjunktion, Trigon, Sextil) **324** ☊
Vorteil, Protektion, zusammen mit anderen oder durch andere Glück haben, günstig für Legitimierung einer Beziehung.

☊ □, ☍ ♃

6 b) Mondknoten ungünstig zu Jupiter (Quadrat, Opposition) **325**
Spannung, Trennung, unsoziales Verhalten, Verdruß durch sozial Höherstehende, Nachteile durch einen Vertrag, Trennung.

☊ △, ⚹ ♄

7 a) Mondknoten günstig zu Saturn (Trigon, Sextil) **326**
Zusammenarbeit, die sich auf Dauer gründet, Geduld mit anderen haben, Förderung durch ernste oder reife Personen.

☊ ☌, □, ☍ ♄

7 b) Mondknoten ungünstig zu Saturn
(Konjunktion, Quadrat, Opposition) **327**
Schwierige Zusammenarbeit, Störung von Beziehungen, sich innerlich oder durch äußere Umstände gehemmt fühlen, sich auf andere nicht einstellen können, Entfremdung, Aufhebung einer Beziehung, Verlust, Trauerfall.

☊ △, ⚹ ♅

8 a) Mondknoten günstig zu Uranus (Trigon, Sextil) **328**
Durch Zufall eine Bekanntschaft machen, plötzliche, aber vorübergehende Zusammenarbeit.

☊ ☌, □, ☍ ♅

8 b) Mondknoten ungünstig zu Uranus
(Konjunktion, Quadrat, Opposition) **329**
Plötzlich getrennt werden, Eingriff des Zufalls in eine Gemeinschaft, Zwischenfall zusammen mit anderen, Auseinandersetzung, Zerwürfnis.

☊ △, ⚹ ♆

9 a) Mondknoten günstig zu Neptun (Trigon, Sextil) 330

Sich mit Gleichgesinnten zusammenschließen, geistige Gemeinschaft, Hoffnungen auf Zusammenarbeit, geheime Kontakte.

☊ ☌, □, ☍ ♆

9 b) Mondknoten ungünstig zu Neptun
(Konjunktion, Quadrat, Opposition) 331

Sich in anderen täuschen oder durch andere getäuscht werden, Intrigen, unglückliche Zusammenarbeit, sich nicht anpassen können und dadurch leiden, anderen zu Unrecht vertrauen.

☊ △, ⚹ ♇

10 a) Mondknoten günstig zu Pluto (Trigon, Sextil) 332

Schicksalhafte Verbindung, ungewöhnlicher, aus dem Rahmen fallender Kontakt. Beziehungen zur „Masse“.

☊ ☌, □, ☍ ♇

10 b) Mondknoten ungünstig zu Pluto
(Konjunktion, Quadrat, Opposition) 333

Trennung durch höhere Gewalt, Lösung einer Verbindung, die schicksalhaft empfunden wird.

☊ ☌, △, ⚹ ☊

11 a) Mondknoten günstig zu Mondknoten
(Konjunktion, Trigon, Sextil) 334

Tendenz zur Verbindung, Kontakt, Zusammenarbeit.

☊ □, ☍ ☊

11 b) Mondknoten ungünstig zu Mondknoten
(Quadrat, Opposition) **335**

Schwierigkeiten in der Annäherung, im Zusammenleben, in einer Gemeinschaft, Trennung.

☊ ☌, △, ⚹ Asz

12 a) Mondknoten günstig zum Asz.
(Konjunktion, Trigon, Sextil) **336**

Förderung persönlicher Belange durch andere, günstiger Einfluß des Milieus auf persönliche Lebensbedingungen. Günstig für Zusammenarbeit oder Zweisamkeit.

☊ □, ☍ Asz

12 b) Mondknoten zum Asz. (Quadrat, Opposition) **337**

Ungünstige Einflußnahme anderer auf das persönliche Geschick, im Falle der Opposition aber Vorteile durch die Öffentlichkeit oder in der Ehe.

☊ ☌, △, ⚹ MC

13 a) Mondknoten günstig zum MC
(Konjunktion, Trigon, Sextil) **338**

Berufliche Verbindungen, Zusammenarbeit, mit Menschen zusammenkommen, die gleiche Lebensziele verfolgen. Im Falle der Konjunktion evtl. Schwierigkeiten mit den Eltern, im eigenen Heim.

☊ □, ☍ MC

13 b) Mondknoten ungünstig zum MC (Quadrat, Opposition) **339**

Berufliche Fehlleistungen durch die Einflußnahme anderer, Schwierigkeiten bei Teamarbeit, sich von anderen trennen. Die Opposition kann es erlauben, sich in den häuslichen Rahmen mit Erfolg zurückzuziehen.

Erfolgsaussichten bei fördernden Konstellationen

Nachstehende Übersicht möge dem Anfänger helfen, den astrologisch günstigen Starttermin für wichtige Angelegenheiten zu bestimmen. Die Hinweise auf die astrologischen Faktoren, die bei den jeweiligen Unternehmungen Vorteile versprechen, können nur allgemeiner Art und nicht vollständig sein. In jedem Fall ist das Radixhoroskop ausschlaggebend. Wenn durch ein schlecht besetztes fünftes Haus oder durch entsprechende Täuschungs- oder Verlustkonstellationen im Radix angezeigt ist, daß der Horoskopeigner keine Erfolge bei Spekulationen haben wird, dann werden auch die besten Jupiterkonstellationen keinen Lotteriegewinn bringen. Wenn es aber die Umstände zulassen, kann die Wahl eines astrologisch vorteilhaften Zeitpunktes wichtige Entscheidungen fördern, bzw. zu einem Fortgang der Angelegenheiten verhelfen.

Arbeit, geistige: Merkur in Aspekten mit Sonne, Saturn (tiefgründige Studien), Mars (rasches Eindringen in neue Sachgebiete), Uranus (Technik, neue Ideen, Reformen), für Studien günstig, wenn die Transite in Verbindung mit dem 3. oder 9. Sektor stehen, für Arbeiten in abhängiger Stellung auch der 6. Sektor, während Gestirnverbindungen zum 10. selbständige Unternehmungen begünstigen.

Arbeit, körperliche: Rascher Erfolg bei Verbindung von Mars und Sonne, wenn Geduld und Ausdauer nötig ist, wenn Grund und Boden betroffen sind, sollte Saturn beteiligt sein, während günstige Uranustransite neue Ideen und damit Erleichterungen versprechen. Günstig die Beteiligung des 1., 6. und 10. Sektors.

Autokauf: Aspektbeteiligung von Merkur, Jupiter und Mars wünschenswert; soweit besonders Technisches zu beachten ist, auch Uranus.

Autoreparaturen: Günstige Verbindungen von und zu Mars, auch Uranus, evtl. Merkur (Beweglichkeit).

Bautätigkeit: Signifikator für alle Bauangelegenheiten ist Saturn. Wünschenswert Aspektverbindung mit Jupiter (Glück, Vertrag, Erweiterung), Mars (Befähigung zu besonderen Anstrengungen), Sonne (günstig die Beteiligung des 4. Sektors, eigenes Heim, Alterssicherung). Wenn Bezug zu Ehe, Partnerschaft oder Öffentlichkeit vorliegt, ist der 7. Sektor günstig, im übrigen das „Arbeitshaus", der 6. Sektor. Haben Bau-Konstellationen Bezug auf den 2. Sektor, ist die Finanzierung sicher.

Beförderung: An den Transiten sollte Jupiter, Sonne, Merkur beteiligt sein, Saturn ist nützlich bei Regelbeförderungen mit Wartezeiten. Wichtig sind auch günstige Aspekte zum MC (Aufstieg) oder zum Asz. (Förderung der persönlichen Umstände).

Bekanntschaft (sachlicher Art): Günstige Aspekte von und zu Merkur, dem Mond, 3. Sektor, Mondknoten.

Bekanntschaft (Flirt, Liebe): Aspektbeteiligung von Venus, Merkur, Mond, Jupiter, auch Uranus (dann von kurzer Dauer), Saturn (mit älteren, reifen Personen, oder Dauerverbindung), günstig sind 1., 5., 7. und 11. Sektor, Mars und Neptun (geistige Verbindung); Mondknoten.

Besuch: Merkurtransite in Verbindung mit Sonne, Venus, Uranus (Überraschung); von Verwandten 3. Sektor, von Freunden 11. Sektor; Mondknoten.

Bewerbung: Signifikant ist Merkur, günstig Verbindungen mit Jupiter (Protektion), Saturn (für Dauerstellung), Mond, Venus (besonders bei gesellschaftlicher Position).

Beruf: Je nach Art der Umstände Transite zum 10. Sektor (MC) auch zum Asz. Jupitertransite bringen Glück und Aufstieg, die des Saturn lohnen Mühe, Mars fördert die rasche Entscheidung, Uranus begünstigt die plötzliche Umstellung, der Mond den allgemeinen Wechsel. Für Zusammenarbeit ist auch der Mondknoten wichtig.

Briefwechsel: Merkur in Verbindung mit Venus, Mond, Sonne, Jupiter, Neptun, Mondknoten.

Eheschluß: Wie für alle Vertragsangelegenheiten Jupiter, dann aber auch Transite mit der Sonne, Venus, dem 7. Sektor.

Ehrenamt, Ehrung: Vor allem MC und 10. Sektor, auch Asz. Vorrangig Jupitertransite, dann auch Sonnenstellung, Marstransite (spontaner Entschluß) oder Saturn (Anerkennung als Lohn für Fleiß und Mühe).

Einfluß gewinnen: Sonne (Macht), Mond (Beliebtheit), Pluto (Durchsetzung), Mondknoten (Teamarbeit, gemeinsame Unternehmung).

Erbschaft: Günstige Transite zum 8. Sektor oder dem 8. Zeichen (Skorpion) von Jupiter, Merkur, Mond.

Erfindungen: Uranusaspekte begünstigen neue Gedanken, teilweise auch Mars (Mechanik, Technik), sehr hilfreich sind Merkur- und Jupiterkonstellationen. Wird auf eine Erfindung planmäßig hingearbeitet, kann sie unter günstiger Saturnstellung (in Verbindung mit Jupiter oder Uranus) gelingen.

Expansion: In jedem Falle Jupitertransite (bringen „Fülle"), Mars (Durchsetzung), Mond (Gefühlsbereich), Sonne (Machtzuwachs).

Familie: Sonne (Vater), Mond (Mutter), Venus (allgemeine Harmonie). 1. Sektor (Beziehungen zur Großmutter), 3. Sektor (Geschwister, weitere Verwandte), 4. Sektor (Vater, Eltern im allgemeinen), 5. Sektor (Kinder), 6. Sektor (Onkel, Tante), 7. Sektor (astrologischer Ort des Horoskops für das Du, den Partner, die Ehe), 9. Sektor (Schwager, Schwägerin), 10. Sektor (Verhältnisse der Mutter. Zur Beachtung: Die differenzierte Bedeutung der Häuser in Familienangelegenheiten ist nach den Regeln der Tradition wiedergegeben, sie wird heute wohl mit Recht vernachlässigt (12. Sektor: Feinde = Schwiegermutter!).

Freundschaft: Vor allem der 11. Sektor, Venus in Aspekten mit Mars (triebhafte Verbindung), mit Mond, Neptun (geistige Verwandtschaft). Auch Aspekte mit Sonne und Jupiter sind von Vorteil.

Frieden stiften: Transite von Jupiter, Venus, Sonne, dem Mondknoten.

Geistige Erkenntnis: Aspektbildung von Neptun, Uranus (Inspiration), Saturn (Tiefgang), günstig Merkur und Sonne.

Geistiges Erlebnis: Vor allem Merkurbeteiligung, Neptun, 3. Sektor oder 3. Zeichen (Zwillinge).

Geistige Gewandtheit: Merkur in Aspekten mit Mars, Uranus, Sonne.

Geschäfte: Merkur in Aspekten mit Jupiter (Glück, Vertrag), 3. Sektor (Reisen), 9. Sektor (Ausland), MC und 10. Sektor (soziales Prestige).

Geschicklichkeit, manuelle: Mars-Merkurverbindungen, auch günstig mit Sonne und Uranus.

Geselligkeit: Venus ist dominierend, 7. Sektor und 7. Zeichen (Waage), 11. Sektor (Freundschaften); Mondeinflüsse begünstigen Wechsel.

Gesellschaft: Venus, Mond, Sonne, Jupiter. Günstig 7. Sektor (Öffentlichkeit).

Gesundheit: Wichtig sind Sonne- und Jupitertransite, besonders in Verbindung mit 1. und 6. Haus, im Krankheitsfall auch zum 6.

Gewinnchancen: Für Spekulationen aller Art 5. Sektor, in jedem Fall Jupiter- oder Venusbeteiligung. Auch Aspekte von Sonne und Mond sind fördernd.

Handel: Hauptsächlich Merkur in Aspekten mit Sonne, Mond, Venus, Jupiter, Neptun (Ausland). Günstig der 2. Sektor (Finanzen), MC und 10. Sektor (wenn es um Berufliches geht).

Heilkur: Jupiteraspekt verhilft zur Heilung.

Heilverfahren, moderne: Jupiter in Aspekt mit Uranus, bei Außenseitermethoden der Medizin auch Neptun. Sonnentransite sind in jedem Fall fördernd.

Heim und Heimat: Fördernde Aspekte oder Durchzüge zum IC bzw. 4. Sektor von Jupiter, Venus, Mond.

Hobby: Im allgemeinen ist Venus zuständig. Entscheidend ist aber auch die Art der Betätigung, z. B. moderne Technik, Funk, Elektrizität Uranus, Rennsport Mars, Basteln Mars und Saturn, Neptun bei geistiger Beschäftigung, auch bei Reisen. Für Sprachen als Hobby sind Merkuraspekte und der 3. Sektor wichtig.

Humanitäres Wirken: Vor allem fördern Jupitertransite, dann der Durchzug von „wohltätigen" Planeten durch den 9. Sektor oder das 9. Zeichen (Schütze), Aspektverbindung zu Neptun oder Neptun-Venus, Beteiligung der Sonne. Auch der Mondknoten kann fördernde Aspekte liefern.

Immobilien: Saturn ist vor allem bedeutsam. Wichtig auch das 10. Zeichen (Steinbock) bzw. der 10. Sektor, bei Vertragsabschlüssen Jupiter, bei Besichtigung, Besprechungen Merkur.

Investition: Jupiter in Verbindung mit dem 2. Sektor und mit Saturn.

Kapitalanlage: Jupiter, Sonne, Saturn in Verbindung mit dem 2. Sektor, Alterssicherung 4. Sektor, für Berufsausübung 10. Sektor.

Kauf und Verkauf: Geschäftsplanet Merkur in Aspektverbindung mit Jupiter oder Sonne hat den Vorrang.

Kinder: 5. Sektor, Transite von Sonne, Mond, Venus, Jupiter.

Kompromiß schließen: Alle Konstellationen, die der Harmonie förderlich sind, also Transite von Jupiter in Verbindung mit Venus, Sonne, Mond, Mondknoten.

Kontakte: Merkur-, Mond- und Mondknotentransite, s. auch Bekanntschaft, Besuch, Freundschaft.

Künstlerische Betätigung: Venus, Neptun, für moderne Kunst Uranus, günstige Transite von Sonne, Mond (Popularität), 9. Sektor.

Liebe: Verbindung von Venus und Mars, Transite von Jupiter zu diesen, ebenfalls günstig Sonne. Durchzüge durch 5. und 7. Sektor, evtl. auch Verbindungen zum Mondknoten und Neptun (platonisch), s. auch Bekanntschaft.

Lotto: 5. Sektor, vor allem Jupiteraspekte zur Sonne, zum Radixort, evtl. zu Uranus oder dem Regenten des 5. Sektors.

Machtgewinn: Sonne, Jupiter, Pluto, wichtig MC und 10. Sektor, Asz. Marstransite sorgen für rasche Abwicklung, Uranus für Überraschungseffekte.

Öffentlichkeit: 7. Sektor oder 7. Zeichen (Waage), Transitaspekte mit Mond und Jupiter, Merkur.

Operation: Günstig Jupiter, Sonne, evtl. Jupiter-Pluto oder Jupiter-Mars. Die alten Mondregeln besagen, daß eine Operation dann nicht durchgeführt werden sollte, wenn der Mond sich in jenem Zeichen aufhält, das die betreffende Körperregion regiert, also keine Halsoperation, wenn Mond im Stier.

Ortswechsel: Günstige Aspekte zum Asz., Merkur, Mond, Neptun, möglichst in Verbindung mit Jupiter. Soweit es sich um Reiseangelegenheiten oder das Ausland handelt, 9. Sektor oder 9. Zeichen (Schütze).

Party: s. Geselligkeit, Gesellschaft, Bekanntschaft.

Protektion: Transite von Jupiter und Sonne, aber auch Begünstigung durch Pluto, 10. und 11. Sektor sind von Vorteil.

Prozeß oder Rechtsangelegenheit: Jupiter-Mars-Transite bringen eine günstige Entscheidung, aber auch Jupiter in Verbindung mit der Sonne, Merkur (Verhandlung), dem MC können Erfolge bringen. Vorsicht, wenn Saturn, Neptun, Pluto im 12. Sektor oder 12. Zeichen (Fische) sich aufhalten.

Prüfung: Jupiter in Aspekten mit Merkur und Sonne, auch mit Mars sind günstig, Beziehung zum MC ebenfalls. Sofern es sich um Studien handelt, ist der 3. Sektor zuständig.

Reformen: Uranus sollte in günstigem Aspekt zu Jupiter, Venus, bei technischen Dingen auch zu Mars stehen. Günstig ist die Beteiligung des 11. Sektors oder des 11. Zeichen (Wassermann).

Reise: Merkur, Neptun und Jupiter sind vor allem zu beachten, ferner der Mond, bei Geschäftsreisen der 3. Sektor, Angelegenheiten der Heimat der 4. Sektor, des Auslands der 9. Für Luftreisen sollte Jupiter mit Uranus günstig verbunden sein, während Jupiter mit Mond oder Neptun Seereisen begünstigt.

Religiöses: Transite des Jupiter, besonders auch in Verbindung mit Neptun oder der Sonne.

Ruhm: Für Aufstieg, Triumphe, Lob ist der 10. Sektor wichtig, Aspekte zum MC, besonders durch Jupiter, Sonne oder Pluto.

Spekulationen und Spiel: s. Gewinne! Ohne Jupiterbeteiligung geht es nicht, günstig Verbindung mit Sonne oder Uranus.

Stellungsantritt: Aspekte von „Glücksplaneten“ zu MC und Asz., evtl. zum Regenten des 10. Sektors.

Teilhaberschaft: Jupiter in Verbindung mit Merkur, dem Mondknoten, Sonne oder Mond. Günstig der 7. Sektor.

Umzug: s. Ortswechsel!

Veränderungen: Wichtig sind Mond- und Merkurtransite. Je nach Art der Veränderung kann Jupiter Vertragsangelegenheit begünstigen, Saturn Hausbau oder Wohnung betreffen, Uranus Reformen technischer Art begünstigen, Mars für einen zügigen Ablauf sorgen.

Versammlung: Mond und Jupiter in Verbindung mit dem 7. Sektor oder dem Asz. bringen Erfolge. Auch Merkurbeteiligung ist erwünscht.

Versöhnung: s. Kompromiß schließen, Frieden stiften!

Vertrag: Wie bei allen Rechtsangelegenheiten sollte Jupiter im Transit sein, doch ist auch Saturn-Sonne hilfreich. Merkur begünstigt Verhandlungen, Neptun Auslandsbeziehungen, Mars Handwerkliches, Uranus moderne Technik.

Wohnung: s. Bauangelegenheiten!

Zeugung: Mars- und Venusaspekte haben Bezug zu triebhaften Handlungen, doch ist für eine Empfängnis vor allem der Übergang des Mondes über Asz. oder Desz. erwünscht. Nach Beobachtungen einiger Astrologen lag bei einer Empfängnis die gleiche Mondphase vor wie im Radix.

Kurzephemeride
1979 – 2000

1979	1	2	3	4	5	6	7	8	9	10	11	12
♂	15♑	9♒	1♓	25	18♈	12♉	4♊	25	15	4♌	21	5♍
♃	7♌	3	0	29♋	1♌	5	11	17	24	0♍	6	9
♄	14♍	13	11	8	7	8	9	12	16	20	23	26
♅	20♏	21		20	19	18	17			19	20	22
♆	19♐	20				19		18			19	20
♇	19♎			18	17		16	17	18	19	20	21

1980	1	2	3	4	5	6	7	8	9	10	11	12
♂	14♍		4	26♌	29	10♍	25	12♎	2♏	22	15♐	7♑
♃	10♍	8	5	1	0	2	6	12	18	25	1♎	6
♄	27♍	26	25	22	21	20	21	24	28	1♎	5	8
♅	24♏	25	26	25	24	21	22			23	25	27
♆	21♐	22	23	22			21	20			21	22
♇	22♎		21	20		19			20	21	22	23

1981	1	2	3	4	5	6	7	8	9	10	11	12
♂	1♒	26	18♓	12♈	5♉	27	18♊	9♋	0♌	19	7♍	23
♃	10♎		9	5	2	1	2	6	12	18	25	1♏
♄	10♎		9	6	4	3	4	6	9	12	16	19
♅	29♏	0♐			29♏	28	27	26	27	28	29	1♐
♆	23♐	24	25			24	23	22			23	24
♇	24♎			23		22				23	25	26

1982	1	2	3	4	5	6	7	8	9	10	11	12
♂	7♎	17	18	10	1	3	13	29	18♏	8♐	0♑	23
♃	6♏	10		8	5	2	1	2	6	12	18	25
♄	22♎			20	17	16		17	20	23	27	0♏
♅	3♐	4	5		4	2	1			2	4	5
♆	25♐	26	27			26	25		24	25		26
♇	27♎			26	25	24		25		26	27	28

1983	1	2	3	4	5	6	7	8	9	10	11	12
♂	17♒	12♓	3♈	27	19♉	10♊	2♋	22	12♌	1♍	20	8♎
♃	2♐	7	10	11	10	6	2	1	3	7	13	19
♄	3♏	4		3	1	29♎	28	29	1♏	4	8	11
♅	7♐	9			8	7	6	5		6	8	9
♆	27♐	28	29			28		27				28
♇	29♎				28	27				28	29	1♏

1984	1	2	3	4	5	6	7	8	9	10	11	12
♂	25♎	10♏	22	28	24	14	13	22	8♐	27	20♑	12♒
♃	26♐	3♑	8	12	13	12	8	4	3	5	10	15
♄	14♏	16	17	15	13	11	9	10	12	14	18	22
♅	11♐	13	14		13	12	10				12	14
♆	29♐	1♑		2	1		0	29♐				0♑
♇	2♏			1		29♎		0♏		1	2	3

1985	1	2	3	4	5	6	7	8	9	10	11	12
♂	6♓	29	20♈	12♉	4♊	25	15♋	5♌	25	14♍	3♎	22
♃	22♑	29	5♒	11	15	17	16	12	9	7	9	13
♄	25♏	27	28		26	24	22		23	25	28	2♐
♅	16♐	17	18		17	16	15	14		15	16	18
♆	2♑	3		4	3		2	1		1	2	3
♇	4♏				3		2		3	4	5	6

1986	1	2	3	4	5	6	7	8	9	10	11	12
♂	11♏	29	16♐	2♑	15	23	20	12	14	26	14♒	4♓
♃	18♒	26	2♓	10	16	21	23	22	19	16	13	14
♄	5♐	8	9	10	8	6	4	3	4	5	8	12
♅	20♐	21	22	23	22	21	20	19	18	19	20	22
♆	4♑	5	6			5	4		3		4	5
♇	7♏				6	5	4		5	6	7	8

1987	1	2	3	4	5	6	7	8	9	10	11	12
♂	25♓	17♈	6♉	27	17♊	7♋	27	17♌	6♍	25	15♎	5♏
♃	18♓	24	0♈	7	14	21	26	29	0♉	27♈	23	20
♄	15♐	19	20	21	20	18	16	15		16	18	22
♅	24♐	25	26	27	26	25	24	23			24	26
♆	7♑		8			7		6	5		6	7
♇	9♏	10	9			8	7		8	9	10	11

1988	1	2	3	4	5	6	7	8	9	10	11	12
♂	25♏	16♐	6♑	26	17♒	6♓	24	7♈	11	4	29♓	6♈
♃	21♈	24	29	6♉	13	20	26	2♊	6		4	0
♄	25♐	29	1♑	2		1	28♐	26		27	29	2♑
♅	28♐	0♑	1			0	29♐	28	27		29	0♑
♆	8♑	9	10				9	8				9
♇	12♏	13		12	11	10				12	13	·14

1989	1	2	3	4	5	6	7	8	9	10	11	12
♂	20♈	7♉	24	13♊	2♋	21	9♌	29	19♍	8♎	28	19♏
♃	27♉		29	4♊	10	17	24	0♋	6	10	11	10
♄	6♑	9	12	13	14	13	11	8	7	8	9	12
♅	2♑	4	5			4	3	2	1	2	3	4
♆	10♑	11	12				11	10				11
♇	15♏			14	13					14	15	16

1990	1	2	3	4	5	6	7	8	9	10	11	12
♂	10♐	2♑	23	16♒	8♓	1♈	22	13♉	1♊	12	14	3
♃	5♋	2	1	3	7	13	20	26	3♌	9	13	14
♄	16	19	22	24	25		23	20	19	18	20	23
♅	6♑	8	9	10		9	8	6			7	8
♆	12♑	13	14	15		14	13		12			13
♇	17♏	18		17		16	15			16	18	19
1991	**1**	**2**	**3**	**4**	**5**	**6**	**7**	**8**	**9**	**10**	**11**	**12**
♂	28♉	3♊	14	0♋	16	4♌	21	11♍	0♎	20	11♏	2♐
♃	12♌	8	5	4	5	9	15	21	28	4♍	10	13
♄	26♑	29	2♒	5	6	7	5	3	1	0	1	3
♅	10♑	12	13	14		13	12	11	10		11	12
♆	14♑	15	16	17		16		15	14			15
♇	20♏				19	18				19	20	21
1992	**1**	**2**	**3**	**4**	**5**	**6**	**7**	**8**	**9**	**10**	**11**	**12**
♂	24♐	17♑	10♒	4♓	27	20♈	12♉	4♊	24	10♋	23	28
♃	15♍	13	10	6	5	6	10	15	22	28	5♎	10
♄	6♒	9	13	16	18		17	15	13	12		13
♅	14♑	16	17	18			16	15	14		15	16
♆	16♑	18		19			18	17		16	17	
♇	22♏		23	22		21	20			21	23	24
1993	**1**	**2**	**3**	**4**	**5**	**6**	**7**	**8**	**9**	**10**	**11**	**12**
♂	20♋	10		19	2♌	18	5♍	24	13♎	3♏	25	16♐
♃	14♎	15	13	10	6	5	6	10	15	22	28	4♏
♄	16♒	20	23	26	29	0♓		28♒	26	24		
♅	18♑	20	21	22			21	20	19	18	19	20
♆	19♑	20	21				19			18	19	
♇	25				24	23				24	25	26

1994	1	2	3	4	5	6	7	8	9	10	11	12
♂	9♑	3♒	25	20♓	13♈	6♉	28	20♊	10♋	28	15♌	27
♃	10♏	14	15	13	10	6	5	6	10	15	22	28
♄	27♒	0♓	4	7	10	12		11	9	7	5	6
♅	22♑	24	25	26			25	24	23	22	23	24
♆	21♑	22	23				22		21			22
♇	27♏		28		27	26	25			26	27	29

1995	1	2	3	4	5	6	7	8	9	10	11	12
♂	3♍	27♌	17	14	20	3♍	19	7♎	26	17♏	9♐	1♑
♃	5♐	11	14	15	14	11	7	6	7	11	16	23
♄	8♓	11	14	18	21	24			22	20	18	
♅	25♑	27	29	0♒	1	0	29♑	28	27			28
♆	23♑	24	25	26		25		24	23			24
♇	0♐				29♏	28		27	28	29	0♐	1

1996	1	2	3	4	5	6	7	8	9	10	11	12
♂	24♑	19♒	12♓	6♈	29	22♉	14♊	4♋	25	14♌	1♍	17
♃	0♑	7	12	16	18	17	13	10	8	9	13	19
♄	19♓	21	25	29	2♈	5	6	7	5	3	1	0
♅	29♑	1♒	3	4	5	4		2	1			2
♆	25♑	26	27	28			27	26	25			26
♇	2♐		3	2		1		0		1	2	3

1997	1	2	3	4	5	6	7	8	9	10	11	12
♂	0♎	6	2	21♍	17	23	6♎	22	12♏	2♐	24	17♑
♃	25♑	3♒	9	15	20	22	21	18	14	12	13	17
♄	1♈	3	6	10	14	17	19	20	19	17	15	13
♅	3	5	7	8	9		8	7	6	5		6
♆	27♑	28	29	0♒			29♑	28		27		28
♇	4♐	5				4	3	2	3	4		5

1998	1	2	3	4	5	6	7	8	9	10	11	12
♂	11♒	6♓	28	21♈	14♉	6♊	27	17♋	8♌	26	15♍	2♎
♃	23♒	29	6♓	14	20	25	28		25	21	19	
♄	14♈	15	18	22	25	29	2♉	3	2	1	29♈	27
♅	7♒	9	11	12	13		12	11	10	9		10
♆	29♑	0♒	1	2			1		0	29♑	0♒	
♇	7♐	8		7			6	5		6	7	8

1999	1	2	3	4	5	6	7	8	9	10	11	12
♂	19♎	2♏	10	11	2	25♎	6♏	12	29	19♐	11♑	4♒
♃	22♓	28	4♈	11	18	26	1♉	4	5	3	29♈	26
♄	26♈	27	0♉	3	7	11	14	16	17	16	14	12
♅	11♒	13	14	16	17		16	15	14	13		14
♆	1♒	2	3	4				3	2			
♇	9♐	10	11	10		9	8	7		8	9	10

2000	1	2	3	4	5	6	7	8	9	10	11	12
♂	28♒	22♓	14♈	7♉	28	20♊	10♋	0♌	20	9♍	28	17♎
♃	25	28	3♉	9	16	24	0♊	6	10	11	10	6
♄	10♉		12	15	19	23	27	29	1♊	0	29♉	26
♅	15♒	17	18	20	21		20	19	18	17		
♆	3♒	4	5	6	7	6		5	4			
♇	11♐	12	13		12	11		10			11	12

Bücher des Autors aus dem Rohm Verlag,
74308 Bietigheim/Württ., Tel.: 07142/41081:

Helfen Horoskope hoffen?
Viele Abb. 336 S., geb., DM 42.-, Best.Nr. 3385

Die Prognose nach dem Geburtshoroskop
294 S., geb., DM 36.80, Best.Nr. 3389

Astrologische Direktionen – verständlich und praktisch
326 S., geb., DM 36.80, Best. Nr. 3388

Die große Partnerschaftsanalyse
360 S., geb., DM 36.80, Best.Nr. 3384

Die Deutung des Solarhoroskops und aller Grade des Zodiaks
460 S., geb., DM 42.80, Best.Nr. 3390

Glücklich durch richtige Partnerwahl
Die 12 antiken Tierkreiszeichen neu gesehen
190 S., Brosch., DM 16.80, Best.Nr. 3382

Aus dem Beratungsprogramm des Autors:

A) Farbige Zeichnung Ihres Geburtshoroskops mit allen Angaben, Erklärung der Konstellationen, dazu eine ausführliche Prognose der nächsten 12 Monate samt farbiger grafischer Darstellung der Transite. DM 86.-

B) Wie A), jedoch mit individueller Beratung, Beantwortung Ihrer Fragen. DM 120.-

C) Weltneuheit: Farbige Astro Complett Prognose für 12 Monate samt 20-Jahre-Übersicht (Rückschau). DM 145.-

D) Großes Jahreshoroskop. Die seit Jahrzehnten bewährte Form der Lebensberatung. Ausführliche Auswertung der Geburtskonstellation, ausführliche Jahresprognose mit Behandlung Ihrer Probleme und Fragen, Beschreibung wichtiger Entscheidungsdaten. DM 450.-

E) Partnerschaftsanalyse (zwei Personen): Bestehend aus 2 Ausarbeitungen nach A) und der Vergleichsanalyse mit Behandlung Ihrer individuellen Probleme. DM 272.-

Anfragen mit Rückporto an:
Alexander von Prónay
Heimstättenweg 38
44577 Castrop-Rauxel
Tel.: 02305/6630

Ein Buch nur über sich selbst zu besitzen – davon hätte gewiß auch Gutenberg geträumt.

Sie haben jetzt die Chance dazu!

DAS BIN ICH ist weltweit das erste Buch, das nach Ihren persönlichen astrologischen Daten individuell für Sie angefertigt und von Hand in Echtleinen gebunden wird. Eine bibliophile Kostbarkeit!

Der Inhalt mit seinen durchschnittlich 220 Seiten wird von der ersten bis zur letzten Seite ausschließlich durch Ihr persönliches Geburtshoroskop bestimmt. Da es praktisch nie zwei Menschen gibt, die am gleichen Tag, zur gleichen Minute am gleichen Ort geboren wurden, können wir garantieren, daß es niemals zwei identische Exemplare geben wird.

Zum Inhalt und Aufbau Ihres persönlichen Exemplars: Nach einer Einführung in Ihr persönliches Geburtshoroskop (mit Abbildung) werden Schritt für Schritt Ihre kosmischen Schwerpunkte, Ihre Aspekte, Ihre astrologischen Häuser und deren Planetenbesetzung dargestellt.

Ein erstklassiges Astrologenteam hat keine Mühe gescheut, dafür zu sorgen, daß Ihnen Ihr persönliches Exemplar ein Maximum an Einblick in Ihre kosmischen Anlagen bietet. Alle notwendigen astrologischen Zusammenhänge werden verständlich erklärt, erläuternde Grafiken zu jedem der rund 100 Einzelkapitel erleichtern den raschen Überblick. So gilt DAS BIN ICH auch als eine vorzügliche Einführung in die Astrologie – am Beispiel Ihres eigenen Horoskops.

Kein Wunder, daß DAS BIN ICH als eine der ausführlichsten und besten Persönlichkeitsanalysen der Welt gilt.

Diese Themen werden behandelt

- Ihr Verhältnis zur eigenen Persönlichkeit, zum Intellekt, zu Familie, Liebe, Kreativität, Beruf, Gesundheit, Partnerschaft, Sexualität, Tod, Philosophie, sozialer Position, Freundschaften, Unterbewußtem, Geld und Besitz.
- Die Betonung der vier Elemente, der Dynamik und der Zeichen in Ihrem Geburtshoroskop (mit Abbildung Ihres persönlichen Geburtshoroskops)
- Die herausfordernden Aspekte in Ihrem Geburtshoroskop, (Konjunktionen, Quadrate, Oppositionen)
- Ihre harmonischen Aspekte (Sextile und Trigone)
- Ihre »Kleinaspekte« (Halbsextile und Halbquadrate)
- Die Besetzung Ihrer 12 astrologischen Häuser
- Ihr Aszendent und seine besondere Bedeutung für Sie
- Die Position der Planeten in Ihren Häusern
- Die Position der Planeten in Ihren Zeichen.

Das unvergeßliche Geschenk

Sicherlich ist DAS BIN ICH eines der persönlichsten Geschenke, das Sie überhaupt finden können. Sein zeitloser Wert macht es zu einer unvergeßlichen Überraschung – zu Geburtstagen, Jubiläen, zu Weihnachten oder einfach »zwischendrin«. Unser Geschenkservice gibt Ihnen zusätzlich die Möglichkeit, das verschenkte Buch nach Ihren Wünschen noch individueller auszustatten. Sie können wählen:

Eindruck Ihrer persönlichen Widmung

Diese wird in englischer Schreibschrift auf Seite 2 in das Buch eingedruckt. In der Formulierung sind Sie völlig frei (maximal drei Zeilen). Sie können zum Beispiel schreiben:

In Erinnerung an Deinen
40. Geburtstag von Deiner ...

oder, was Ihnen gerade einfällt ... Ihrer Phantasie sind keine Grenzen gesetzt. Die Mehrkosten hierfür betragen DM 18.-.

Wunderschöne Geschenkverpackung

Ein eigens in der Buchbinderwerkstatt angefertigter Geschenkschuber aus wertvollem dunkelblauen Karton mit Silberprägung ist zugleich eine außergewöhnliche Geschenkverpackung und ein dauerhafter Schutz für das kostbare Buch. Der Mehrpreis hierfür: DM 15.-.

Die Luxusausgabe in Leder

Sie können DAS BIN ICH auch in einer absolut einmaligen Ausstattung erhalten: Als Luxusausgabe in echtem, wohlriechenden Leder handgebunden (dunkelblau wie das Leinenbuch). Der Name des Empfängers wird von Hand auf den Einband geprägt. Der Mehrpreis für die Luxusausgabe beträgt DM 140.-.

Termindienst

Normalerweise halten Sie Ihr Exemplar 7 bis 10 Arbeitstage nach Bestelleingang in Händen. Wenn Sie es schneller benötigen, steht Ihnen unser Eilservice zur Verfügung. Dieser ermöglicht eine Eilauslieferung an Sie zwei Arbeitstage nach Bestelleingang oder eine präzise Terminlieferung zu dem von Ihnen gewünschten Eintreffdatum. Mehrkosten hierfür: DM 22.-.

Jedes einzelne Exemplar wird in der Buchbinderwerkstatt liebevoll von Hand in Echtleinen gebunden